本书为世界银行项目“中国财税法律体系建设项目
——加入WTO《政府采购协定》法律调整国际比较研究”成果

加入WTO《政府采购协定》法律调整比较研究

A COMPARATIVE STUDY ON NATIONAL LAW REFORM IN LIGHT OF ACCESSION TO WTO GOVERNMENT PROCUREMENT AGREEMENT

曹富国◎著

中国经济出版社
CHINA ECONOMIC PUBLISHING HOUSE
北京

图书在版编目（CIP）数据

加入WTO《政府采购协定》法律调整比较研究／曹富国著．—北京：中国经济出版社，2023.2（2025.4重印）

ISBN 978-7-5136-7180-4

Ⅰ.①加…　Ⅱ.①曹…　Ⅲ.①政府采购法-研究-中国　Ⅳ.①D922.204

中国版本图书馆CIP数据核字（2022）第231446号

责任编辑　张利影
责任印制　李　伟
封面设计　久品轩

出版发行　中国经济出版社
印 刷 者　北京艾普海德印刷有限公司
经 销 者　各地新华书店
开　　本　710mm×1000mm　1/16
印　　张　17.5
字　　数　260千字
版　　次　2023年2月第1版
印　　次　2025年4月第2次
定　　价　78.00元
广告经营许可证　京西工商广字第8179号

中国经济出版社 **网址** www.economyph.com **社址** 北京市东城区安定门外大街58号 **邮编** 100011

本版图书如存在印装质量问题，请与本社销售中心联系调换（联系电话：010-57512564）

内容摘要

WTO《政府采购协定》(*Government Procurement Agreement*，GPA）参加方在正式加入GPA时，应当确保其国内政府采购法律制度符合GPA规则的要求。因而，GPA参加方在加入GPA过程中可能需要对国内政府采购法律制度进行相应调整。本书着重研究主要GPA成员方加入GPA国内法律调整的比较经验。基于研究目的，本书以欧盟、美国、加拿大、日本、韩国、新西兰、澳大利亚和英国（脱欧之后）等GPA主要成员方为研究对象。其中，有些成员方是GPA发展的主要推动者和贡献者，有些则是GPA的新成员。这些成员方代表着GPA发展的方方面面，并能够满足本研究的需要。

为深入探讨和理解GPA与国内法律调整间的关系，本研究不仅关注GPA主要参加方在加入GPA时法律调整谈判的主要经验，还关注了它们加入GPA之后，尤其是2012年GPA修订后（以下简称“2012GPA”），国内政府采购法律调整的主要经验。

在中国加入GPA和国内政府采购制度深化改革的背景下，有必要对我国政府采购法律调整进行必要的准备。对GPA成员方为加入GPA所进行的国内法律调整进行系统性的比较研究，有助于我们积累加入GPA法律调整的经验。尤其是这些比较研究的成果，可以为我国政府采购法律改革提供重要参考，并为解决我国政府采购法律上的一些重要立法议题提供有益的启发。例如，有关GPA角度下政府采购法律的统一立法问题，可以为厘清我国《政府采购法》和《招标投标法》之间的关系，乃至为我国政府采购法律体系的建设提供有益的参考。此外，GPA成员方有关国有企业采购规制的方法也可以为我国国有企业采购立法政策的选择提供参考。最后，本研究首次系统性地分析了GPA主要成员方政府采购法律制度，可以为进一步研究现代政府采购法律的发展奠定基础。

目录

第一章 绪论

一、研究背景和主要内容

在关税等重要贸易壁垒领域达成基本共识之后，主要发达国家仍然希望将自由贸易扩展至政府采购领域，因而开始围绕这一领域的对外开放展开谈判。有关开放政府采购市场、制定政府采购国际规则的谈判，最早在经济合作与发展组织（Organization for Economic Cooperation and Development，OECD）框架之下进行。后来，该议题成为《关税及贸易总协定》（*General Agreement on Tariffs and Trade*，GATT）项下的1979年东京回合谈判内容。经过东京回合谈判，主要发达国家于1979年签署了首个政府采购协定——东京回合《政府采购守则》。[①] 在1986年启动的乌拉圭回合贸易谈判中，东京回合《政府采购守则》参加方希望扩大守则的适用范围。最终，1994年4月15日，相关参加方在马拉喀什签署了《政府采购协定》（以下简称1994GPA）。[②] 1994GPA文本实施两年后，GPA参加方又启动了关于修订协定的再谈判，并于2012年3月颁布了2012GPA[③]。

GPA的基本目标是相互开放参加方之间的政府采购市场。据统计，现有GPA参加方之间每年开放国际竞争的政府采购市场规模约为1.7万亿美元。[④]

GPA由两个部分组成：GPA文本以及GPA各参加方的“市场准入承诺

① 东京回合《政府采购守则》于1981年生效。

② 1994GPA文本于1996年1月1日正式生效。

③ 2012GPA文本于2014年4月6日正式生效。

④ Government Procurement Agreement（GPA） [EB/OL]. World Trade Organization, https://www.wto.org/english/tratop_e/gproc_e/gp_gpa_e.htm.

表”（parties market access schedules of commitments）。前者构成GPA下的采购规则，后者则代表GPA涵盖的采购活动的范围。

GPA是WTO下的一份诸边协定，即WTO成员方可以选择性参加的协定。截至目前，GPA共有22个参加方（由48个WTO成员组成）。① 此外，还有36个WTO成员或者观察员是WTO政府采购委员会的观察员②，其中12个WTO政府采购委员会的观察员已经正式递交了加入GPA的申请。③

中国于2007年12月28日正式启动加入GPA的谈判，提交了第一次出价清单，履行了2001年加入WTO时做出的尽快启动加入GPA谈判的承诺。此后的十多年间，中国分别于2010年7月、2011年11月、2012年11月、2013年12月、2014年12月、2019年10月提交了6份修订出价清单。

GPA参加方在正式加入GPA时，应当确保其政府采购法律制度符合GPA规则的要求。因而，GPA参加方在加入GPA过程中可能需要对其政府采购法律制度进行相应调整。在中国准备加入GPA和国内政府采购制度深化改革的背景下，有必要对中国政府采购法律进行调整。对GPA成员方加入GPA中法律调整进行系统性的比较研究，有助于我们积累加入GPA法律调整的经验。尤其是这些比较研究的成果，可以为我国政府采购法律改革提供重要参考，并为解决我国政府采购法律上的一些重要立法议题，如有关国有企业采购立

---

① GPA主要参加方有亚美尼亚、澳大利亚、加拿大、欧盟及其27个成员和英国（英国在正式脱欧后以独立参加方身份加入GPA）、中国香港、爱尔兰、以色列、日本、韩国、列支敦士登、摩尔多瓦、黑山、荷属阿鲁巴、新西兰、挪威、新加坡、瑞士、中国台湾、乌克兰、美国。Government Procurement Agreement（GPA），GPA Parties，observers and accessions [EB/OL]. World Trade Organization，https：//www.wto.org/english/tratop_ e/gproc_ e/memobs_ e.htm.

② 只有WTO成员才有资格加入GPA。但是非WTO成员，可以同时作为WTO观察员和GPA委员会的观察员。尚未正式递交加入申请的24个GPA观察员为阿富汗、阿根廷、巴林、白俄罗斯、喀麦隆、智利、哥伦比亚、哥斯达黎加、科特迪瓦、厄瓜多尔、印度、印度尼西亚、马来西亚、蒙古国、巴拿马、巴基斯坦、巴拉圭、菲律宾、沙特阿拉伯、塞舌尔、斯里兰卡、泰国、土耳其、越南。Government Procurement Agreement（GPA），GPA Parties，observers and accessions [EB/OL]. World Trade Organization，https：//www.wto.org/english/tratop_ e/gproc_ e/memobs_ e.htm.

③ 11个已经启动了加入GPA程序的WTO成员是阿尔巴尼亚、巴西、中国、约旦、格鲁吉亚、哈萨克斯坦、吉尔吉斯斯坦、阿曼、俄罗斯、塔吉克斯坦、北马其顿。2020年2月26日，英国正式启动了以独立身份加入GPA的进程。Government Procurement Agreement（GPA），GPA Parties，observers and accessions [EB/OL]. World Trade Organization，https：//www.wto.org/english/tratop_ e/gproc_ e/memobs_ e.htm.

法的议题，提供有价值的立法政策选择。此外，本研究也首次系统性地研究了 GPA 主要成员方的政府采购法律制度。

基于本研究的目的，本书以欧盟、美国、加拿大、日本、韩国、新西兰、澳大利亚和英国（脱欧之后）等 GPA 主要成员方为研究对象。其中，有些成员方是 GPA 发展的主要推动者和贡献者，而有些则是 GPA 的新成员。这些成员方代表 GPA 发展的方方面面，选择它们作为研究对象，能够满足本研究的需要。

为深入探讨和理解 GPA 与国内法律调整之间的关系，本书不仅关注了 GPA 主要参加方在加入 GPA 时法律调整谈判的主要经验，还关注了加入 GPA 之后，尤其是在 2012GPA 修订后，GPA 主要参加方的政府采购法律调整的主要经验。

本书主要围绕以下几个问题展开研究。

加入 GPA 与法律调整的基本关系（第一章）。主要包括围绕 GPA 涵盖采购的谈判与围绕《问题核查清单》[①] 的磋商之间的关系、参加方法律调整与 GPA 之间的关系，以及围绕《问题核查清单》的磋商与 GPA 符合性研究之间的关系。该问题的相关研究还需关注《问题核查清单》的制定、更新及其所关切的主要议题。

GPA 主要参加方加入 GPA 时法律调整的经验（第二章至第九章）。这部分研究主要围绕收集到的《问题核查清单》答复、提问和澄清资料而展开，因而这部分的研究具有以下三个方面的特征：①因其关注的时间点是加入 GPA 前后，因此所研究的 GPA 文本是成员方申请加入 GPA 时有效的 GPA 文本，如欧盟、美国、加拿大、日本和韩国申请加入 GPA 时的文本是 1994GPA 文本；而新西兰、澳大利亚和英国（作为独立身份加入）申请加入 GPA 时的文本是 2012GPA。②研究的 GPA 主要成员方的法律制度也是其申请加入 GPA 时的法律制度，如欧共体（欧盟）当时适用的法律是第 93/36/EEC 号《关于协调授予公共供应品合同的程序指令》（简称《公共供应指令》）、第 93/37/

① 有关《问题核查清单》的详细讨论，参见本章下文第三部分讨论。

EEC号《关于协调授予公共工程合同的程序指令》（简称《公共工程指令》）、第93/38/EEC号《关于协调有关水、能源、交通运输和电信部门采购程序的指令》（简称《公用事业采购指令》）、第92/50/EEC号《关于协调授予公共服务合同的程序指令》（简称《公共服务指令》）和第89/665/EEC号《关于协调公共供应品合同和公共工程合同授予及审查程序的法律、规则和行政条款的指令》（简称《公共救济指令》）。由于新西兰、澳大利亚、英国（作为独立身份加入）都是最近几年才申请加入GPA，因而其加入GPA谈判法律调整中涉及的法律几乎都是最新的国内采购规则。③该部分研究涉及的都是在有关法律调整磋商过程中被提出来的问题，因而该部分的研究样本是有关方的磋商文件。

GPA主要参加方加入GPA后进行的法律改革，尤其是2012GPA修订之后进行的法律改革（第十章至第十一章）。本部分选取了美国、加拿大、日本和欧盟为研究对象。本部分在第二章至第九章的基础上侧重于研究GPA主要成员方在加入GPA后所进行的政府采购法律改革。本部分的研究包含以下两个方面：①GPA主要成员方在加入GPA后，其政府采购规则都进行了哪些改革？它们向WTO政府采购委员会通报了哪些改革？哪些政府采购法律的改革措施是为了实施新GPA的要求？②选取加入GPA后欧盟公共采购制度的改革作为个案，分析其公共采购制度改革与GPA规则要求之间的关系，研究欧盟加入新GPA后在多大程度上进行了法律调整，以及欧盟是为了满足GPA要求而推动内部规则的改革，还是以其内部规则的改革推动GPA规则的发展？

GPA主要参加方政府采购法律调整的比较经验的总结（第十二章）。虽然本部分并未直接讨论这些经验对加入GPA背景下我国政府采购法律改革的借鉴意义，但总结这些经验本身已经考虑到了其与我国政府采购法律改革的相关性。①

---

① 曹富国．加入GPA背景下我国政府采购法律改革问题研究［M］．北京：法律出版社，2022.

二、加入 GPA 法律调整的基本问题和基本关系

（一）加入 GPA 法律调整的法律基础

GPA 第 22 条第 4 款要求参加方保证，在不迟于 GPA 对其生效之前，使其法律、法规、行政程序及采购实体适用的规则、程序和惯例①符合 GPA 的规定，因为 GPA 适用于有关“所涵盖采购”任何措施②。这里的“措施”是指与“所涵盖采购”有关的任何法律、法规、程序、行政指南、惯例，或与“GPA 所涵盖采购”有关的采购实体的任何一个行为。③ 换言之，GPA 参加方有义务确保：①其采购制度中规制的与“GPA 所涵盖采购”有关的法律、法规、程序、行政指南、惯例符合 GPA 规则；②“GPA 所涵盖采购”涉及采购主体的任何一个行为适用的规则、程序和惯例，都符合 GPA 规则。

（二）加入 GPA 法律调整的范围

从“法律范畴”内容来看，依据 GPA 要求，法律调整应当涵盖以下两个层次的政府采购规则：①所有与涵盖采购活动有关的法律、法规、行政程序。这既包括一般性政府采购法律，也包括特殊性政府采购法律，还包括与政府采购相关的其他一般性法律。②采购人在实施涵盖采购活动时所适用的所有规则、程序和惯例。之所以涉及这个层次的规则，是因为 GPA 适用于采购人的任何一个行为。因此，对于采购人所适用的非正式的、不具备强制性约束力的程序、规则和惯例，如对于国内地方政府发布的工作文件或者指南，GPA 参加方有义务确保其符合 GPA 要求。

从法律调整范围来看，加入 GPA 的相关法律调整应主要针对 GPA 所涵盖

① “惯例”是指任何经常性的行为，即使其没有反映在正式文件中，如习惯、惯例等。参见苏·艾茹史密斯．WTO 中的政府采购［M］．曹富国，译．北京：经济科学出版社，2016.

② 2012GPA 第 2 条第 1 款。

③ 2012GPA 第 1 条（i）款。

的采购活动。由于GPA并没有确定其涵盖范围的强制性标准，被GPA所涵盖的采购活动应由申请方与GPA参加方通过谈判来确定。一般情况下，申请方法律调整磋商的范围应当限于其现行政府采购法律的适用范围之内。但在某些特殊情况下，如果申请方在围绕GPA涵盖采购的出价中列入了原本不受其现行政府采购法律规制的某些采购活动，则应当将其法律调整的范围扩展至现行政府采购法律的适用范围，或者进行新的政府采购立法，以使这些采购活动符合GPA要求。

（三）加入GPA法律调整的标准

加入GPA的法律调整的标准取决于GPA文本。一方面，为促进公共采购市场的开放，落实非歧视性原则，GPA文本侧重于对市场准入和透明度的规制，在这些方面制定了严格的要求和标准。另一方面，GPA文本本身只提供了一个规制框架，具有高度的包容性和灵活性。例如，就采购程序、救济制度等而言，GPA提供了大量原则性要求和裁量权。因此，在加入GPA过程中，GPA加入方的法律调整需要考虑其采购法律的符合性问题，即其采购法律是否符合GPA的强制性规则，同时又需要考虑其采购法律的适应性问题，即其采购规则与GPA灵活性要求是否相适应。

（四）加入GPA法律调整与围绕《问题核查清单》的磋商之间的关系

为使GPA参加方确定，申请方适用于GPA涵盖采购的规则是否与GPA要求相一致，申请方与参加方将围绕《问题核查清单》展开有关政府采购法律制度的磋商①。

围绕《问题核查清单》展开磋商的主要目的在于向GPA参加方提供有关

---

① 也有将这种围绕法律文本的磋商称为“法律谈判”的说法。但是本书倾向于使用“磋商”一词。因为研究显示，GPA参加方只能围绕《问题核查清单》的内容，依据GPA文本就申请方的政府采购法律制度进行提问或评论，无权要求参加方制定何种采购法律规则。而就参加方采购法律文本的符合性，也只有符合与不符合两个选项，不存在讨价还价的空间。

申请方政府采购法律制度的信息。具体而言,《问题核查清单》主要包含以下几个方面的内容:政府采购法律框架、适用范围、非歧视政策、避免利益冲突和预防腐败的措施、采购程序、信息公开、国内审查程序。

围绕《问题核查清单》的磋商主要在多边层次上进行,因为GPA现有参加方针对这一领域的兴趣基本相同。在实施过程中,先由申请方针对《问题核查清单》进行答复,这一答复在中国又被称为《中国政府采购国情报告》①。之后,GPA现有参加方与申请方将围绕申请方的答复进行多轮提问和澄清。

《问题核查清单》并未提供、也不可能提供判断二者符合性的基础和标准。在整个法律磋商中,《问题核查清单》最主要的功能是提供信息,或者为法律磋商提供一种基础,以使申请方根据这些信息与参加方进行磋商。从根本来看,GPA符合性的标准在于GPA文本本身,因此需要从GPA整体来寻找符合性的标准,包括从参加方在GPA项下的承诺中寻找。

但同时,这并不意味着《问题核查清单》仅具有提供信息的价值。相反,一方面,《问题核查清单》设定的每一项议题都涉及GPA符合性的根本问题。对这些议题的深刻理解与把握,亦是把握GPA逻辑、价值观和标准的基础。另一方面,围绕《问题核查清单》所展开的磋商的实质性内容指向了申请方政府采购法律制度,其产生的效果则体现为,向GPA现有参加方解释自身政府采购法律制度,并检测其与GPA的符合性。围绕《问题核查清单》的磋商在很大程度上已经成为一种确定国内法律符合性,甚至是出价范围的补充证据。

(五)加入GPA法律调整与围绕GPA涵盖采购的谈判之间的关系

GPA文本并未对“哪种政府采购活动应当适用GPA规则”进行规制。这意味着,GPA并不存在统一的适用范围。事实上,GPA涵盖采购是经过谈判,被确定在参加方的“市场准入承诺表”中的(GPA的附录Ⅰ包含GPA参加方的“市场准入承诺表”)。“市场准入承诺表”涵盖的采购活动主要取决

---

① 财政部.我国向世界贸易组织提交《中国政府采购国情报告》(2020年更新版)[EB/OL]. http://www.ccgp.gov.cn/news/202006/t20200603_14406348.htm.

于申请方与GPA现有参加方之间的谈判。在2012GPA下，附录Ⅰ包含7个附件：①附件一：中央政府实体；②附件二：次中央政府实体；③附件三：其他实体；④附件四：货物；⑤附件五：服务；⑥附件六：工程服务；⑦附件七：总备注。这7个附件主要包含四类要素：①受GPA文本所涵盖的采购实体，即受GPA所规制的采购实体；②受GPA文本所涵盖的货物、服务和工程服务；③门槛价，即超过该限额的采购活动应受GPA规制；④针对GPA涵盖的采购活动，豁免适用GPA规则的例外情形。

围绕GPA涵盖采购展开的谈判是以“互惠”为指导原则，在参加方之间双边平行进行的。这种谈判以一方关于适用范围的出价为基础，同时也包含其他参加方基于各种感兴趣的领域所提出的要价。①

围绕GPA涵盖采购展开的谈判与国内政府采购制度密切相关，前者以后者为基础。这主要表现为：第一，申请方在GPA项下的出价以其国内政府采购法律所规制的范围为基础，且一般只有受国内政府采购法律规制的采购活动才会被纳入GPA出价；第二，申请方在GPA项下的出价以国内政府采购法律所规定的具体采购制度和采购规则为基础，例如，如果申请方希望在加入GPA后仍然保留国内政府采购制度中某些歧视性的采购政策，那么该申请方应当在加入GPA的谈判过程中将其明确排除出GPA涵盖范围。

为此，申请方的法律调整应当在其GPA涵盖范围的谈判和围绕《问题核查清单》的磋商之间保持协调。对于在谈判过程中将哪些采购活动纳入GPA规制这一问题，则应当考虑其政府采购法律现状及未来改革的需要。换言之，国内法律改革或调整的结果应当与GPA谈判的结果保持一致；在豁免适用GPA规则的实体、采购活动，以及允许保留的歧视性条款等方面，也应与GPA涵盖采购的谈判保持一致。

---

① 苏·艾茹史密斯. WTO中的政府采购［M］. 曹富国，译. 北京：经济科学出版社，2016.

三、《问题核查清单》与加入 GPA 法律调整

(一)《问题核查清单》的性质

在历史上，WTO 政府采购委员会一共颁布过两个《问题核查清单》：2000 年《问题核查清单》[①] 与 2015 年《问题核查清单》[②]。前者是以 1994GPA 文本为基础而制定的，后者则是以 2012GPA 文本为基础制定的，并且已取代前者。

GPA 文本的要求同时也是申请方在实施国内法律调整过程中需要满足的基本标准。围绕《问题核查清单》展开的澄清和磋商活动，则有助于在“检测”的基础上，发现有必要对政府采购制度进行法律调整之处。

值得注意的是，欧盟（当时是欧共体及其 15 个成员国）、美国、加拿大、日本和韩国在加入 GPA 时，尚不存在《问题核查清单》。但在 WTO 政府采购委员会发布 2000 年《问题核查清单》之前，政府采购委员会曾经通过颁布的一项文件，要求 GPA 已有成员方向委员会通报其法律实施 GPA 规则的情况[③]。该文件要求通报的法律实施情况所涉及的问题比较简单[④]，主要包含以下 13 个方面：

（1）GPA 是已经被转化为国内法律，还是/或者其可以直接适用？

（2）如果联邦或者中央政府以下层级的实体被 GPA 涵盖，这些实体的类型相对于联邦或中央层级的政府而言，是否在实施 GPA 的过程中拥有自治权？

---

① Checklist of issues for provision of information relating to accession to the agreement on government procurement, WTO committee on government procurement, GPA/35, 21 June 2000.

② Checklist of Issues for provision of information relating to accession to the revised agreement on government procurement, WTO committee on government procurement, GPA/132, 14 October 2015.

③ GPA/1/Add. 1.

④ 为了区别起见，本书将 GPA/1/Add. 1 所提及的问题列表称为“问题通报清单”，以区别于后来 WTO 政府采购委员会正式发布的《问题核查清单》。

(3) 被列入附件3出价的实体，在实施GPA方面是否拥有自治权？或者它们是否也适用联邦/中央或次中央层面制定的法律？

(4) 就附件3实体而言，如果联邦或中央层面与次中央层面在实施法律上有所不同，则主要体现在哪些方面？

(5) 政府在采购过程中在多大程度上使用了信息技术？

(6) 指明在其法律中体现GPA第3条有关国民待遇和非歧视承诺的具体规定有哪些？

(7) GPA第9条第2款规定，邀请参与采购的形式表现为发布计划采购通知。如果实施该条款的法律提供了上述机会，请详细说明。

(8) GPA第9条第3款规定，次中央实体以及附件3类型的实体可以运用计划采购通知，或者是与资格审查制度有关的通知，作为邀请参与采购的方式。如果实施该条款的法律提供了上述机会，请详细说明。

(9) 在选择性招标程序中，采购实体在多大程度上被允许使用永久供应商名单，或者在授予具体合同时是否要求采购实体必须选择加入该名单中的供应商？

(10) GPA第14条允许在特定条件下进行谈判，采购实体是否被允许进行谈判？如果是，则有哪些类型的谈判程序？其适用条件是什么？

(11) GPA第11条规定了投标期限，且通常表现为“不少于×天”。国内法律是否体现了GPA所设置的不同最短期限？如果没有，则需要提供有关更长期限的任何信息。

(12) 根据第12条第1款的要求，是否允许投标人以多种语言进行投标(其中有一种语言必须是WTO官方语言)？采购实体又可以在多大程度上运用这一灵活性规定？

(13) 第20条第3款要求每一个GPA成员方以书面形式提供救济程序，并且使其可以被普遍获得，因此需提供有关信息。

上述几个问题是WTO政府采购委员会发布的《问题核查清单》的雏形，也是后来《问题核查清单》关注的主要内容。对这些问题的答复是在加入GPA谈判之后做出的，但成员方需要在答复中解释GPA在其国内如何实施，且最终需要解决的问题依旧是政府采购法律制度如何符合 GPA 要求。因此，有关加入 GPA 法律调整国际比较经验的研究仍然可以围绕针对上述问题的答复和磋商展开。

（二）《问题核查清单》的结构

《问题核查清单》所关注的问题主要包括申请加入方的政府采购法律框架、公共部门与政府采购法律的适用范围、非歧视、避免利益冲突与防止腐败行为、采购程序、政府采购中的信息公开、审查程序等方面。

1. 法律框架

就政府采购法律框架而言，《问题核查清单》主要涉及以下三个方面问题：①单一中央采购法；②与采购有关的其他法律；③GPA 在本国的适用方式。这三个方面的问题具体如下。

第一，就单一中央采购法而言，申请加入方是否存在关于政府采购的单一的中央法律？（1.1）即是否存在关于政府采购活动的统一中央立法——专门规制政府采购活动的基本法律？若有，《问题核查清单》要求申请加入方提供该国规制政府采购的单一法律。

第二，就与采购有关的其他法律而言，是否存在规制政府采购活动的其他法律？在单一法律之外，政府采购活动也有可能被其他采购法律规制。其中，包含以下三种情况：①政府采购活动可能不是主要被规制对象；②可能只是涉及某个领域的政府采购活动；③可能只是涉及某一类实体的政府采购活动。“其他法律”所涵盖的范围，包括法律、法规、规章、决定等有约束力的规范性文件①；也包括政策指南以及其他“软法”性质的法律文件（laws, regulations, decrees, administrative rulings, decisions, policy guidelines and other instruments）。此外，这些法律可能在不同层级或不同类型的采购实体之间适用于不同的规则。因此，《问题核查清单》要求说明规制政府采购的其他法

① 由于 GPA 参加方的法律制度、法律体系、法律术语存在很大差异性，在 GPA 背景下，其措辞比较中性或往往涵盖更多类型的表达。

律、法规、规章、决定、政策指南，以及其他法律文件，并列明其各自涉及的领域。若该国的中央政府采购实体、次中央政府采购实体与其他类型的采购实体适用了不同的采购规则，也需要在回答《问题核查清单》时列明。

第三，GPA如何在国内得到实施？一般而言，根据各国法律规则的不同，GPA规则在有些国家可以直接实施，而在另一些国家则需要转化成国内相关法律才可以实施，这在很大程度上取决于该国国内法律赋予国际协定的效力。①

部分国家承认国际协定一旦签署并生效，就具有国内法上的法律效力；而在有些国家，国际协定在国内法律制度中不能自动生效，需要采取具体的实施措施来赋予该协定在国内法律上的法律效力。具体的实施措施可以表现为两种②：①简单指引国际条约规则，并规定国际条约规则的效力优于与其冲突的国内措施；②通过国内法律的具体规定来实施国际规则，如修订与国际规则相冲突的现行国内法律。

因此，《问题核查清单》要求申请加入方表明其属于哪种情形。如果GPA规则可以在国内直接适用，当GPA规则与国内法律规则之间存在冲突时，优先适用GPA规则，那么申请加入方则需要指出其相关的法律基础。

2. 适用范围

《问题核查清单》主要关注三个方面的问题：①申请加入方的公共部门涵盖了哪些实体？②这些实体的政府采购活动在国内是否受到规制？若受规制，则如何规制？③受政府采购法律规制的政府采购市场规模有多大？对这些问题的澄清需结合以下内容。

第一，政府机构设置概况。

《问题核查清单》（2.1）要求申请加入方简要介绍其每一级政府机构设置情况。政府组织具备多样化的特征，了解申请加入方的政府组织情况，有助于GPA现有成员方了解申请加入方有关实体出价的情况。

第二，开展采购活动的实体。

①② 苏·艾茹史密斯.WTO中的政府采购［M］.曹富国，译.北京：经济科学出版社，2016.

《问题核查清单》(2.2~2.4)要求申请加入方列举其从事采购活动的实体清单，包括中央政府实体、次中央政府实体、政府拥有或控制的企业，以及政府拥有或控制的其他实体。

对于中央政府实体和次中央政府实体而言,《问题核查清单》要求提供开展采购活动的实体清单。也就是说，对于这两类实体，只要它们从事货物、服务和建筑服务采购活动，就都要进行列举。《问题核查清单》并不专门询问这两类实体是否受政府采购法的约束，可能是因为它们一般都受政府采购法的约束。在这一方面，无论是在现有的GPA成员方之间，还是在成员方与申请加入方之间，都在一定程度上存在共识。换言之,《问题核查清单》感兴趣的是全部这类实体，而不论其与国家政府采购法的关系，这一点不同于《问题核查清单》对政府拥有或控制的企业的立场。

对于政府拥有或控制的企业而言,《问题核查清单》要求提供“受到政府采购规则约束”的实体。这意味着,《问题核查清单》感兴趣的只是政府拥有或控制的企业中“受到政府采购规则约束”的那部分企业。而实际的情况可能是，政府拥有或控制的企业可能并不受政府采购法的约束，如中国的情况，或者并非所有政府拥有或控制的企业都受到政府采购法的规制。采购是否受到政府采购规则的约束，是《问题核查清单》就政府拥有或控制的企业立场的分界点，这一要求不同于《问题核查清单》就中央政府实体和次中央政府实体的立场。考虑到GPA的整体情况以及《问题核查清单》代表参加方关切点这一特征，似乎可以发现GPA有关国有企业的立场的一个潜在逻辑：只有受到国家采购法管理的那部分国有企业，才有加入GPA的可能。如果国有企业根本不受国内政府采购法的约束，其加入GPA的问题也就无从谈起了。

对于政府拥有或控制的其他实体（附件3类型的实体）而言,《问题核查清单》要求对从事采购活动的其他实体或其他类型的实体进行说明①。可见，对于这类实体,《问题核查清单》并未考虑它们是否受到国内政府采购法的约

① “Which are the other entities or categories of entities (Annex 3-type entities) owned and controlled by the government that engage in procurement?”其他类型的实体（categories of entities）可能是指类似于欧盟采购法上或者欧盟在GPA出价中的某一类或多类公用事业实体，如通信领域或能源领域的实体。

束。这与《问题核查清单》对中央政府实体或次中央政府实体的要求类似。考虑到GPA的整体情况及《问题核查清单》代表参加方关切点这一特征，似乎可以认为，对于这类实体，《问题核查清单》的关切点在于，首先摸清楚其基本情况。至于之后按照什么样的逻辑进行谈判（比如，这些实体是否受到国内政府采购法的约束），则是一个基于对等开放原则进行谈判的问题。有关GPA附录一附件3谈判的历史可以进一步说明这一点。这一点与《问题核查清单》对于政府拥有或控制的企业的要求或立场形成了鲜明对比。

值得注意的是，除了中央政府实体和次中央政府实体外，《问题核查清单》在界定“其他实体”的过程中，使用了“政府拥有或控制”这一标准。其中，“政府拥有”是基于股权所有权标准，但仍需要进一步定义政府在企业中拥有的股权比例。“政府控制”既可以基于股权所有权标准，也可以基于所有权之外的影响力。因此，“政府拥有或控制”标准具有很大的弹性空间，其本身也不是GPA确定其涵盖采购范围的既定原则。

第三，前述所列举实体受到政府采购法规制的情况。

政府采购法律一般不仅包含中央层面的立法，也包含地方层面的立法。在有些国家的政治体制中，地方政府有很大的自治权和立法权力。因此，如何确保中央或联邦政府以下级别的采购实体实施GPA规则，是《问题核查清单》关注的重要问题。

《问题核查清单》（2.5）就前述所列举实体受到采购法规制的情况提出三个问题：第一，所列举实体的采购是受中央或联邦政府法律的管理，还是独立于中央或联邦法律的管理？第二，如果所列举实体的采购活动不受该主要采购法管理，其具体受何法律管理？第三，申请加入方政府如何保证次中央政府实体实施GPA？

从这三个问题来看，《问题核查清单》主要关注“横”“竖”两个方面。在“横”的方面上，其关注受到“其他法”管理的采购（参见本章“《问题核查清单》的结构”的相关讨论）。受到中央主要政府采购法管理的实体比较显著，而受到其他法管理的采购活动则容易被忽略。因此，《问题核查清单》特别要求提供以下方面的信息：第一，不受该主要采购法管理的实体范围，即相对应的《问题核查清单》要求列明涉及的实体名单。第二，其具体受何法的管理，亦即这些实体的采购活动如果不受中央或者联邦主要采购法的规制，将受到哪些中央或者联邦政府颁布的其他法律的规制。在“纵”的方面上，《问题核查清单》的主要关注在于，如何确保中央或联邦政府以下级别的采购实体实施 GPA 规则。《问题核查清单》以两个小问题回应了这一关切：第一，所列举实体的采购是受到或者独立于中央或联邦法律的管理（第 2. 5 部分第一个小问题）；第二，申请加入方政府如何保证次中央政府实体实施 GPA（第 2. 5 部分第二个小问题）。前者在于弄清楚情况，后者在于确定未来的措施。显然，问题的落脚点在于，拥有对外贸易谈判权的中央或者联邦政府如何保证次中央政府实体实施 GPA 下的义务，这一点对于联邦制政府而言尤其重要。

值得注意的是，仅需要对前述第 2. 2~2. 4 部分涉及的实体回答第 2. 5 部分的问题。① 如对于前文提及的政府拥有或控制的企业类实体而言，只需要对那些采购受到政府采购规则管理的实体回答第 2. 5 部分的问题。

第四，豁免适用政府采购规则的例外情形。

政府采购法律一般会规定可以豁免采购活动适用其相关采购规则的例外情形。常见的情形有，基于国防或者国家安全的例外，或者基于资金来源于世界银行等国际组织贷款的例外。因此，《问题核查清单》要求申请加入方阐明在国家层面的采购规则中，是否存在着豁免适用采购规则的一般例外情形。

第五，政府采购的市场规模。

《问题核查清单》要求申请加入方提供与政府实体采购活动有关的，且可以获取的过去两年的统计数据；若可以获取的话，则按照采购实体及货物和服务的种类进行细分。

3. 非歧视

GPA 规则的核心目标在于通过非歧视性的政府采购规则，实现参加方之

---

① Do procuring entities listed in response to questions 5, 6 and 7 apply in their procurement the main law…其中的“questions 5, 6 and 7”的表述不知所云，在对照 2000 年《问题核查清单》后发现这是一个明显的笔误，其本应该是指第 2. 2、第 2. 3 和第 2. 4 部分的问题。

间政府采购市场的开放。因此 GPA 第Ⅳ条第 1~2 款特别规定了非歧视要求。GPA 中的非歧视原则包括国民待遇和最惠国待遇以及有关补偿的要求。

《问题核查清单》第 3 部分提出了与非歧视有关的五个问题，要求申请加入方回答。

第一，国家立法中的任何非歧视性条款。

就国家法律与 GPA 非歧视性要求相一致的方面而言，《问题核查清单》（3.2）要求申请参加方指出其法律中反映 GPA 第Ⅳ条第 1~2 款关于非歧视承诺的具体规定。

如果国家法律与 GPA 非歧视性要求相一致，GPA 当然乐见其成。但是，更可能的情况是，由于申请加入方尚未正式加入 GPA，其国内政府采购法律可能包含歧视性待遇的条款。因此，《问题核查清单》的其他四个问题都与识别国家政府采购法中的歧视性条款有关。

第二，国民待遇和最惠国待遇。

《问题核查清单》（3.2）要求申请加入方提供本国法律给予本国货物、服务和供应商相较于外国货物、服务和供应商优惠待遇的详细信息，亦即本国法律中任何与 GPA 所要求的国民待遇不符的条款。这类条款通常为国家法律中所要求的“采购国货”政策。这种歧视性采购政策不仅针对外国货物或服务，还针对外国供应商。国民待遇是 GPA 的核心原则，GPA 涵盖采购的谈判目的就是消除国家采购法律中的这种非国民待遇要求。

《问题核查清单》（3.2）还要求申请加入方提供本国法律给予任何国家的货物、服务或供应商相较于任何其他国家的货物、服务或供应商优惠待遇的任何法律条款的具体信息。这一要求反映了 GPA 所要求的最惠国待遇原则。尽管到目前为止，GPA 仍然是一个诸边协定，也就是说，GPA 参加方就其承诺的市场开放范围而言，并不承担最惠国待遇义务，但是这并不妨碍《问题核查清单》就有关最惠国待遇的问题要求申请加入方提供信息，以及有些国家主动承诺了政府采购的最惠国待遇。例如，在中国加入 WTO 时，曾就政府采购问题做出了最惠国待遇的承诺。

第三，对本地设立的供应商的歧视。

1994GPA 非歧视待遇条款增加了有关对本地设立供应商的非歧视内容，旨在补充相关方面的漏洞。GPA 非歧视条款针对的是外国供应商，但许多外国公司对政府采购市场的渗透方式是通过其在当地的子公司进行投标，而当地子公司往往又不属于外国公司。这造成的后果是，一旦国家法律基于本地设立供应商的外国附属程度，歧视外国所有权或货物、服务的来源地，GPA 的非歧视性条款就很难适用了。[①]

《问题核查清单》（3.3）针对 GPA 的这一要求，要求申请加入方提供本国法律中允许以本地设立的供应商外国附属程度（it's degree of foreign affiliation）或者所有权为基础，来给予本地设立的某一供应商相较于其他供应商较少的待遇，或者基于货物的生产国、服务的提供国而"歧视"本地设立的供应商。

第四，给予任何经济部门、区域或者特定类型的供应商、货物或服务优惠待遇。

从国家政府采购法的角度来看，政府采购可以被用于促进实现广泛的经济、社会和环境政策目标。这些政策既可以针对某类供应商实施，即给予特定类型的供应商以优惠采购待遇，如针对中小企业的政府采购优惠政策，也可以针对特定地区实施，如对少数民族或贫困地区供应商或产品/服务的优惠政策，还可以针对特定类型的产品实施，如政府优先或强制采购节能或环境友好产品，又可以针对某一经济部门，如发展新兴产业。

这些政策的实施，可能不是专门针对外国供应商、产品或服务，但其实施效果，却可能对外国供应商、产品或服务造成歧视，因此其与 GPA 的兼容问题，一直是 GPA 发展中的重大问题。[②] 比如，GPA 成员方对政府采购促进中小企业政策和广泛的可持续发展政策缺乏共识。成员方在其附录一附件的出价承诺中，对这些政策也都有所保留。

基于已有观察而发现的一个重要事实，在 1994GPA 文本中，GPA 第 5 条（发展中国家的特殊和区别待遇）授权发展中国家可以在一定条件下实施这些

---

①②　苏·艾茹史密斯．WTO 中的政府采购［M］．曹富国，译．北京：经济科学出版社，2016，第十三章。

政策，尽管其实施效果十分有限。①

GPA 各缔约方在实施和管理本协定时，以协定允许的特别措施为依据，考虑了发展中国家（尤其是最不发达国家）的发展、财政和贸易需求：①保障其国际收支地位，并保证足以实施经济发展计划的储备水平；②促进本国产业的建立或发展，包括农村或落后地区小型工业或家庭手工业的发展，以及其他经济部门的发展；③支持完全或实质上依赖政府采购的产业单位；④通过向 WTO 部长级会议提交且该会议对此不持异议的发展中国家间的区域或全球性安排，鼓励其经济发展。

值得注意的是，2012GPA 文本第 5 条针对 1994GPA 文本中的同一条款进行了简化，不再详细列举发展中国家的发展、财政和贸易需求，而只是笼统地提及需要针对这些需求进行特殊考虑。究其原因，可能正如 2012GPA 第 5 条第 1 款指出的那样，这些发展、财政和贸易需求在各申请加入方之间可能存在巨大的差异。

另外，这些政策也构成了 GPA 涵盖采购谈判的基础之一，并成为申请加入方获取差别和特殊待遇的基础。例如，如果发展中国家或者不发达国家申请加入方有出口农产品的需要，则在与发达国家 GPA 成员方进行涵盖范围谈判时，可以让发达国家尽量列入会采购这些农产品的采购实体。又如，在谈判中，发达国家应当尽量考虑该申请加入方的发展需求，从而同意申请加入方在出价时针对部分采购实体、产品或服务豁免适用国民待遇原则。

因此，这些政策与 GPA 政策存在兼容性的问题。它们也是 GPA 涵盖采购的谈判的重要领域，无论是法律文本还是承诺范围。

《问题核查清单》（3.4）（维持 2000 年《问题核查清单》的同样问题）就是针对这一要求而提出的。申请加入方需要指明，在多大程度上（如果有的话），优惠待遇会被赋予任何经济部门、区域或者特定类型的供应商或货物/服务。

---

① 一方面是因为 GPA 对发展中国家区别待遇的条款缺乏实施机制，因而更像是一个政策宣示；另一方面是因为 GPA 缺乏发展中国家成员的参与。

第五，补偿或者具备相同效果的其他措施。

除非有其他规定[1]，GPA要求缔约方，包括其采购实体，不得寻求、考虑、强加或强制实施任何补偿。[2] GPA所谓的补偿是指促进当地发展或改善国际收支平衡所采取的措施，如本地含量、技术许可、投资要求、对销贸易或类似的行为或要求。[3]

这一规定不仅包括与合同直接履行有关的措施，如要求在履行具体工作时使用本国产品或生产设施或者雇用本地雇员，也包括针对合同以外活动的措施，如一项“投资要求”明确要求，赢得合同的供应商在合同授予国投资一定金额的生产设施，而这些设施与所授予的合同并没有必然的联系。类似的例子还有，“对销贸易”规定要求承包商购买一定金额的来自合同授予国的产品，供其在一般经营中使用。

《问题核查清单》（3.5）反映了GPA的这一要求。申请加入方需说明其要求，或者允许使用补偿的任何法律条款或具备相同效果的任何法律条款，如本地含量、技术许可、投资要求、对销贸易，抑或在关于供应商的资格条件或供应商、货物或服务的选择条件中含有类似要求，又或者在合同评标与授予中有这些类似要求。

4. 避免利益冲突与预防腐败

将加入GPA与促进反腐败相结合是GPA新一轮修订过程中的重要议题。GPA现有成员方已经意识到GPA规则提倡的政府采购透明度措施，以及以透明的、公正的方式实施采购活动对于避免利益冲突和预防腐败行为的重要程度。同时，腐败问题也是许多发展中国家在发展过程中面临的严重问题，因此强调GPA规则对于预防腐败的重要性，将有利于促进发展中国家加入GPA。

新GPA序言（以下简称“序言”）第三段指出，“（本协定成员方）认识到政府采购的廉洁性（integrity）和可预见性对公共资源管理的效率和有效

---

① 2012GPA第5条第3款明确允许发展中国家在满足一定条件下使用补偿措施。
② 2012GPA第4条第6款。
③ 2012GPA第1条（k）款。

性，以及对各参加方经济的运行和多边贸易体制运行的必要性”。序言第六段指出，“（本协定成员方）认识到政府采购的透明度和以公正透明方式实施采购具有的重要性，其可以避免利益冲突和腐败行为，遵守适用的国际协定，如《联合国反腐败公约》”。

序言中的这一目标是对1994GPA的创新。新GPA第Ⅳ条（b）款和（c）款规定，采购实体应当以透明和公正且避免利益冲突、预防腐败行为的方式来实施被GPA涵盖的采购。这一要求反映了GPA修订的一个重要方面。

《问题核查清单》（4）要求申请加入方说明其采购制度中采取了哪些措施来确保这些规则得到了实施，并进一步解释是通过其政府采购法律还是其他相关法律加以实施的。

5. 采购程序

（1）采购方法及其采用的基本情况。

根据GPA第Ⅳ条（a）款规定，GPA对实施采购行为的基本要求是：透明、公正且适用与GPA协定相一致的公开招标、选择性招标和限制性招标等方法。

《问题核查清单》（5.1）要求申请加入方提供一份关于现行采购方法和程序的一般性描述，包括其所使用的主要采购方法，并对每种采购方法进行简要描述。除此之外，还要阐明各个层级的政府在多大程度上运用了供应商资格审查程序、公开招标、选择性招标和限制性招标程序。

（2）供应商资格审查。

GPA第9条规定了供应商资格审查的问题。该条关注到与供应商资格审查有关的广泛问题，包括供应商注册制度与资格审查程序、选择性招标程序中的资格审查问题、常用供应商名单问题、附件2和附件3实体采购中的供应商资格审查问题以及采购实体有关资格审查决定的信息披露问题，体现了GPA对资格审查可能存在的歧视性问题的高度重视。

因此，《问题核查清单》高度重视有关供应商的资格审查问题。除了一个条款涉及资格审查外（主要涉及采购方法及其采用的基本情况，但是也涉及资格审查制度的普遍性）（5.1）。还有另外两个问题都是针对资格审查提出的

(5.2 和 5.3)，具体内容如下。

第一，资格审查的非歧视性与合格供应商制度。

GPA 有关供应商注册制度与资格审查程序的要求，主要关注到不同采购实体采用不同的供应商注册制度，以及这一制度对供应商参与造成的不必要障碍。从形式上来看，其虽然可能与歧视性采购无关，但在实践中会对供应商的参与造成巨大障碍，从而可能产生歧视性的效果。正如研究指出的那样，“注册程序的实施可以有意或无意地限制竞争。其可能是由于处理申请时不合理的延误造成的，也可能出于过于烦琐的资格审查条件或程序要求。此类问题的存在会对外国供应商参与投标造成不成比例的影响。这可能源于这些供应商在处理官僚壁垒时遇到的困难比国内供应商要多”。①

《问题核查清单》（5.2）要求申请加入方说明其法律中符合 GPA 第 9 条非歧视性要求的条文，以及不适用这些非歧视性要求的例外情形。

此外，申请加入方需要说明，其国内法律的哪些规定能够确保新供应商可以无歧视性地加入已经存在的合格供应商名单。显然，这一问题背后的关切在于新供应商是否能够，且及时地加入合格供应商名单，以便供应商可以及时参与到采购中。

第二，选择性招标程序中的资格审查问题。

在 GPA 中，选择性招标程序是指只有受到邀请的供应商才能进行投标的程序。如果招标只限于那些满足最低资格审查标准（通过资格预审程序确认）的供应商，那么这个程序就属于选择性程序。因此，“资格审查”程序即决定供应商是否满足参与合同应具备的最低标准的程序。在选择性程序中，资格审查程序一般在采购实体选出参与投标的供应商之前进行（“资格预审”）。一旦供应商满足了最低要求，采购实体将从这些合格供应商中选择进行投标的供应商。

《问题核查清单》（5.3）提出了这样一个问题：在使用选择性招标程序和资格审查程序时，采购实体在多大程度上允许供应商在采购程序中参与资

① 苏·艾茹史密斯．WTO 中的政府采购［M］．曹富国，译．北京：经济科学出版社，2016.

格审查程序。

第三，常用供应商名单。

常用供应商名单（multi-use list）是指满足了加入该名单的条件的、可供采购实体多次使用的合格供应商名单（GPA 第 1 条）。GPA 第 9 条第 7~13 款规定了常用供应商名单的有关内容，允许采购实体在满足条件时能够维持一份可以多次使用的供应商名单。GPA 针对常用供应商名单的规制主要围绕着如何确保公开性、持续性、公平性等方面展开。比如，常用供应商名单适用于选择性招标程序，需要通过电子方式公布，且在有效期内可以持续获得；一般而言，采购实体不得因没有审查请求的充足时间而将申请参加基于常用名单的一项具体采购项目的供应商排除在考虑范围之外。①

《问题核查清单》（5.3）要求申请加入方答复，在多大程度上其国内采购实体会维持一份常用供应商名单。

（3）通过技术规格促进自然资源保护和环境保护。

GPA 如何处理成员方利用政府采购促进可持续发展的诉求，是 2012GPA 修订的重要方面，因为利用政府采购促进可持续发展有可能被滥用，从而导致歧视外国供应商或外国产品、服务的后果。是否允许通过技术规格的设定来促进自然资源保护和环境保护，在新修订 GPA 之前是一个存在争议的问题。

GPA 第 10 条第 1~6 款针对技术规格进行了规制。其中，第 6 款明确指出，GPA 成员方及其采购实体可以依照 GPA 第 10 条的相关规定来制定、采用或者适用技术规格，以促进保护自然资源和环境。

《问题核查清单》（5.4）要求申请加入方回答，在其政府采购制度中是否采取措施来允许采购实体在准备、采用或者适用技术规格的过程中促进保护自然资源和环境。

（4）有限招标（limited tendering）。

有限招标是 GPA 所采用的三种采购方法之一。在 GPA 的语境下，有限招标是这样的一种采购方法：采购实体直接与它自己选择的一个或者多个供应

---

① 见 2012GPA 第 9 条第 7~13 款。GPA 文本中有关供应商名单的要求与我国政府采购实践具有相关性，是完善我国政府采购法律制度的重要领域之一。

商接触。[①] 相对于公开招标或选择性招标，有限招标更像是一种非正式的采购程序，因为有关这一方法的定义，只提出了一项具有高度灵活性的要求：采购实体自己选择一个或者多个供应商并与其直接“接触”。在采用有限招标的许多情形下，合同是在与单一供应商谈判后授予的，尤其是考虑到它的适用条件时（GPA 第 13 条）。

然而，这一方法也存在被滥用的较大风险，因此 GPA 第 13 条就其适用条件，以及准备书面报告的要求，专门对“有限招标”做出规定，具体内容如下。

第一，有限招标的适用条件。

GPA 第 13 条第 1 款规定了有限招标的具体适用条件。为此，《问题核查清单》要求申请加入方回答，在其国家法律中，允许适用 GPA 第 13 条所规定的有限招标的条件和情形为何。

第二，有限招标不能被用于规避竞争的目的。

在适用这些具体条件时，采购实体还必须满足另外两个条件。其中一个是采购实体不能以规避竞争为目的而适用有限招标。GPA 第 13 条第 1 款规定，采购实体“不得为规避最大可能竞争的目的而适用有限招标”。“为了……的目的”的表述表明，需要对规避公开和选择性招标竞争要求的“动机”进行检验。从某种意义上来说，采购实体适用有限招标的所有决策都是为了避免出现公开和选择性程序要求的竞争。但是，适用有限招标的理由具备的基本逻辑是，避免竞争的理由必须合法有效。因此，对文本中这一规定最合理的解释为，它要求采购实体基于实现这些适用条件意图的目的，来援引有限招标的适用条件。

为此，《问题核查清单》要求申请加入方回答，申请加入方的现行法律中有哪些措施可以确保不通过运用该类采购方法来规避最大可能的竞争。

第三，不能以歧视成员方的供应商或保护国内供应商的方式实施有限招标。

---

① 参见 GPA 第 1 条定义。

在适用这些具体条件时，采购实体还必须满足的另一个条件是，其不能以歧视成员方的供应商或保护国内供应商的方式来适用有限招标。

为此，《问题核查清单》要求申请加入方回答，申请加入方的现行法律中有哪些措施可以确保有限招标不会以一种可能构成歧视外国货物、服务或供应商的方式或者构成偏好国内货物、服务或供应商的方式被适用。

（5）GPA 谈判。

GPA 第 7 条规定了 GPA 谈判的适用条件及实施的最低要求。适用条件涉及两种情形：①采购实体在发布的采购意向通知中已经表明了开展谈判的意向；②评估的结果显示，根据采购意向公告或者招标文件中所列明的具体评标标准，没有一份投标书最具明显优势。在实施的最低要求方面，采购实体应当：①确保针对参加 GPA 谈判的供应商的任何排除，都应当依据采购意向通知或者招标文件中所列明的评标标准进行；②如果 GPA 谈判结束，应当要求所有仍参加 GPA 谈判的供应商在同一截止日期前提交新的投标书或者修订其投标书。

因此，《问题核查清单》（5.6）要求申请加入方回答，该国的政府采购制度是否允许采购实体实施 GPA 谈判，如果允许，实施 GPA 谈判的条件为何。

（6）期限。

合理的期限设置有利于鼓励外国供应商跨国进行投标，并促进合理竞争。GPA 第 11 条规定了招标和提交投标书的最短期限。因此，《问题核查清单》（5.7）要求申请加入方就以下两个方面的问题进行回应：①申请加入方关于期限的法律规则和实践为何？②申请加入方法律是否反映了 GPA 所设置的各种最低期限？如果没有，请提供关于申请加入方法律设置的任何不同期限的信息。

（7）投标书的提交、接收和开标的程序保证。

GPA 并未针对递交投标书、接收投标书、开启投标书规定详细的规则。GPA 第 15 条第 1～3 款仅提出了以下三点基本要求：①采购实体应当通过可以保证采购程序公平、公正及投标书保密性的程序来接收、开启和处理所有投标书；②如果供应商的投标书未按照事先确定的接收投标书的期限被接收，且这种延迟仅因采购实体的处理不当而导致，那么采购实体不应当惩罚任何此类供应商；③如果采购实体在开标后，授予合同前向某一供应商提供纠正表格中失误的机会，则该采购实体应当向所有参与供应商提供相同的机会。

因此，《问题核查清单》（5.8）要求申请加入方简要描述其提交投标、接收投标、开启投标书的程序以及授予合同的程序，尤其是政府采购制度中确保开标的规范性及与 GPA 非歧视要求保持一致性的程序和条件。此外，申请加入方还需要回答采购实体如何维护在接收投标、开启投标和评标程序中所涉及的信息。

（8）评标标准和合同授予。

GPA 第 10 条第 9 款规定，在采购意向通知或者招标文件中设置的评标标准包括但不限于价格、其他成本要素、质量、技术优势、环境特性以及交付条件。

《问题核查清单》（5.9）要求申请加入方说明，其国内法律关于采购实体在评标标准中，设置用于描述技术规格参数的规定。

在合同授予方面，GPA 第 15 条第 4～7 款提出了以下四个方面的基本要求。

首先，满足以下条件的投标书方可被考虑授予合同：①投标书应当由符合资格条件的供应商以书面形式提交；②该投标书在开启投标之时应当符合采购公告及招标文件中设置的实质性要求。

其次，除非采购实体确定合同的授予不符合公共利益，那么该采购实体应当将合同授予满足下列条件的供应商：①已经被其确定为有能力履行合同条款的；②仅仅根据采购意向通知和招标文件中确定的评标标准所选择出来的；③提交了最具优势投标书的或者在价格为唯一标准情形下，提交了最低价的投标书。

再次，如果采购实体收到与其他已提交投标书相比较而言，包含异常低价的投标书，则该实体可向该供应商验证是否满足参加投标的条件，以及是否有能力履行合同条款。

最后，采购实体不得通过备选投标方案、取消采购或者变更被授予采购合同的方式来规避 GPA 项下的义务。

因此，《问题核查清单》（5.10）要求申请加入方说明，其国内法律为了确保合同的授予是遵循了评标标准和招标文件中实质性要求的结果而采取的措施。

6. 信息公开

透明度被认为是实现政府采购公平竞争的基本保障。因此，GPA 文本在多处要求成员方及采购实体公开发布相关信息。这些信息包括：①与政府采购有关的法律、法规、法院判决、行政命令；②发布被 GPA 涵盖采购的采购意向公告；③招标文件的发布；④常用供应商名单的发布及其维护；⑤合同授予公告的发布；⑥向未中标的投标人提供有关投标书落选的理由；⑦应 GPA 其他成员方的请求，GPA 成员方应当及时提供必要信息以确定某项采购是否被公平、无偏见地实施并且遵守了 GPA 的要求。

为此，《问题核查清单》针对信息公开这一关切，设计了以下一系列问题。

（1）GPA 第 6 条要求公开与政府采购有关的法律、法规、法院判决、行政命令，要求提供相关出版物的名称及发布这些信息的媒体。

（2）GPA 第 7 条第 1 款规定，采购实体应当针对每项 GPA 涵盖的采购，发布采购意向公告。

（3）国家法律所要求的在采购意向公告中或者在招标文件中应当包含的信息类型，并且指出相关法律条文。

（4）GPA 第 9 条第 7 款要求由采购实体发布由其维护的常用供应商名单。列出相关出版物的名称，以及用于该目的的媒体。若可行，请提供发布这些公告的互联网网址。

（5）GPA 协定第 16 条第 2 款要求采购实体发布关于授予合同公告的详细信息。列出相关出版物的名称，以及被用于该目的的途径。若可行，则提供发布这些公告的互联网网址。

（6）指明合同授予公告应当包含的信息类型，并且指出相关法律条文。

（7）指明国家法律及相关性质程序中有关“向未中标的投标人提供有关投标书落选的理由”信息的条款，正如 GPA 第 16 条第 1 款规定所要求的那样。

（8）根据 GPA 第 17 条第 1 款的规定，应 GPA 其他成员方的请求，GPA 成员方应当及时提供必要信息（包括与性质有关的信息以及中标人的相对优势），以确定某项采购是否被公平地、无偏见地实施并且遵守了 GPA 的要求。指明国家将采取哪些程序来确保这一要求得到实施。

7. 国内审查程序

及时、有效、透明和非歧视的国内审查制度是保障外国供应商参与公共采购市场的基本保障。因此 GPA 第 18 条对国内审查程序提出了基本要求。

为此，《问题核查清单》要求申请加入方提供其现行国内审查程序的有关信息（7.1），并说明是否存在赋予国外供应商参与国内审查程序权利的具体条文（7.2）。

具体而言，申请加入方在说明其国内审查制度的过程中应当着重强调对以下七个问题的回应。

（1）允许质疑（complain）的期限。

GPA 规定，质疑的期限为从供应商已经知晓或者有质疑的依据（the basis of the complaint）之日起“不少于 10 天”。①因此，申请加入方应当说明其国内法律所规定的相关期限为何。

（2）负责国内审查程序的职能机构。

GPA 第 18 条第 1 款规定，GPA 的每个成员方应当提供及时、有效、透明的和非歧视的行政或司法审查程序，以使供应商可以就其拥有或者曾经拥有的利益在被 GPA 涵盖采购的某项过程中产生的下列情形进行质疑：①违反 GPA 的情形；②当供应商根据成员方的国内法，无法直接质疑其违反 GPA 要

① 在《问题核查清单》中使用的是 complain 一词，但是在 GPA 文本第 18 条第 3 款中使用的是“challenge”一词（“Each supplier shall be allowed a sufficient period of time to prepare and submit a challenge, which in no case shall be less than 10 days from the time when the basis of the challenge became known or reasonably should have become known to the supplier”）。

求时，可以针对不遵守该成员方在制定 GPA 实施措施方面未符合 GPA 要求而质疑。

因此，应澄清《问题核查清单》中要求申请加入方指出其负责国内审查程序的职能机构是“法院”，还是“中立和独立的审查机构”。如果是后者，则需要考虑其成员是如何选择的，其决定是否接受司法审查，如果没有，则需要考虑 GPA 第 18 条第 6 款的规定将如何予以考量。

（3）审查机构适用的法律。

申请加入方需要针对审查机构将适用哪些法律审查质疑进行回应。

（4）临时措施。

GPA 要求每个成员方采用或者维持包含快速临时措施的审查程序，以保护供应商参加采购的机会。[①]这些临时措施可以导致采购过程的暂停。该程序规定，在决定是否采取此类措施时，应考虑对包含公共利益在内的相关利益的不利后果；不采取相关措施的理由应当以书面形式提供。

为此，《问题核查清单》要求申请加入方回答下述问题：规定采取哪些快速的临时措施来纠正违反 GPA 的行为并且保护商业机会？这些措施中是否包含暂停采购程序的可能性？其在哪些条件下可以实施？

（5）纠正措施或损害赔偿。

GPA 规定，每个成员方应当采用或者维持一项审查程序，从而使审查机构确认存在违反 GPA 的行为，或者在遵守实施 GPA 的措施时，可以采取纠正措施，补偿损失或赔偿损害。这些补偿或赔偿可以限于准备投标书的成本，或者参与质疑的成本，又或者两者兼之。[②]

为此，《问题核查清单》要求申请加入方对下述问题进行答复：国内审查程序为纠正违反 GPA 的行为做出了哪些规定？以及为纠正不遵守实施 GPA 措施的行为做出了哪些规定？针对损失或损害，审查机构可以命令申请加入方提供哪些类型的补偿？

---

①② GPA 第 18 条第 7 款（a）项。

（6）审查程序的效率。

《问题核查清单》要求申请加入方提供与国内审查程序各个阶段相关期限的任何可获得的信息，包括为获取临时性措施的期限，以及做出最终决定的期限。

（7）参与审查程序的成本。

《问题核查清单》要求申请加入方答复：参与一项国内审查程序一般有哪些成本？其是否具有免费的可能性？

8. 其他

（1）电子化采购。

GPA 并未要求成员方实施电子化采购。如果成员方选择通过电子化的方式实施采购，GPA 要求采购实体应确保其使用的是：与信息认证及加密有关的信息技术以及可以普遍获得的信息技术；维持确保参与请求和投标完整性的机制，包括设置接收时间和防止不当访问。①

因此，《问题核查清单》要求申请加入方答复：政府采购程序在多大程度上已经应用了信息科技？采购意向通知或采购合同授予通知是否通过电子方式发布？

（2）用于回答询问的联系点。

《问题核查清单》要求申请加入方答复：在其国内是否存在着一个联系点（a contact point），用于回答来自供应商、其他政府部门及更广泛公共部门实体关于在中央或次中央层面政府采购法律、法规和程序方面的询问（enquiries）？如有联系点则要求其提供具体地址。

① GPA 第 4 条第 3 款。

第二章　欧盟加入 GPA 法律调整经验研究

一、基本情况概述

早在 1981 年东京回合贸易谈判达成东京回合《政府采购守则》时，欧共体（当时共 6 个成员国①，1993 年因《欧洲联盟条约》正式生效，欧盟正式成立）就是原始签约国。之后，它亦是《政府采购守则》文本改革的重要参加方。欧盟于 1996 年 1 月 1 日正式加入 1994GPA，彼时其一共有 15 个成员国②。2004 年 5 月 1 日，欧盟成员国扩大至 25 个，新增的 10 个成员国在加入欧盟的同时也成为 GPA 成员方。③ 2007 年 1 月 1 日，保加利亚和罗马尼亚在加入欧盟的同时亦成为 GPA 成员方。2013 年 7 月 1 日，克罗地亚也以欧盟成员国的身份成为 GPA 成员方。截至目前，欧盟及其 27 个成员国都是 GPA 成员方。英国脱欧后以独立身份加入 GPA。

欧盟在 1998 年向 WTO 政府采购委员会通报了欧盟及其成员国实施 GPA 的立法情况，包括其对《问题核查清单》的答复。④ 之后，欧盟就其国内实

---

① 6 个成员国为联邦德国、荷兰、比利时、卢森堡、法国和意大利。

② 15 个欧共体成员国分别是奥地利、比利时、丹麦、芬兰、法国、德国、希腊、爱尔兰、意大利、卢森堡、荷兰、葡萄牙、西班牙、瑞典、英国。

③ 新增的 10 个成员国分别是塞浦路斯、爱沙尼亚、拉脱维亚、立陶宛、波兰、捷克、斯洛伐克、匈牙利、马耳他、斯洛文尼亚。

④ Committee on government procurement - notification of national implementation legislation - communication from the European Community, GPA/20, 28 January 1998, Doc #: 98-0311. NOTIFICATION OF NATIONAL IMPLEMENTING LEGISLATION [EB/OL]. WORLD TRADE ORGANIZATION, https://docs.wto.org/dol2fe/Pages/SS/directdoc.aspx? filename=Q:/PLURI/GPA/20.pdf&Open=True.

施 GPA 的立法情况与一些 GPA 成员方进行了磋商（提问与答复）①。本章有关欧盟（欧共体）加入 GPA 时采购法律调整的讨论，参照以上两份历史文献。

二、欧盟（欧共体）加入 GPA 时的公共采购法律制度

（一）《欧共体条约》

《欧共体条约》本身并未对公共采购活动进行直接规制。但是，《欧共体条约》关于基本自由流动的单一市场原则，尤其是货物的自由流动、服务的自由流动和人（设立）的自由流动，都与公共采购活动有关。例如，《欧共体条约》第 6 条（基于国别的非歧视原则）、第 30～36 条（有关出口数额限制和具备同等效果的所有措施）、第 52 条（在其他成员国设立企业的自由）、第 59 条（提供服务的自由），都是能够影响政府采购活动的相关条款。正是基于《欧共体条约》的这些规定，欧盟建立了一个公共采购法律（指令）体系。

此外，根据自由流动相关原则发展而来的其他实施规则也对成员国的公共采购活动具有约束力，如平等对待原则、非歧视原则、互认原则（mutual recognition）、比例原则和透明度原则②。

---

① Committee on government procurement - review of national implementing legislation - European Community, GPA/32, 12 January 2000 Doc #: 00-0109. 参见 "REVIEW OF NATIONAL IMPLEMENTING LEGISLATION", WORLD TRADE ORGANIZATION, Accessed 12 January 2000, https: //docs. wto. org/dol2fe/Pages/SS/directdoc. aspx? filename=Q: /PLURI/GPA/32. pdf&Open=True。

② 参见欧盟《特许经营合同授予指令》序言（4）（Directive 2014/23/EU of the European Parliament and of the Council of 26 February 2014 on the award of concession contracts）、《公共部门采购指令》序言（1）（Directive 2014/24/EU of the European Parliament and of the Council of 26 February 2014 on public procurement and repealing directive 2014/18/EC），以及《公用事业采购指令》序言（2）（Directive 2014/25/EU of the European Parliament and of the Council of 26 February 2014 on Procurement by entities operating in the water, energy, transport and postal services sectors and repealing Directives 2004/17/EC）。

这意味着，所有的欧盟公共采购规则①都源于欧盟（欧共体）条约的相关规定以及根据这些规定所发展而来的基本原则。因此被纳入欧盟公共采购指令体系进行规制的公共采购活动不仅应受到欧盟公共采购指令的规则，还应受到欧盟条约相关规定及其基本原则的规制。若尚未被纳入欧盟公共采购指令体系，只要该采购活动涉及货物、服务、人和资本的自由流动，都应当受到欧盟条约相关规定及其基本原则的规制。总之，欧盟条约相关规定及其基本原则构成了欧盟公共采购法律制度的基础。

（二）公共采购指令体系

促进货物、服务、资本和人的自由流动是欧盟长期秉承的目标，为此，欧盟制定了一系列的公共采购指令来促进其内部公共采购市场上货物、服务、资本和人的自由流动，以推进欧盟“统一市场”的建设。因此，开放成员国之间的公共市场成为欧盟制定公共采购指令体系的首要目标。

欧盟首次针对公共采购领域的立法可追溯至20世纪70年代。这一时期的欧盟主要颁布了《公共工程合同指令》（*Council Directive* 71/305/EEC）和《公共供应合同指令》（*Council Directive* 77/62/EEC）。鉴于工程特许经营的重要性，1989年修订的《公共工程合同指令》（指令89/440/EEC）涵盖了工程特许经营合同。1990年颁布的第一个《公用事业采购指令》（*Council Directive* 90/531/EEC）对公用事业部门授予的工程合同和供应合同进行了规制。截至1992年颁布的《公共服务合同指令》（*Council Directive* 92/50/EEC），欧盟“公共部门指令”［又称“传统采购指令”（*classic directives*）］已经先后涵盖了工程、货物和服务合同。随后，1993年《公共工程合同指令》（*Council Directive* 93/37/EEC）和《公用事业采购指令》（*Council Directive* 93/38/EEC）都得到了修订。1993年《公用事业采购指令》（*Council Directive* 93/38/EEC）纳入了公用事业部门授予的服务合同。

---

① 欧盟成立于1993年，就公共采购法而言，它与之前的欧共体是承继关系，因此本书在讨论欧盟公共采购法时，有时也指欧共体时代的欧共体公共采购法。

欧盟（欧共体）正是在这些采购指令的基础上开展了加入东京回合《政府采购守则》和1994GPA的谈判（关于欧盟采购指令在加入GPA之后的改革与发展，参见本书第十一章的讨论）。

（三）公共采购指令规则的类型与转化

欧盟建立公共采购指令体系的目的在于协调成员国之间的公共采购法律制度，从而减少成员国公共采购市场间的准入障碍，并促进欧盟内部统一市场的建设。欧盟公共采购指令体系并未给成员国国内采购制度施加统一的授予程序。一般而言，欧盟公共采购指令规定了三种类型的合同授予规则，由成员国通过国内法予以实施。第一类规则是，欧盟公共采购指令向采购主体直接施加作为或不作为义务，成员国必须将这类规则转化为国内法律实施。第二类规则是，欧盟公共采购指令只提出了最低要求，允许成员国在国内法律中对其进行规定或者提出更高要求。第三类规则是，欧盟公共采购指令赋予采购主体直接裁量权。这类规则不允许成员国制定与之相反的规定，而是在国内法律中同样赋予采购主体该裁量权。

成员国需要根据欧盟公共采购指令的规定调整其公共采购法律，从而制定与指令相一致的规则。在转化采购指令的规则时，可以选择不同模式①。①运用指引的方式。如成员国仅仅通过颁布法律来澄清，受规制的采购主体需要遵守欧盟公共采购指令中的哪些规则，而不在国内法律中规定详细规则适用范围和适用程序。②在国内法律中制定实施采购指令的规定，但只是简单地复制采购指令中的规定。③在国内法律中根据采购指令制定详细的采购规则，并且对条文进行重新构造。例如，苏格兰政府在其实施公共采购指令的条例中重新排列组合条文，并指明采购指令的条文如何实施。需要注意的是，大多数成员国为避免采购指令的规定在转化为国内法律并加以实施的过程中产生不必要的法律错误，都会选择仅仅复制采购指令中的条文。

此外，欧盟公共采购指令体系涵盖了多个部门：公共部门、公用事业部

① 苏·艾茹史密斯．WTO中的政府采购［M］．曹富国，译．北京：经济科学出版社，2016.

门和国防部门。有些成员国在将其转化为国内法律的过程中颁布了多部采购法律，有些成员国则只颁布一部涵盖多个采购部门采购活动的政府采购法律。

三、欧盟加入GPA时的出价[①]

（一）采购实体

1. 附件1：中央实体

原则上，欧盟将所有的中央实体都列入了GPA下的出价范围，并给出了一份中央实体清单。但是欧盟根据其他GPA成员方开放其中央实体政府采购市场的程度，针对不同GPA成员方采取了不同的开放政策。

欧盟针对附件1实体的开放政策可以分为以下三类：①开放欧盟成员方所有中央实体。欧盟在GPA附件1中列出的中央实体清单仅作为指示性清单，未被列入该清单的中央实体也被纳入了GPA的规制范围。在这种情形下，中央实体的开放范围与欧盟公共采购指令体系规制的范围相一致，亦即与欧盟成员国之间的开放范围相一致。②只开放欧盟在附件1中列出的中央实体清单。在这种情形下，中央实体清单是穷尽性清单。③仅开放中央实体清单中没有被标注了一个星号的实体。

2. 附件2：次中央实体

附件2主要列明了以下两类实体：①区域或地方性采购当局；②受到公法规制的实体，并且其直接引用了欧盟采购指令对“受到公法规制的实体”的定义。

3. 附件3：其他实体

附件3：其他实体是指指令93/38/EEC第2条意义上的采购实体，即公共当局（public authorities）或者公共企业（public undertakings），并且从事下

① 基于历史研究的目的，这部分主要分析的是欧共体在1994GPA项下的出价，而非在2012GPA项下的出价。

列一项或几项活动。

（1）提供或者运营旨在向公众提供一种与饮用水的生产、运输或者配送相关的固定网络，或者向这种网络提供饮用水。

（2）提供或者运营旨在向公众提供一种与电力的生产、传输或者配送相关的固定网络，或者向这种网络供电。

（3）向航空承运人提供机场或者其他终端设施。

（4）向海上或者内陆水道承运人提供海上或者内陆港口或者其他终端设施。

（5）在城市交通领域，通过铁轨、自动化系统、轨道电车、无轨电车、公共汽车或索道根据指令 93/38/EEC 为公众提供服务之网络的运营活动。

指令 93/38/EEC 附件 1（饮用水的生产、运输与配送）、附件 2（电力的生产、传输与配送）、附件 7（城市地铁、轨道电车、无轨电车、公共汽车服务的合同授予机构）、附件 8（机场设施采购实体）和附件 9（海港或内河港口或其他终端设施的采购实体）所列政府机构或者公共企业清单满足了上述定义标准。当然，这些清单只是指示性的。①

4. 采购实体的出价依据

欧盟在 GPA 下针对采购当局或采购实体的出价以欧盟公共采购指令为依据。首先，只有欧盟公共采购指令体系规制的采购主体才会被纳入 GPA 出价范围。其次，并非所有欧盟公共采购指令规制的采购主体都被纳入 GPA 出价范围。如受《公用事业采购指令》规制的享有特殊权利或排他性权利的私人实体就没有被纳入 GPA 出价范围。最后，并非所有纳入 GPA 出价范围的采购当局或采购实体都对所有 GPA 成员方开放。欧盟有关其政府采购市场的开放遵循了 GPA 所确立的对等原则。

（二）有关国防采购的出价

欧盟在附件 1 的备注中明确，对于国防和安全领域的采购实体而言，只

① 参见欧盟公报 n° L 199/84, 09. 08. 1993 and n° C 241/228, 29. 08. 1994。

有非敏感性和非战争性材料（如在附件 4 中所列明的范围）的采购，才属于欧盟在 GPA 中的出价范围。

四、欧盟实施 GPA 的措施

（一）欧盟法律层面实施 GPA 要求的基本情况

欧共体理事会于 1994 年 12 月 22 日以决定的形式将 GPA 转化为欧共体法律实施。①基于理事会的这一决定，GPA 就此成为欧共体法律的一个组成部分。所有 GPA 涵盖采购的实体都必须遵守 GPA 的要求，就如同其需要遵守欧共体采购指令的要求。1995 年 12 月 9 日，欧盟委员会发布了一份通告，声明基于正式加入 GPA 的要求，指令 93/38/EEC 第 20 条所确立的给予欧共体成员方供应商优惠待遇的措施，不再适用于 GPA 涵盖采购的活动。②1998 年 1 月 28 日，欧盟向 WTO 政府采购委员会通报了在欧盟及其当时 15 个成员方层面实施 GPA 规则的情况。③

（二）澄清《公用事业采购指令》中歧视性条款的含义

欧盟澄清了《公用事业采购指令》中的歧视性条款。欧盟《公用事业采购指令》第 36 条给予了成员国决定是否适用“给予欧共体产品优惠”（community preference）的裁量权。该条的具体规定如下。

---

① The Council Decision n. 94/800/EC of 22 December 1994 concerning the conclusion on behalf of the European community, as regards matters within its competence, of the agreements reached in the Uruguay round multilateral negotiations (1986-1994) [Z] . See OJ L336 pages 1 and 273, of 23. 12. 1994.

② A communication was also made to explain that art. 36 of Directive 93/38 establishing a community preference has been waived as a consequence of the entry into force of the GPA for those fields covered by the GPA [Z] . See OJ C 332/9, of 9. 12. 1995.

③ Committee on government procurement - notification of national implementation legislation - communication from the European Community, GPA/20, 28 January 1998, Doc #: 98-0311. Communication from the United States. NOTIFICATION OF NATIONAL IMPLEMENTING LEGISLATION [EB/OL]. (1998-01-28). WORLD TRADE ORGANIZATION, https: //docs. wto. org/dol2fe/Pages/SS/directdoc. aspx? filename = Q: / PLURI/GPA/20. pdf&Open = True.

"1. 本条适用于所有包含原产自第三国产品的投标书。这里的'第三国'是指，与欧共体之间未签订多边或双边、确保向欧共体企业开放其国内相当市场和有效开放国内市场协议的国家。本条款不应当有损欧共体或其成员方向第三国所承担的义务。"

"2. 任何为了获取服务合同而提交的投标书都可以被拒绝，如果原产自第三国的产品（正如欧共体理事会 1968 年 6 月 27 日在第 802/68 号指令中对产品原产地进行的一般性界定一样），超过了投标书所含产品总金额的 50%。"

"基于该条款的目的，通信网络设备中所使用的软件应当被视为产品。"

"3. 如果两份或者多份投标文件根据第 34 条所界定的授予标准进行评审的结果是彼此相当（equivalent），那么应当给予第 2 款所提及的可能不会被拒绝的投标书以优惠。基于本条的目的，如果投标书之间的价格差异不超过 3%，这些投标书的报价应当被认定为是相当的。"

"4. 但是，如果接受投标书的结果可能会导致采购实体负有义务采购那些与现有材料的技术特征不同的材料，从而导致运行和维护过程中的不兼容或技术困难，又或者产生不成比例的成本（disproportionate costs），那么不应当根据第 3 款的规定给予该投标书以优惠。"

"5. 基于本条的目的，在确定本条第 2 款所提及的产品原产于第三国的比重时，因为第 1 款中所提及的理事会决定而同样可以从本指令相关条文中获益的第三国，不应当被考虑在内。"

"6. 欧共体委员会应当向理事会提交一份关于有关欧共体企业进入第三国被本指令所涵盖领域相关市场的多边或者双边谈判，这些谈判可能会达成的结果，以及所有协定在实践中实施情况的年度报告（第一次提交的时间应当是 1991 年下半年）。"

"若欧共体委员会所提交建议书获得了欧共体理事会符合资格的多数票，可以基于发展的理由而修订本条的相关条款。"

针对《公用事业采购指令》中的歧视性条款，欧盟在加入 GPA 的过程中进行了专门的澄清，并指出虽然其《公用事业采购指令》中存在歧视性条款，但是该条款仅针对没有与欧盟缔结多边或双边国际协定的第三国。

鉴于欧盟在GPA下的承诺，《公用事业采购指令》第36条已经不再适用于下述领域投标文件中包含原产自第三国货物的情形：①饮用水的生产、运输和配送——原产于韩国、日本或瑞士的货物；②城市轨道交通、自动化系统、轨道电车、无轨电车、公交车或缆车服务——原产于瑞士的货物；③原产于日本或瑞士的机场设施和其他航空运输终端（other air transport terminals）；④海港或内河港口或其他终端设施——原产于韩国、美国、日本或者瑞士的货物；⑤电力的生产、传输或配送——原产于韩国、美国或瑞士的产品。

此外，由于挪威也已加入《欧洲经济区域协定》（*The Agreement on the European Economic Area*），且独立加入了GPA，《公用事业采购指令》第36条也不适用于原产于挪威的产品。

（三）欧盟公共采购法律调整

在1994GPA生效后，欧共体于1997年通过了一项修改公共采购指令的法律①，其目的之一是满足GPA的要求。

1. 公共采购法律调整的必要性

欧盟公共采购法律的调整主要出于以下四方面的考量。

（1）欧盟公共采购指令的分散规制导致了针对货物、服务和工程进行采购的采购当局，适用了不一致的采购规则。之后，来自GPA成员方的第三国供应商在欧盟境内供应货物、服务和工程时遵守不同的规则。但是在GPA下，适用于货物、服务和工程采购的规则是统一的。

（2）欧盟并未将其公共采购指令规制的所有采购活动都纳入GPA的涵盖范围。例如，第92/50/EEC号指令所规制的某些服务合同并未被GPA涵盖：①附件1列举的B类服务合同；②附件1列举的A类服务中第8小类所提及的研发服务合同；③附件1的A类服务中第5小类所提及的电信服务合同；

---

① Directive 1997/52 - Amendment of Directives 92/50/EEC, 93/36/EEC and 93/37/EEC concerning the coordination of procedures for the award of public service contracts, public supply contracts and public works contracts respectively.

以及附件 1 的 A 类服务中第 6 小类提及的金融服务合同，如证券或其他金融工具的销售、购买或转让，以及中央银行的服务。

（3）相较于第 92/50/EEC 号指令、第 93/36/EEC 号指令以及第 93/37/EEC 号指令，GPA 中的某些条款给予了投标人更为有利的条件。

（4）当被 GPA 涵盖的采购当局授予合同时，来自欧共体成员国的企业和产品将基于《欧共体条约》的规定获取公共服务合同、公共供应合同和公共工程合同的机会，并必须至少与欧共体在 GPA 之下给予来自 GPA 成员方的第三国的企业和产品获取公共合同机会的条件相同。

2. 公共采购法律调整的主要内容

欧盟法律调整主要涉及公共部门的采购指令调整和公用事业部门的采购指令调整。这两个部分的法律调整的内容绝大部分都一致，只不过在针对公用事业部门采购活动进行规制的过程中有部分特殊考量。

（1）公共部门采购指令的调整内容。

第一，适用范围。

如果采购合同不为 GPA 所涵盖，那么该采购当局在 GPA 项下不承担向第三方国家的投标人开放合同机会的义务。

第二，门槛价。

通过特别提款权为单位设置的被 GPA 涵盖采购合同的不同门槛价。

第三，告知未中标人其未中标理由①。

理事会已考虑到，将中标书的特征及其所具有的相对优势予以公开，是实现公共合同领域更高透明度的基本方面。这与欧盟公共采购指令的规制目标相契合。因此，理事会认为有必要使公共采购指令与 GPA 的规定相一致。

第四，技术规格②。

理事会认为没有必要在指令中修订有关技术规格的规制模式，以符合 GPA 第 6 条第 4 款的规定。

---

① 第 92/50/EEC 号指令第 12 条第 1 款和第 2 款。

② 第 92/50/EEC 号指令第 14 条第 7 款。

第五，递交投标书①。

理事会希望能够简化有关递交投标书的规定，从而使成员国可以授权通过更适合于文件传输的技术来递交投标书。理事会在与投标内容有关的保证、保密性、证据以及开标等方面都提出了要求。理事会认为有必要强调，投标书被递交之后，其包含的详细信息应当被保密至开标之日。无论是以书面形式，还是以软盘或者其他任何媒介的形式，当面或者通过邮件方式递交，都应当保证投标书的保密性。

如果使用电子方式来递交投标书，尤其是电子邮件的方式，技术上应当能够确保保密性。但是，不允许通过电话方式递交投标书。

第六，统计的义务②。

理事会认为有必要对该条款进行细微调整，从而使其规定更加清楚。

对第 2 款（d）项内容进行了实质性修订，明确规定本款所规定的统计报告不包含第 8 类研发服务、第 5 类电信服务或者附件 1 中的 B 类服务等没有被纳入 GPA 涵盖范围的服务。

第七，平等和非歧视性的一般原则③。

理事会认为有必要在第 93/36/EEC 号指令中新增一款，以明确提及欧共体法律有关平等和非歧视的基本原则。

（2）《公用事业采购指令》调整的特殊问题。

《公用事业采购指令》在门槛价、告知未中标人理由、接受投标书的期限、递交投标书和统计义务等方面也进行了相应的调整。只不过在对《公用事业采购指令》进行调整的过程中遇到了以下特殊问题。

第一，在选择法律调整路径方面存在争议。

就如何在《公用事业采购指令》上实施 GPA 要求而言，欧洲议会和欧盟委员会之间存在分歧。欧盟委员会最早提交了一份有关修订该指令的建议书，但是欧洲议会随后否决了该项建议书。之后，欧盟委员会再次提交了一份修

---

① 第 92/50/EEC 号指令第 23 条第 2 款。

② 第 92/50/EEC 号指令第 39 条。

③ Article 5（7）of Directive 93/36/EEC.

改后的建议书。针对该项建议书欧洲议会并未给予修订意见，而是要求委员会撤回其建议书，并提交一份将 GPA 转化为一项特别（额外）指令的建议书。欧盟委员会并不同意单独制定一项指令的意见，又再次提交了一份修订后的建议书。欧盟理事会认为欧盟委员会所选择的路径是最恰当的，因为准备一份单独的指令将会导致 GPA 文本转化成国内法律实施的延迟，且与改善和简化文本的法律改革初衷相悖。因此，1996 年 12 月 20 日，欧盟理事会根据条约第 189 条发布了一份修订委员会建议书的“共同立场”（common position）。

第二，一般层面的特殊性。

《公用事业采购指令》调整处理了以下四个特殊问题。

一是明确提及“针对第 93/38/EEC 号指令的修订不应当有损公平对待在公共部门中运营的采购实体和在私人部门中运营的采购实体”。

二是必须确保与条约第 222 条的相关规定保持一致性，不应当存在损害成员国资产所有权的制度。

三是开放本指令涵盖的行业合同授予机会可能会对希腊和葡萄牙的经济产生负面影响，使它们不得不承受相当大的压力，因此授予这些成员国适当的额外期限来实施本指令是适当的。

这三个特殊问题与欧盟针对公用事业领域采购活动进行规制的特征有关。《公用事业采购指令》不仅规制了公共部门实体，也规制了在公用事业领域拥有排他性或特殊权利的私人部门实体；鉴于成员国各自国内制度的多样性，欧盟在从事公用事业活动实体的所有制方面持中立态度；开放公用事业部门的采购市场之后，希腊和葡萄牙面临经济冲击和改变的可能性最大，因此需要对其给予特别考虑。

四是采购程序方面的特殊性。

相对于相关规制而言，欧盟给予了公用事业部门采购活动更为灵活的规制，其中之一便是允许运用定期合同预告（periodic indicative notice）来缩短采购活动的最短期限。

绝大多数缔约机构都必须发布采购信息公告（Procurement Information Notice，PIN）并列出其未来合同的细节。在公共领域，PIN 只是向投标人预告未来合同的一种方法。在发布 PIN 的情况下，发布招标公告之后接受投标的期限就要缩短。同时，公共指令对发布 PIN 的时间规定也有细微的差别。工程指令规定，在做出工程建设的决策之后，缔约机构应立即将限额以上的工程发布 PIN。供应和服务指令规定，只要合同的实际价值超过了限额，缔约机构应在财政年初将未来 12 个月内拟授予的合同发布 PIN。在公用事业领域，PIN 相当于竞争邀请，在发布 PIN 的情况下，缔约机构可以不必再发布招标公告。

五、欧盟围绕《问题核查清单》的磋商

（一）关于欧盟公共采购法律框架

1. 欧盟法律

欧盟主要基于自身层面的法律对《问题核查清单》进行了答复。但在答复有关救济制度的问题①时，欧盟不仅引用了欧盟法律，还就每个欧盟成员国的情况进行了答复。②

欧盟特别指出，欧盟公共采购的一般原则源自《罗马条约》。欧盟的次级法律将该条约中的这些基本原则适用于具体的事项。欧盟“一揽子”公共采购指令需要在其成员国实施，并以协调成员国在授予门槛价以上的合同时所适用的法律为目标。

欧盟还指出，对于门槛价以下的合同，欧盟成员国的国内法律并不受指令与 GPA 的规制，尽管欧盟条约中规定的原则仍旧适用。这也意味着，门槛价

① 即《问题核查清单》的第 13 个问题：“第 20 条第 3 款要求每一个 GPA 成员方以书面形式提供其救济程序，并且使其可以被普遍获得，请提供有关信息。”

② IV. Responses to the Checklist of Issues. Notification of national implementing legislation [EB/OL]. WORLD TRADE ORGANIZATION, https://docs.wto.org/dol2fe/Pages/SS/directdoc.aspx? filename = Q:/PLURI/GPA/20.pdf&Open = True.

之下的合同授予规则在欧盟内部是不统一的，各成员国都有以各自遵守条约为基本原则的国内政府采购规则，尤其是有关货物和服务非歧视的基本原则。

欧盟公共采购指令可以分为两大类：①规制传统政府采购领域的指令（如公共当局指令或者传统部门指令）。[①] 采购当局（contracting authorities）主要是指上述指令中所提及的国家、区域或地方当局，以及“受公法规制的实体”。这些采购当局都被纳入了欧盟在附录Ⅰ下的附件1和附件2中。②涉及水、能源、交通和电信领域的指令（第93/38/EEC号《公用事业采购指令》）。该指令主要规制了在水、电、航空港、港口、城市交通部门运营的公共当局、公共企业以及其他享有特殊权利或排他性权利的采购实体。欧盟在附录Ⅰ附件3中列出的采购实体就受该指令的规制，适用于这些部门的采购规则要比适用于传统公共部门的采购规则更为灵活。

---

① 公共当局指令具体是指下列指令：（1）第93/36/EEC号《公共供应合同指令》（Council Directive n° 93/36 coordinating procedures for the award of public supply contracts）；（2）第93/37/EEC号《公共工程合同指令》[Council Directive n° 93/37 concerning the coordination of procedures for the award of public works contracts (the Public Works Directive). This directive covers contracts between a contractor and a contracting authority concerning the execution or both the execution and design of works related to building or civil engineering activities, in addition to ancillary supplies and services contracts necessary for their execution.]；（3）第92/50/EEC号《公共服务合同指令》[Council Directive n° 92/50 relating to the coordination of procedures for the award of public service contracts (the Public Services Directive). This directive covers all contracts between a contracting authority and a service supplier which are not yet covered by other existing public procurement directives. Services are divided into two categories, priority services for which there is a complete set of rules, and other services for which the requirements are much less (see Articles 8-10). Priority services are listed in Annex IA of the directive. All the services listed in Annex 4 to Appendix I of the GPA are included in this category of priority services.]；（4）第89/665号《救济指令》[Council Directive n° 89/665 on the coordination of the laws, regulations and administrative provisions relating to the application of review procedures to the award of public supply and public works contracts, and public services (the Remedies Directive). This directive obliges member States to ensure adequate procedures, including the authorization of competent review bodies to take the necessary measures to ensure effective remedies for undertakings lessed by infringements of Community law.]。

每一类采购指令都有其各自的救济指令①。尽管这两类采购指令有所不同，但都遵守以下基本原则：禁止歧视；向所有的欧共体供应商开放合同机会；授予程序的透明；事先明确指明已经选择的授予程序；选择供应商和授予合同的过程应当符合技术要求以及透明的采购程序，通过事先公布的客观授予标准。

2. 成员国法律

欧盟在一份通报中指出："在成员国层面，国家法律既实施了 GPA 规则，也实施了欧盟规则。"② 欧盟介绍了其 15 个成员国在国内法律层面，将欧盟公共采购指令转化成国内法律实施的情况。总体而言，欧盟成员国在国内法律层面实施 GPA 规则和欧盟采购规则时，采取了不同的模式，可以将其总结为以下三种类型。

第一类，公共部门与公用事业部门统一立法的模式。例如，瑞典将所有相关的欧盟采购规则统一规制在了一部政府采购法中。该法适用于所有的采购实体，并且涵盖所有受到欧盟法律规制的采购活动（包含了货物、服务和公共工程的采购）。又如，芬兰《公共采购法》是一般的框架性法律。该法适用于国家当局、地方当局或其他被涵盖采购的实体所实施的几乎所有的货物、服务和建筑工程的采购活动，其不仅适用于采购限额以上的采购活动，也适用于采购限额以下的采购活动（公用事业部门的小额采购活动除外）。此外，芬兰还颁布了两部实施采购法律的行政命令：①有关门槛价以上的货物、服

① 第 89/665 号《救济指令》[Council Directive n° 89/665 on the coordination of the laws, regulations and administrative provisions relating to the application of review procedures to the award of public supply and public works contracts, and public services (the Remedies Directive). This directive obliges member States to ensure adequate procedures, including the authorization of competent review bodies to take the necessary measures to ensure effective remedies for undertakings lessed by infringements of Community law.]，第 92/13 号《公用事业部门救济指令》。该指令要求成员国建立适当的程序来确保对违反《公用事业部门指令》行为的有效救济。

② Committee on government procurement – notification of national implementation legislation – communication from the European Community, GPA/20, 28 January 1998, Doc #: 98-0311. NOTIFICATION OF NATIONAL IMPLEMENTING LEGISLATION [EB/OL]. WORLD TRADE ORGANIZATION, https://docs.wto.org/dol2fe/Pages/SS/directdoc.aspx?filename=Q:/PLURI/GPA/20.pdf&Open=True.

务和工程采购的行政命令；②规制在公用事业部门运营的采购实体的门槛价以上的采购活动的行政命令。

第二类，公共部门采购货物、服务和工程统一立法，公用事业部门单独立法的模式。例如，荷兰颁布了一部实施欧盟采购指令要求的框架性法律。这部框架性法律之下为两部法令：《公共事业部门采购法令》和《政府采购法令》。这两部法令实施欧盟政府采购规则的方式是：在国内法律中引述应当适用的欧盟采购指令的条文。荷兰还针对中央采购实体采购建筑服务的某些条件和程序进行了统一规制。荷兰认为，欧盟层面颁布的两个救济指令已经被其现有的民法典涵盖，因此其并未在国内法层面颁布实施这些指令的特别法律。

第三类，分别立法的模式。某些成员国参照欧盟层面的立法模式制定了国内公共采购法律。例如，英国分别针对公共部门的货物采购、公共部门的服务采购、公共部门的工程采购活动及救济程序制定了法律。英国还针对公用事业部门的采购活动及其救济程序制定了法律。另外，英国的小额采购受到了《公共采购政策：合并指南》的约束。又如，意大利也针对各欧盟公共采购指令制定了与之相对应的多个国内法令。① 其中，针对工程采购的规制，除了转化《欧盟公共工程采购指令》的1991年第406号法令外，还存在1994年第109号法令。这意味着，仅针对公共工程采购的规制，意大利就存在着两部法令。

（二）欧盟保障其成员国实施GPA的问题

1. 对欧盟成员国实施GPA的质疑及欧盟的回应

韩国提问：韩国认为欧盟公共采购法律一般符合GPA规则。同时，韩国

---

① The Italian regime in force concerning public procurement has been regulated by four Legislative Decrees, that is to say, laws delegated from Parliament to Government. The first, Legislative Decree of 19 December 1991, n° 406 transposed the Works Directive. In addition, a Law of 11 February 1994, n° 109 (so-called Merloni Act) is also relevant to works. The second, Legislative Decree of 24 July 1992, n° 358 transposed the Supplies Directive. The third, Legislative Decree of 17 March 1995, n° 157 transposed into Italian legislation the Services Directive 92/50. The fourth, Legislative Decree of 17 March 1995, n° 158 transposed the Directives 90/531 and 93/38, concerning the so-called excluded sectors.

对欧盟成员国法律的实施表示关切。比如，欧盟委员会发布的“单一市场进程报告”（single market scoreboard）评估与单一市场有关指令的实施程度；根据这一评估，政府采购是实施最差的领域（仅有55%的指令被成员国实施）。此外，据韩国所知，2022年欧盟委员会已经针对希腊、西班牙和意大利并未较好地实施欧盟指令要求提起调查程序（infringement procedures）。基于这些考虑，韩国希望欧盟告知其正在或者即将采取哪些行动来更好地遵守GPA要求。

欧盟回答：通过1994年理事会决定批准的“一揽子”乌拉圭回合文件，GPA自1996年1月1日起完全成为欧盟法律的一部分。在加入GPA时，欧盟法律在很大程度上与GPA要求相一致，仅有少数方面与GPA不完全一致，如有关门槛价、统计报告的要求和其他非常有限的问题。对于不完全一致的方面，欧盟已经通过1996年10月10日颁布的两部指令使欧盟指令完全符合GPA要求。

欧盟的采购法律调整了欧盟内部供应商与采购人之间的关系，赋予供应商某些权利，并为采购人创设某些义务。欧盟指令并未直接处理来自GPA成员方（非欧盟成员国的GPA成员方）与欧盟的采购人之间的关系。针对欧盟成员方国内法律是否遵守GPA要求有关国民待遇这一问题，来自GPA成员方的供应商与欧盟的采购人之间的关系，完全受到GPA的规制，因为GPA自身已经从1994年12月变成了欧盟法律的一部分。根据GPA文本，确保针对非欧盟供应商受到与来自欧盟供应商相同采购制度的规制十分重要。与欧盟供应商和采购人有关的指令实施相关的任何问题，并不意味着来自GPA的供应商（而非欧盟供应商）因GPA而获取的任何权利会因此受影响，与欧盟指令有关的任何问题并不会影响成员国在GPA项下的义务。

欧盟委员会对单一市场法律的实施负有完全职责。1997年欧盟委员会已经批准了《单一市场行动计划》（*An Action Plan for the Single Market*），其目标之一是确保规则的有效实施。根据该计划，每个成员国都被要求递交详细的时间表，并且就解决转化成国内法律过程中延迟的问题做出政治承诺。欧盟委员会每6个月发布一次《单一市场进程报告》，其目的在于持续追踪实施单一市场有关指令的进程。与此同时，针对未遵守其义务的成员国，委员会将会继续严格实施调查程序，并且在必要时采用制裁措施（sanctions）。

此外，由于公共采购受到特别关注，委员会已经发布了一份关于公共采购未来政策的意见，其中有一章内容专门论述了如何改善政府采购政策实施的问题。

2. 保障欧盟成员国遵守欧盟采购法律的措施及违反措施的后果

美国提问：请提供目前欧盟委员会对因成员国违反欧盟采购法律而采取调查行动的详细信息，以及解释欧盟成员国违反欧盟采购法律的影响，或者违反成员国履行欧盟在 GPA 项下国际义务的国内法律的后果。

欧盟回答：有关欧盟委员会针对成员国采取的调查程序的详细信息并不公开，除非该案件被诉至欧盟法院（European Court of Justice）。但是，在该程序的早期阶段，欧盟委员会的发言人通常会发布有关公共采购违法信息的简讯，这些简讯可以被公开获取。

就成员国违反欧盟法律的后果而言，必须考虑到《欧共体条约》第 189 条的规定。根据该规定，“指令”类型的欧盟法律对于其所试图实现的结果而言具有约束力，但是指令也给成员国在具体的实施形式和方法上留下了选择权。因此，成员国负有采取适当措施来确保指令条文得到遵守的义务，成员国必须在规定的截止日期之前采取这些措施。

欧盟委员会有权力确保指令的完全实施，包括有权将成员国诉至法院。虽然违反欧盟指令项下的义务将涉及欧盟供应商和实体之间的关系，而并不涉及来自 GPA 成员国的供应商和欧盟采购实体之间的关系，但是救济指令不仅为来自欧盟成员国的供应商，也为来自 GPA 成员方的供应商提供了向欧盟法院进行起诉的可能性，以及获取快速和有效救济措施的可能性（正如 GPA 要求的）。

3.《公用事业采购指令》在欧盟成员国实施的问题

美国提问：欧盟在答复过程中多次提及了其《公用事业采购指令》。请问现在希腊、葡萄牙和西班牙是否已经正式实施了《公用事业采购指令》（93/

38/EEC）第 36 条？

欧盟回答：《公用事业采购指令》（93/38/EEC）已经自 1997 年 1 月 1 日起完全在西班牙生效实施，并自 1998 年 1 月 1 日起完全在希腊和葡萄牙生效实施。《公用事业采购指令》（93/38/EEC）第 36 条有关授予成员方的可以实施歧视性待遇的裁量权，对 GPA 涵盖的采购活动不适用。

4. 框架协议

美国提问：欧盟在答复的过程中提及，“对于将要运用框架协议方式来授予的合同……”附件 3 实体被允许在公开程序和不带竞争的有限程序中进行选择，请提供有关“框架协议”的法律定义，以及有关何种情况下可以被允许使用框架协议及如何实施该程序的信息。

欧盟回答：欧盟法律仅仅在《公用事业采购指令》中规定了框架协议，并且框架协议仅适用于附件 3 实体，不适用于该指令的附件 1 和附件 2 实体。

根据《公用事业采购指令》，“框架协议”是指一名采购实体与一名或多名供应商、承包商或服务提供者之间所缔结的协议，其目的在于确立相关条款，尤其是与价格相关的条款，在必要时也涉及预估的数量，其目的在于针对既定期限内对将要授予的合同进行管理。

附件 3 实体可以将框架协议视为一项合同并且根据《公用事业采购指令》授予该合同，例如，根据具体情形可以运用公开、有限或者谈判（公告）程序。当采购实体根据《公用事业采购指令》授予一项框架协议后，采购实体基于该协议而授予合同时不负有邀请竞争的强制性义务。

根据《公用事业采购指令》（93/38/EEC）第 5 条的规定，采购实体不可以滥用框架协议以阻碍、限制或者扭曲竞争。

（三）供应商救济制度

1. 质疑投诉的期限

美国提问：欧盟在答复《问题核查清单》过程中提及，就奥地利的采购法律而言，在知晓潜在争议事项之后，投诉人必须快速地（expeditiously）向控制委员会（Control Commission）提起投诉。那么投诉人在知晓争议事项之后10日内提起投诉是否会被认为“快速”?

欧盟回答：奥地利的《联邦政府采购法》没有规定有关提起投诉的正式期限。但是，如果投诉人在知晓争议事项之后10日内提起投诉可以被认为是快速的。

美国提问：欧盟在答复《问题核查清单》过程中是否表示，根据希腊的新法律，自投诉人知晓合同授予当局做出有争议的行为之后，投诉人是否将拥有5天的时间发起投诉?

欧盟回答：需要区分采取临时性措施（interim relief）的流程和主要质疑投诉流程（如撤销采购决定的行政行为）。新法律所规定的时限主要是关于临时性措施的流程。因此，申请人在知晓存在争议的行为之后，负有在5日内向合同授予当局提交“行政纠错请求”（administrative redress petition）的义务。如果该请求被拒绝，那么申请人将有权向法院寻求采取临时性措施的权利。申请人需要在请求被拒绝之后的10日内向法院递交起诉书。这意味着，可以寻求通过法院裁决来采取临时性措施。但法律也规定，在其做出采取临时措施的裁决之后，原告（申请人）必须在裁决做出后的30日内提出主要质疑投诉流程的申请；如果原告没有在规定时间内提出申请，临时性措施的裁决将自动失效。

此外，对于主要质疑投诉流程而言，通常的期限继续适用，如申请撤销某个行政行为的期限通常为60日。

2. 快速临时措施

美国提问：欧盟在答复《问题核查清单》过程中提及了欧盟成员国被授权选择两种有关审查机构的“备选方案”，请指出在第二种方案“间接性压力”（indirect pressure）中规定了哪些快速临时措施。

欧盟回答：欧盟在答复过程中提及运用“两种选择性方案”的可能性仅与适用于指令93/38/EEC附件3实体的法律制度有关。在制定公用事业部门救济指令92/13/EEC时，立法者认为有必要考虑欧盟某些法律秩序（legal orders）的特殊属性，因此授权成员国可以在具备不同权力但拥有相同效果的审查机构引入方案之间进行选择。值得注意的是，无论是哪种模式，申请人都可以请求损害赔偿。

选择方案之一是审查机构可以直接干预采购实体的采购程序，例如，暂停采购程序或者搁置决定或者文件（或公告）中的歧视性条款①。因此，这一选择方案是基于传统诉讼模式的。

但是，在某些法律秩序中，由于部分采购实体法律属性的原因，审查机构不能撤销或暂停这些采购实体做出的授予决定。这也解释了为何会存在第二种选择方案。第二种选择方案可以向采购实体实施有效的间接压力，使其改正任何违法行为或者阻止其实施违法行为，从而防止损害的发生。这两类方案之间的区别主要在于审查机构可以行使的权力而非实际中所运用的程序，虽然其都包含一项确保在最早时机采取措施的条款。概言之，方案之一是司法程序，方案之二是行政程序。在选择方案时，成员国必须满足有关快速性和适当救济机制的所有条件，从而与 GPA 要求保持一致性。

3. 期限问题

美国提问：请提供欧盟委员会做出存在违法行为决定（commission infringement determinations）、欧盟法院做出判决、成员国实施这些决定和判决所需期限有关的信息。

欧盟回答：具体的期限取决于具体案件的性质及复杂程度。正式程序始于欧盟委员会向相关成员国发出“正式通知”（letter of formal notice）之时。成员国一般有两个月的时间陈述其意见，除非在紧急情况下要求其做出更快的答复。随后，欧盟委员会可以发送一份“附带理由的意见”（reasoned opinion）以说明认定该成员国违反了欧盟法律的理由，并要求其采取适当措施来改变这一现状。如果成员国未在给定期限内（通常为两个月）遵守这一“意见”，欧盟委员会可以向欧洲法院起诉。但是，如果案件具备更快速介入的正当性，相关期限则会被缩短。平均而言，欧盟法院的程序可能会持续一年半

① Such as by suspending them or by setting aside decisions or discriminatory clauses in documents or publications.

或两年，但若存在正当理由，该程序也可以加速。在必要时，欧盟委员会可以请求实施临时性措施。

几乎所有的案件在被诉至欧洲法院之前都已经解决，并且其中大部分在欧盟委员会发送“附带理由的意见”之前就已处理。因此，期限是可以实质性减少的。

欧盟委员会有权力审查成员国遵守其在欧盟法律项下的义务。如果欧盟委员会基于其自身发起的调查，得出的结论是存在违法行为，则有可能涉及违反实施欧盟所承担国际义务的欧盟法律本身。在这种情形下，欧盟委员会可以实施一项最终由欧洲法院做出最终判决的程序。然而在现实中，需要欧洲法院做出判决的案件非常少，每年事实上仅有一两个案件需要欧洲法院判决。绝大部分案件的争议在寻求欧洲法院判决之前就可能已经被解决。

六、小结

第一，欧盟在 GPA 下针对采购当局或采购实体的出价是以欧盟公共采购指令为依据的。首先，只有受欧盟公共采购指令体系规制的采购主体才会被纳入 GPA 出价范围。其次，并非所有欧盟公共采购指令规制的采购主体都被纳入 GPA 出价范围。如受《公用事业采购指令》规制的享有特殊权利或排他性权利的私人实体就没有被纳入 GPA 出价范围。再次，并非所有纳入 GPA 出价范围的采购当局或采购实体都对全部 GPA 成员方开放。欧盟有关其政府采购市场的开放遵循了 GPA 所确立的对等原则。复次，欧盟在出价过程中直接运用了其内部法律中的定义。最后，针对国防和安全领域实体所实施的敏感性和涉及武器等物资的采购被明确排除在 GPA 出价范围之外。

第二，欧盟及其成员国在加入 GPA 的过程中对法律进行了调整。从欧盟层面的立法文件可知，欧盟在通过加入 GPA 的决定之后，为了在其内部实施 GPA 规则而对欧盟法律进行了细微调整。首先，这表明在欧盟及其成员国层面，GPA 规则并不能直接实施，而是需要转化成欧盟法律和欧盟成员国国内法律实施。其次，从实施的路径来看，先是欧盟公共采购指令根据 GPA 的要求进行调整，而后欧盟成员国通过将欧盟公共采购指令转化成国内法律的方式实施了GPA规则。最后，这表明欧盟成员国在实施欧盟政府公共采购指令的同时也在实施GPA规则。欧盟对法律进行调整的很大一部分原因在于向其他GPA成员方传达一种信号，使其更好地意识到自身在GPA项下所负有的义务并通过内部法律调整来履行其相关义务。

第三，欧盟法律调整的内容仅局限于承担GPA的最低要求。这主要是因为欧盟也意识到其在GPA下所负有的义务是有限的，其相关法律调整仅以遵守GPA的要求为限。欧盟法律的调整主要局限在门槛价设置、告知未中标人其未中标理由、接收投标书的期限、递交投标书的方式、统计的义务等范围内。

第四，在《公用事业采购指令》法律调整的过程中，也存在着选择法律调整路径的争议。欧盟委员会希望针对原有指令进行调整，欧洲议会希望制定一项专门实施GPA规则的指令。最后出于对时间效率和简化采购规则考虑，欧盟委员会的建议得到了尊重。

第五，欧盟加入GPA时，尚不存在《问题核查清单》制度。欧盟在加入GPA后，针对欧盟及其成员国法律实施GPA要求的情况，答复了初级版的“问题通报清单”。相关答复情况主要围绕欧盟政府采购制度的规制框架和GPA文本及其实施涉及的几个基本问题展开。总的结论是，欧盟已经在欧盟层面和成员国层面实施了GPA的相关要求。

第六，欧盟内部公共采购规制框架具有多样性。在欧盟加入GPA时，欧盟公共采购指令处于高度分散规制的状态。但是，欧盟成员国在国内法律层面转化实施采购指令要求的模式已经体现出了多样性，有些成员国已经采取了不同程度的统一规制的模式。

第七，在加入1994GPA之前，欧盟层面的政府采购制度存在一项歧视性的规则。在加入GPA后，欧盟通过释法和法律调整的方式使该项歧视性规则不适用于GPA成员方，但是未废除该项规则。

第八，围绕《问题核查清单》所展开的磋商主要就以下四个方面进行：①针对欧盟成员国实施GPA要求的质疑；②欧盟委员会保障其成员国遵守欧盟公共采购法律的措施及违反的后果；③针对欧盟公共采购规则的磋商，其涉及事先信息公告应当包含的内容、框架协议制度、快速临时措施、救济制度涉及的期限等议题；④针对欧盟相关成员国具体采购规则的磋商，如奥地利国内采购制度中有关提起质疑投诉的期限、德国修订政府采购框架中的有关信息，以及这些修订如何能向供应商确保公平和公开竞争，如西班牙采购结果公告中所应当包含的信息，希腊、爱尔兰、葡萄牙可提起质疑投诉的期限。

第三章 美国加入 GPA 法律调整经验研究

一、基本情况概述

美国是东京回合《政府采购守则》的原始签约国。此外，其《乌拉圭回合协定法》批准了乌拉圭回合多边贸易谈判所达成的一系列协定（其中包含了 GPA①），并且要求在美国法律中实施这些协定。美国没有为履行其在 GPA 项下的义务而修改立法机关制定的法律，但对《联邦采购条例》（*Federal Acquisition Regulation*，FAR）有关内容进行了某些修订。

基于美国对《问题核查清单》的答复②以及围绕《问题核查清单》的磋商③等历史文献，可以发现美国为实施 GPA 进行的法律调整和改革情况。

---

① Substitle E-government procurement, Sec. 341 monitoring and enforcement of the agreement on government procurement [Z]. The Uruguay Round Agreements Act: 103-465.

② Committee on government procurement - notification of national implementing legislation - communication from the United States, GPA/23, 15 July 1998. NOTIFICATON OF NATIONAL IMPLEMENTATING LEGISLATION, Communication from the United States [EB/OL]. (1998-07-15). WORLD TRADE ORGANIZATION, https://docs.wto.org/dol2fe/Pages/FE_ Search/FE_ S_ S009-DP.aspx?language=E&CatalogueIdList=83508, 103806, 74359, 66314, 10805&CurrentCatalogueIdIndex=4&FullTextHash=&HasEnglishRecord=True&HasFrenchRecord=True&HasSpanishRecord=True。

③ Committee on government procurement -review of national implementation legislation, GPA/50, 15 June 2001. UNITED STATES: REVIEW OF NATIONAL IMPLEMENTING LEGISLATION [EB/OL]. (2001-06-15). WORLD TRADE ORGANIZATION, https://docs.wto.org/dol2fe/Pages/SS/directdoc.aspx? filename=Q:/PLURI/GPA/50.pdf&Open=True.

二、美国政府采购制度的基本情况

（一）乌拉圭回合协定（含GPA）与美国国内法律之间的关系

《乌拉圭回合协定法》有专门的条款提及了乌拉圭回合协定（含GPA）与美国国内法律之间的关系。① 根据这一条款，乌拉圭回合协定与美国法律两者之间的关系主要体现在以下两个方面：第一，若存在冲突之处，美国国内法律优先。乌拉圭回合协定的任何规定以及针对任何人或情形实施这些协定的任何规定，若与美国任何法律存在不一致之处，则不具有效力。第二，在法律解释方面，《乌拉圭回合协定法》中的任何条款都不能被解释为：ⓐ修订或修改任何美国法律，包含与保护人类、动物或植物的生命健康有关的法律；或者与保护环境有关的法律；或者与劳动者安全相关的法律；ⓑ限制美国法律所授权的政府当局的任何权力，包含《1974贸易法》第301条部分，除非本法有特别规定之处。

（二）联邦政府和州政府采购制度

美国国会没有为联邦政府制定单一的采购法。美国联邦政府的采购法律体系由国会制定的成文采购法、联邦政府采购条例等构成。管理大多数联邦政府采购的两部成文法典是《武装部队采购法》（*Armed Services Procurement Act*，ASPA）和《联邦财产与行政部门法》（*Federal Property and Administrative Services Act*，FPASA）。两部成文法典分别于1948年和1949年颁布，后者以前者为样板。之后，ASPA数次被修订，而FPASA则维持不变，这也造成了两部成文法典在政府采购政策上的分野。1984年，国会通过颁布《缔约竞争法》（*Competition in Contracting Act*）使两部法典保持了一致性。然而，在其后的十年中，二者又分别被修订，造成了再次的分野。1994年，《联邦采购协调

① 第102条：协定与美国法律和州法律的关系。The Uruguay Round Agreements Act（Public Law 103-465）.

法》(*Federal Acquisition Streamlining Act of* 1994)再次使两部法典保持了近乎的统一。"1996Clinger-Cohen 法典"较大规模地修订了这两部法典，并继续保持了二者间的统一性。

值得注意的是，有几个规模较小的联邦机构不受这两部采购法典的约束，它们绝大多数根据 3709 和 3710 修订成文法（Revised Statutes 3709 and 3710）进行采购。另外，邮政部门和联邦宇航管理局等机构能够获得特别授权，自行进行采购而无须遵守上述主要法典。最后，《联邦采购政策办公室法》包括了适用于几乎所有联邦政府机构的采购规则。

虽然国会没有制定适用于所有机构的单一成文法，但它要求行政机构颁布单一的采购法规，即 FAR。FAR 由联邦采购条例理事会制定，其成员包括联邦采购政策办公室主任及国防部长、国家宇航局局长及联邦总务署署长。这些具备重要采购职能的机构也都同样颁布实施了 FAR 的补充规定。FAR 及其实施规定被统称为"FAR 法规系统"。在联邦政府层面，政府采购制度由 FAR 和其他补充性或实施类的部门规则组成。其中，FAR 是主要的法律文件，其汇编和发布了统一适用于美国联邦政府实体的采购政策和程序。

联邦政府采购制度并不适用于美国州政府的采购活动。若州政府的采购活动接受了联邦政府的补贴或直接拨款，则州政府的这些采购活动应当受到某些联邦政府采购规则的规制。美国各个州都有自己的政府采购法律和条例。

（三）《购买美国产品法》

美国联邦法律要求联邦机构购买在美国生产或制造的物品。最早并最为人所知的此类法律就是 1933 年的《购买美国产品法》（*Buy American Act*, BAA)。BAA 通常要求联邦机构对"国内最终产品"实行价格优惠或在美国履行的合同中使用"国内建筑材料"。

最终产品（为公众使用而获得的物品、材料或供应品）是否被视为国内产品，部分取决于其是制成品还是非制成品。如果是非制成品的最终产品和建筑材料，则其只要是在美国开采或生产，就符合国产标准。而如果最终产品和建筑材料是在美国制造的，那么要满足国产标准，就必须先满足以下条件：第一，该制成品在美国开采、生产或制造的组件成本超过所有组件成本的 55%；第二，其为商用现货（Commercial Off-The-Shelf，COTS）物品。

所谓 COTS 物品是指以下任何供应物品（包括建筑材料）：①商用物品，即除不动产以外的、属于公众或非政府实体通常用于非政府目的的任何物品，并且它们拟向或已经向公众出售、租赁或许可；②在商业市场上大量出售的供应物品；③根据任何层级的合同或分包合同，以与在商业市场上出售相同的形式，不做更改地向政府提供。COTS 物品不包括 2006 年《美国法典》补充 5 第 46 编第 4 条〔46 U. S. C 40102（4）〕中定义的散装货物，如农产品和石油产品。

三、美国加入 GPA 的出价分析

附件 1 的出价包含美国几乎所有的联邦政府实体（国防部也包含在内）。但是，美国在附件 1 的备注中将国防部采购的非通用类物资排除在了 GPA 适用范围之外。

附件 2 的出价包含 37 个州级政府的部分采购实体。附件 2 的备注将被列入出价的一些采购实体部分出价排除在 GPA 适用范围之外，例如，针对建筑级钢材、汽车和煤炭的采购，以及与促进少数族群、残疾退伍军人和妇女拥有的企业发展项目有关的优惠措施或限制性措施。附件 2 表明，不能将附件 2 中的相关内容解释为：可以阻止任何州实体适用任何限制性措施来促进该州环境质量的改善，只要这些限制性措施并非阻碍国际贸易障碍的“伪装”。

附件 3 中的实体大都涉及如电力、港口等公用事业部门。美国将中央实体某部门中的某个项目放在了附件 3 进行出价，如能源部能源效率和可持续能源办公室的“能源效率和节约拨款项目”。

附件 4 列出了排除适用 GPA 的服务，如所有的交通服务、研发服务、基于政府目的管理和运营的某些政府或者私人拥有设施的合同、公用事业服务（包含电信及与 ADP 相关的电信服务等，增值电信服务除外）。

附件5将CPC第51部分所包含的所有工程服务纳入了出价范围。

总备注中包含针对所有出价适用的例外条款，如基于中小企业而实施的预留；除非在附件中特别规定，美国在GPA项下的出价不包含：非契约类协议，如合作协议、贷款、担保、财政激励（fiscal incentives），政府向民众提供的货物和服务或者并未在美国出价附件中列出的政府当局。

总备注还包含向某个或某些GPA成员方不开放特定采购的条款。

四、加入GPA背景下美国政府采购法律的调整

（一）联邦政府采购法律的调整

为了实施1994GPA，受美国国防部部长、总务管理局局长和国家航空航天局局长的授权，民事机构采购委员会（The Civilian Agency Acquisition Council）① 和国防采购规制委员会（The Defense Acquisition Regulations Council）于1995年12月21日发布了一份针对FAR进行修订的暂行规则——《第9036号联邦采购通知》②。该通知自1996年1月1日起正式生效。

该项修订通知主要涉及了FAR的第25部分（外国采购）和第52部分（合同条款）。第52部分有关合同条款的修订主要反映了第25部分有关外国采购规则的修订，修订的条款和主要修订内容见表3-1。

---

① 参见ACQUISITION.GOV（https://www.acquisition.gov/CAAC）发布的"Civilian Agency Acquisition Council（CAAC）"部分。

② Department of Defense, General Service Administration, National Aeronautics and Space Administration, Federal Acquisition Circular（FAC）, 9036, December 21, 1995.

表 3-1　美国 FAR 的修订情况

所涉及的 FAR 条文	涉及 1994GPA 的主要修订内容	与 1994GPA 有关的修订缘由分析
第 25.101 条	将“European Economic Community”有关的表述改成“European Union”	“欧共体”进化至“欧盟”
第 25.104 条（采购民用航空器及相关货物）	1980 年 2 月 19 日，美国贸易代表已经豁免了在向《民用航空器协定》成员方采购民用航空器及其相关货物的过程中适用 BAA 条文。美国贸易代表的这一行为受到《1979 贸易协定法》第 303 部分的授权。对该协定经过修订之后（1996 年 1 月 1 开始生效）的新成员方重新进行了列明	与 1994GPA 文本以及美国在 GPA 之下的出价无关。 该修订与《民用航空器协定》的成员方变化有关
第 25.109 条（购买美国法—货物——招标文件的条款及合同条款）	①删去了向来自欧共体的货物豁免适用 BAA 的有关条文。②对豁免适用 BAA 的情形进行了细微调整	①删去了向来自欧共体的货物豁免适用 BAA 的有关条文（这里主要指的应该是“The memorandum of understanding between the United States of America and the European Economic Community on government procurement”）。 美国与欧盟正式加入 1994GPA 后，该谅解备忘录所涵盖的内容已经被 GPA 涵盖。 ②可以豁免适用 BAA 的情形不再仅局限于 WTO 框架所包含的协定，而且包括美国参与签订的双边自由贸易协定以及区域性自由贸易协定，因此对相关措辞进行了调整
第 25.205 条（购买美国法—建筑材料——招标文件和合同条款）	主要涉及几个方面的变化：①门槛价金额的变化，从单一门槛价变成了两个门槛价，且最高门槛价有所提高；②不再指向美国与欧共体之间的协定以及北美自由贸易协定之间的协定，而是指向《1979 贸易协定法》与北美自由贸易协定；③不对采购主体的范围进行限定；④针对不同门槛价区间的采购活动适用不同的合同条款	这一修订应当与美国在贸易协定中针对建筑材料的出价变化相关，其中就包含其在 1994GPA 项下的出价

续表

所涉及的 FAR 条文	涉及 1994GPA 的主要修订内容	与 1994GPA 有关的修订缘由分析
第 25.400 条（贸易协定所涉及的范围）	删去“The memorandum of understanding between the United States of America and the European Economic Community on Government Procurement”一项；指出，仅涉及某个特有的美国国家机构的贸易协定，例如，美国国防部或国家航空航天局，则需要查看该机构为了实施特定的国际贸易协定所颁布的条例	与美国和欧盟之间在 1994GPA 框架下开放政府采购市场相关
第 25.401 条（定义）	针对“Canadian end product”等术语进行了修订；移除了“European Community construction material”“EC end product”等术语；新增了对“Designated country construction material”这一术语的定义	“designated country”包含《1979 贸易协定法》所涉所有协定的缔约方，包括但不限于 1994GPA 协定的缔约方。 因此，相关定义的修订反映了 1994GPA 协定的要求
第 25.402 条（政策）	关于该款的修订主要涉及以下三个方面：①门槛价的修订；②针对《1979 贸易协定法》做出调整；③删除美国与欧盟之间签订的政府采购备忘录有关的条文	如果工程合同的评估价格高于门槛价，那么政府机构在评估“designated country construction materials”的报价时，不考虑 BAA 所设置的限制。如果工程合同评估的价格低于门槛价，那么 BAA 适用于来自外国的投标书。 与《1979 贸易协定法》中所设置的门槛价（含 1994GPA 所涉及的门槛价）相比，美国针对来自以色列的产品设置了相对较低的门槛价；针对来自加拿大和墨西哥的产品也设置了相对较低的门槛价；针对来自北美自由贸易协定缔约方的建筑材料也设置了相对较低的门槛价。新增了可以购买外国产品的情形：如果未收到来自国内产品或符合条件的产品的投标书，或者收到的这些投标书并不足以满足需求
第 25.403 条（例外）	对采购限制的例外进行了修订	反映了美国在 1994GPA 项下设置的例外情形

续表

所涉及的 FAR 条文	涉及 1994GPA 的主要修订内容	与 1994GPA 有关的修订缘由分析
第 25.406 条和 第 25.407 条	删除了原条款规定的，受《政府采购协定》规制的政府机构实体清单，以及受美国与欧共体之间的备忘录以及《北美自由贸易协定》约束的政府实体清单	与美国在 1994GPA 项下出价的采购实体相关
第 25.408 条（招标文件的条款和合同条款）	修订了第（a）项第 2 款和第 4 款	
第 25.1000 条（主要针对其他国家在政府采购中对美国的产品或服务的制裁的实施范围）	在该条款最后增加了部分内容："如果针对有关单个政府机构（例如能源部的电力营销局）设置了特别的门槛价，则参见该机构所设置的特别条例。"	
第 25.1001 条（定义）	涉及 "Sanctioned European Union (EU)" "Sanctioned EU end product" "Sanctioned EU services" 以及 "Sanctioned member state of the EU" 的定义	制裁的依据是《1979 贸易协定法》第 305（d）（1）部分的规定。 主要涉及 EC 的名称变为 EU，并不涉及定义、实质内容的变更
第 25.1002 条（贸易制裁）	针对相关条款进行了修订、删除	涉及界定受制裁的产品、服务和建筑的涵盖范围以及门槛价的修订
第 52.2255 条（民用航空器及相关货物的采购豁免适用 BAA 的情形）		与之前针对 GPA 成员方开放该市场的要求之间相互呼应
第 52.2259 条		与之前针对相关定义的修订相互呼应
第 52.225.15 条（BAA）	该款涉及在《1979 贸易协定法》和《北美自由贸易协定》项下，购买建筑材料时实施 BAA 相关要求的合同条款	主要体现了前述条文要求的修订
第 52.225.16 条和 第 52.225.17 条	删除了相关合同条款	

续表

所涉及的 FAR 条文	涉及 1994GPA 的主要修订内容	与 1994GPA 有关的修订缘由分析
第 52.225.18 条	主要对法律和法规的引述日期、相关术语的界定等进行了修订	主要体现了前述条文的相关修订
第 52.225.19 条	主要涉及用 EU 替代 EC 等	属于技术性修订范畴
第 52.225.21 条	主要涉及术语定义的修订	主要体现了前述条文中有关术语定义的修订

（二）FAR 修订情况的具体分析

FAR 的修订涉及了诸多内容，具体如下。

第一，存在众多技术性的修订。FAR 的修订多与技术性相关。例如，将“欧共体”（European Economic Community）改为“欧盟”（European Union）。又如，将之前与欧共体之间签订的《政府采购谅解备忘录》相关规则删除。

第二，FAR 的修订大多仅与其在 GPA 下的出价相关，并不涉及采购程序规则。此次 FAR 的修订主要在联邦采购规则中落实 GPA 项下的出价，具体涉及：①美国联邦政府采购市场向哪些国家开放；②开放的门槛价；③开放的货物、工程和服务的范围；④哪些货物、服务的采购以及哪些实体的采购可以存在例外情形。

总而言之，本次 FAR 修订仅涉及规则的适用范围，而不涉及具体采购程序规则。

第三，对 BAA 要求的豁免。一般而言，除非有例外情形，美国联邦政府采购合同都需要遵守 BAA 的要求，优先采购美国货物。美国通过签署区域性自由贸易协定、双边贸易协定以及 GPA，向某些国家或地区开放其国内部分政府采购市场，承诺在特定政府采购范围内适用国民待遇原则，就属于可以豁免 BAA 要求的情形之一。

值得注意的是，FAR 对于 GPA 成员方产品的界定十分严格。来自 GPA

成员方的“产品”和“建筑材料”，只有满足以下两个条件才能享受国民待遇：①采购合同的金额高于美国在 GPA 出价中所设置的相关门槛价①；②该产品或建筑材料需要完全在 GPA 成员方境内生长、生产或制造，或者若该产品或建筑材料的全部或部分部件、材料来自其他国家或地区，则这些部件、材料在 GPA 成员方境内已经被实质性地转化成了新的、不同的产品或建筑材料。

五、围绕《问题核查清单》的磋商

1998 年 7 月 15 日，美国在答复《问题核查清单》中针对其国内政府采购法律（主要是联邦政府采购法律）如何实施 GPA 规则进行了阐述②。1999 年 2 月—2000 年 9 月，加拿大和欧盟就美国国内法律实施 GPA 规则的问题多次与美国进行了磋商③，磋商主要涉及以下问题。

（一）非歧视性待遇

1. 对小企业或弱势群体的预留采购项目

加拿大请美国解释其法律如何确保非歧视待遇及针对涵盖采购消除补偿措施，包括消除有关购买美国国货的要求，以及废除要求向国内供应商分包合同的任何条款。

美国在首次回答过程中仅仅指出，该豁免不适用于美国未纳入 GPA 涵盖范围的采购活动，包含美国在 GPA 附录一的总备注 1 中提及的针对小企业和

① 如果在货物供应合同中包含附带的服务，那么在计算货物的价值时应当包含该服务（交通服务除外），只要附带服务的价值不超过该货物的价值。

② Committee on government procurement - notification of national implementating legislation, GPA/23), communication from the United States. Committee on government procurement -review of national implementation legislation, GPA/23 [EB/OL]. https://docs.wto.org/dol2fe/Pages/SS/directdoc.aspx? filename = Q:/PLURI/GPA/23.pdf&Open=True.

③ Communication from the United States. Committee on government procurement -review of national implementation legislation, GPA/50 [EB/OL]. https://docs.wto.org/dol2fe/Pages/SS/directdoc.aspx? filename=Q:/PLURI/GPA/50.pdf&Open=True.

少数群体预留合同的项目，以及附件 2 和附件 3 中所提及的备注。

鉴于美国并未正面回答所有提问，加拿大方又进行了进一步的磋商。加拿大指出，美国法律法规要求，受 GPA 涵盖的采购合同也应当向美国的小企业实施分包。加拿大希望美国解释这些采购规则如何与 GATT 第 3 条、GPA 第 3 条有关非歧视的规则，以及 WTO-GPA 第 16 条有关补偿的规则相符合。此外，加拿大还希望美国基于以下两种情形来回答上述问题：①提供非原产于美国的货物、服务的外国供应商；②提供部分原产于美国的货物、服务的外国供应商。

对此，美国答复为：向小企业和弱势群体企业预留政府采购合同已经被排除在了受 GPA 规制的适用范围之外。

2. 美国采取了哪些措施来尽量避免或者减少使用歧视性措施

欧盟提问：美国政府采取了哪些措施来确保 GPA 第 24 条第 7 款第（c）项[①]的实施，尤其是美国国会，或被附件 2 和附件 3 涵盖的非联邦政府实体所施加的，或寻求施加的限制性措施。

美国回答：在美国承诺促进全面公开竞争的背景下，美国联邦政府与国会针对美国采购政策和实践的立法建议进行了磋商。在缔结 GPA 的谈判过程中，美国联邦政府已定期与各州机构和协会，以及各个州政府之间针对如何实施 GPA 问题进行了常规性磋商。

联邦机构之间有允许向行政机构收集立法建议的程序，这是联邦政府与国会之间就这类问题进行磋商的主要方式。为促进 GPA 涵盖的各州实施 GPA 要求，联邦政府（尤其是通过美国贸易代表办公室）与众多州协会的州代表确立了常规的磋商程序。尤其是与“全国州采购官员协会”（The National Association of State Procurement Officials，NASPO）一起协调制定并发布了《州采购官员在政府采购过程中适用 WTO 政府采购协定指南》（*Guide for State Procurement Officials Application of the WTO Agreement on Government Procurement*）。

① GPA 第 24 条第 7 款（c）项规定，各参加方应寻求避免采用或者延续扭曲公开采购的歧视性措施的做法，并应在（b）项规定的谈判过程中寻求取消在本协定生效之日保留的措施和做法。

同样地，各个州之间也会针对各州层面的立法建议或者与 GPA 涵盖范围相关的问题进行经常性交流。

（二）招标采购程序

1. 运用国际标准描述技术规格的问题

欧盟提问：GPA 第 6 条要求采购实体基于国际标准来描述技术规格，如果这些国际标准存在，且有可能将其作为所有合同授予的一部分，采购实体将会在多大程度上引用这些国际标准？

美国答复：无法通过统计的方式来确定在采购公告或相关采购程序中依据国际标准来描述技术规格的程度。但是，美国最近已经采取措施来降低对自身政府制定标准的依赖程度。《1995 国家技术转让和促进法》（*The National Technology Transfer and Advanced Act of* 1995）规定："所有的联邦机构和部门应当使用自愿性共识机构（voluntary consensus bodies）所开发和颁布的技术标准……"。其既包含由国内自愿性共识标准制定机构所开发的标准，也包含由国际自愿性共识标准制定机构所开发的标准。

联邦政府管理和预算办公室于 1998 年 2 月 10 日颁布了《白宫预算办公室第 A-119 号行政通知》，进一步促进了国际标准的使用。该政策规定："出于促进贸易和实施国际协定规则的考虑……，（政府机构）应当在采购及规则的适用过程中考虑国际标准。"（第 6. h 部分）如果政府机构不使用自愿性共识标准，那么其必须向管理和预算办公室书面解释使用政府特有标准的理由（Section 6. b）。第 A-119 号通知也同样要求联邦机构优先适用绩效标准，如果这些绩效标准可被用来合理地替代规范性标准。

2. 有限招标程序及其运用

欧盟提问：美国政府采购实体会在多大程度上使用 GPA 第 15 条所规定的有限招标程序？如何能够确保其完全实施了第 15 条的要求？

美国回答：美国 FAR 规定："除了某些特定的例外情形……采购官员应当促进和提供一种完全、公开竞争的方式，以征求投标书和授予政府合同。"

尤其是FAR第6部分描述了在采购流程中促进完全公开竞争的政策和程序，并且设置了允许运用有限招标程序的条件。FAR第6部分规定，当采购官员不适用完全和公开竞争性程序时，其必须提供正当性理由的说明。每项说明必须包含充分的事实和表明其正当性的理由。

目前，无法完全统计被GPA涵盖采购的活动适用的有限招标程序的数据。但是从目前掌握的统计数据来看，最近几年通过有限招标程序授予的合同占到了所有采购金额超过50000美元以上的联邦采购合同的10%。

（三）采购公告如何告知该合同是否属于GPA的范围

加拿大提问：请美国解释其法律法规如何满足GPA第9条中有关发布计划采购通知的规定，并进一步解释，采购公告中的哪些信息为GPA所涵盖？此外，欧盟也有类似的提问——美国政府如何确保联邦实体发布的采购公告（以及为GPA所涵盖的非联邦政府实体发布的采购公告），明确告知外国供应商该合同属于GPA的涵盖范围且购买美国国货的要求或预留的限制不适用？

美国回答：美国FAR第5.207（e）部分规定，在《每日商讯》（*Commerce Business Daily*）上发布的每一份计划采购的公告，都会包含一个或多个标准化的“数字标记”（numbered notes）。每个“数字标记”都代表该计划合同授予行为所适用的特定条件或信息。“数字标记”的目的在于消除各类公告中不必要的信息重复。

对于GPA所涵盖的合同，联邦采购办公室通过注释“12”的释意来表明该项采购合同被GPA涵盖。对于被GPA涵盖的所有采购合同，联邦政府机构在评估投标时不需要遵守BAA的要求。至于“预留”，美国已经在加入GPA的附录一的总备注1中表明，GPA不适用于为小企业和弱势群体企业预留的合同。

（四）涵盖范围

1. 国家安全例外的适用

欧盟提问：GPA 适用的几类联邦供应目录中的采购，需要受到“美国政府依据 1994GPA 第 23 条第 1 款①所做决定的约束”，那么美国政府如何做出该决定（例如，是否存在着援引国家安全的指南）？更具体地来说，每次援引第 23 条第 1 款的规定来确定是否存在正当性时，是否都需要进行研究？国会在每年的预算拨款法中施加购买美国国货的要求时，国防部和联邦政府当局是否会在总统签署该法之前对其进行评论？

美国回答：有关在采购过程中援引国家安全条例外的具体指南被规定在条例中。例如，《联邦采购条例国防补充规定》（*Defense Federal Acquisition Regulation Supplement*，DFARS）第 225.403（c）（1）（A）部分规定：“如果一个部门或者机构若考虑到单项货物的采购对于国防安全而言必不可少，或者基于国防安全的目的，有必要排除 FAR 第 25.4 部分规则的适用，其可以向国防采购主任（the director of defense procurement）提交一份包含支持性理由的申请。”国防采购主任是国防部的高级采购官员，其会仔细评估有关豁免适用 FAR 第 25.4 部分规则的要求，以确保其完全体现了国家安全或出于国防目的的考量具备正当性。此外，在必要时，该申请也可以被其他机构审查，联邦政府有专门针对这种情形进行协作的行政程序。

2. 为小企业和弱势群体企业预留合同

欧盟提问：根据美国 GPA 附件一总备注 1，GPA 并不适用于为小企业和弱势群体企业预留的合同，请解释在实践中如何实施合同预留。具体而言，美国如何界定小企业，如何界定弱势群体企业？美国能否提供任何有关从小企业和少数族裔企业中进行采购的统计信息（例如，门槛价以上的采购中有

① 该款规定如下：本协定的任何规定不得解释为妨碍任何参与方在与武器、弹药或军事物资的采购有关或与国家安全或国防目的所必需的采购有关的基本安全利益方面，采取其认为必需的任何行动或不披露任何信息。

多少比例被预留给这些企业)?

美国回答：FAR 第 19. 502-2 部分规定了小企业和少数族裔企业预留的程序。如果存在合理的预期——至少能够收到两个合格的小企业以公平的市场价值提交投标，该采购合同将被预留给这些小企业。如果不存在合理预期，那么合同将不能预留。因此，如果不能确定对这类投标感兴趣的小企业或者弱势群体企业，该合同将不能预留。

FAR 第 19. 001 部分将“小企业”界定为：独立拥有和运营，并不占据所投标政府合同相关运营市场控制地位的企业（也包含其附属企业），并且这些企业要符合小企业局以行业部门为基础所设置的有关认定小企业的规模标准和其他标准。FAR 第 19. 002 部分对这些规模标准进行了列举。

《联邦条例汇编》（*The Code of Federal Regulations*）将“弱势群体企业”界定为“属于弱势群体的个人”所拥有的企业。“属于弱势群体的个人”是指因为其作为某些群体成员的身份而非因个人品质的原因，遭受种族、宗教或者基于文化差异偏见的个人，在社会中所处的不利地位必须源自超出个人控制范围的环境。

目前无法获取有关 GPA 涵盖范围相关预留的统计信息，并正采取相关努力以期在未来能获取相关统计信息。而初步信息反映，影响 GPA 涵盖范围的预留合同的数量很少——大约占 5%。

3. 针对 GPA 涵盖采购实体实施 GPA 要求的监督

欧盟提问：联邦政府当局或者其他所有机构，是否会以任何方式监督附录 1 涵盖实体以遵守 GPA 要求的方式来实施采购活动?

美国回答：GPA 直接通过具有法律效力的条例来实施。所有被这些条例涵盖的实体都必须遵守其规定，亦即所有的联邦采购实体都被要求遵守 FAR、《联邦采购条例国防补充规定》以及实施美国在 GPA 或其他国际条约项下承诺的其他法律和条例。

联邦政府不认为存在任何有关实施方面的问题。如果存在质疑投诉，联邦政府将对其进行严格调查。正如美国在《答复国内如何实施 GPA 规则的通知》（GPA/23）中阐述的，任何与法规要求相关的质疑投诉都能够通过已经确立的审查程序得到解决。美国总会计办公室（The United States General Accounting Office, GAO）除了履行其处理采购投诉的职能外，也会开展与联邦采购机构实施美国法律和法规相关的（含FAR）调查。

4. 确保州政府采购制度符合GPA要求的措施

欧盟提问：对于附件2涵盖的37个州而言，美国联邦政府是否采取了相关措施来确保这些州的采购制度符合GPA的要求。

美国回答：美国具有常规的咨询程序。正如美国在《答复国内如何实施GPA规则的通知》（GPA/23）中指出的那样，联邦政府进行过一项关于被GPA涵盖的37个州的调查，以评估这些州是否实施了GPA的要求。此外，美国联邦政府经常就有关GPA实施问题向NASPO以及NASPO 37个州的各自代表进行咨询。这些咨询结果显示，37个州全部完全履行GPA的要求。

有关各个州的详细信息可以通过NASPO的网站获取。该网站提供了关于各州各采购机构发布合同机会公告、解释采购实践和采购法律的网址链接。

欧盟提问：美国在答复有关州政府层面如何实施GPA要求时仅仅进行了一般性描述。但是，据我们了解，各个州在决定采购政策和实施采购实践方面都有其自治权，因此各个州之间应存在一定的不一致性，请针对GPA附件2中所涵盖的37个州中的每一个州回答相关问题。

美国回答：这些信息可以在各个州的网址上获取。NASPO的主页（http：//www. naspo. org/state/stateweb. html）上列举了这些网址。此外，通过NASPO上列举的各州采购主任官员（http：//www. naspo. org/stdirect. html）亦可以获取该信息。

5. 美国州政府适用联邦政府采购规则的具体情形

加拿大提问：美国是否能够提供更为详细的，有关州政府在何种情形和条件之下必须适用联邦采购法律和法规的信息？

美国回答：一般而言，联邦采购法律法规并不适用于州政府采购。但是，如果这些采购涉及某些联邦补贴或其他联邦资金拨付，则联邦法律要求适用于这些州政府采购活动。在GPA附件2的备注1和备注5、附件3的备注1中都提及这些要求。

6. 美国州政府为改善环境所施加的限制性要求

欧盟提问：根据附件 2 的备注 1，非联邦政府实体为促进该州环境质量的改善，能够施加某些限制，请美国提供有关这些限制性措施的实例。

美国回答：美国许多州已经制定了旨在提高整体环境质量的采购措施。被广泛运用的实践之一就是，通过颁布采购法律法规来鼓励使用回收产品或以回收材料制造的产品。这些法律通常会对回收产品或者包含回收材料的产品给予特定比例的价格优惠。

7. 研发服务合同所含货物或工程服务采购的法律适用

欧盟提问：美国政府能否确认，虽然研发服务合同被附件 4 排除在外，但这些研发服务所必要的货物供应或者工程服务采购仍旧被 GPA 涵盖？外国所有的企业是否应当满足相关条件才能够参与这些货物或工程服务合同的授予程序？

美国回答：如果这些货物或工程服务采购属于研发合同的一部分或者属于采购附件 4 所列服务之一的一项合同，那么附录一的总备注 4 将适用。

8. 建筑服务合同是否包含必要的货物采购

欧盟提问：美国能否确认，美国建筑服务合同的涵盖范围是否包括作为建筑合同实质部分的货物（若无此货物则该建筑将不能完工）的采购？

美国回答：一般而言，建筑服务合同的范围包含被视为建筑合同实质性部分的货物采购。但是，美国在附录一中列出了这些规则的潜在例外情形。这些例外情形可以适用于附件 2 和附件 3 实体所实施的采购活动，尤其是附件 2 的备注 1、备注 5 以及附件 3 的备注 1。

9. 有关建筑师—工程师服务采购的规则是否符合 GPA 要求

加拿大提问：美国能否解释其法律法规是如何规制建筑师服务采购和工程师服务（engineering services）采购，使其在实施过程中符合 GPA 要求的？

美国回答：FAR 第 36.6 部分规定了建筑师服务和工程师服务采购的规则。这些规则要求采购实体发布一份有关建筑师服务或工程师服务所有采购要求的公告（36.601-1），并且要求这些服务通过竞争性程序进行采购（36.601-2）。其他相关要求还包括确保评标程序的客观，基于每份建议书的技术特征进行评标，并且要求保留有关授予合同决定的必要记录。

加拿大提问：在答复有关建筑师—工程师服务采购的过程中，美国援引了“FAR36.602——为建筑—工程师合同选择企业”部分的规定。其中，第36.602-1（选择标准）在第（a）（5）项部分引用到“位于项目所在的地理区域并且知晓项目的所处位置……”。请美国解释，其是否认为这一规定符合GPA的要求，尤其是GPA第3条有关非歧视和第16条有关补贴的要求？如果认为符合，则为何符合？

美国回答：第36.602-1部分通过列明采购实体应当考虑的一系列要素，以评估潜在供应商是否有能力来履行这些合同，从而阐述建筑师—工程师服务合同的特殊性质及独特要求。决定的做出以个案的评标为基础，评标则取决于具体建筑师—工程师合同相关的一系列要素。此外，评标的过程不能歧视有能力履行该特殊采购需求的企业。

加拿大提问：我们注意到，FAR第36.104部分涉及受《布鲁克斯建筑师和工程师法》（*Brooks Architect-Engineers Act*）规制而不受FAR第36部分规制的采购活动。《布鲁克斯建筑师和工程师法》是否适用于被GPA涵盖的采购活动？如果是，美国能否解释是否考虑到依据该法实施的采购活动应与GPA的要求相一致？

美国回答：《布鲁克斯建筑师和工程师法》要求受其规制的合同以完全和公开竞争的方式授予，因此根据该法实施的合同与国内法律及GPA的要求相一致。

（五）质疑投诉

“质疑投诉”主要涉及针对数量和交付不确定（Indefinite Delivery Indefinite Quantity，IDIQ）合同授予之后，下达订单的行为引起的质疑投诉的规制问题。

加拿大提问：美国是否认为其国内法律41 U.S.C.第253 j（d）（1994）

部分的要求与GPA相一致？如果是，请解释为何这部分的规则将IDIQ合同项下与下达订单有关的质疑投诉范围，限制为该订单的下达有可能会导致“合同范围、期限或者最大价值扩大、延期、提高的情形”。

美国回答：美国已经在磋商过程中解释了有关IDIQ合同及类似采购工具的使用情况。一份IDIQ合同被授予之后发生的下达订单行为并不属于GPA所规制的招标采购、授予合同和质疑投诉的范畴。当然，如果IDIQ合同本身属于GPA规制范围，IDIQ合同本身的招标采购和授予程序也将受到GPA相关条文的规制（包含质疑投诉程序）。

尽管我们并不认为授予IDIQ合同之后的单个交易行为属于GPA有关招标采购和合同授予规则的规制范畴，但是仍然针对IDIQ合同的范围变更、期限延展或者合同最大价值的情形规定了质疑投诉程序，其目的是在确保合同条款得到遵守和维护该类合同所试图提供的效率之间实现某种平衡。

六、小结

美国为在联邦政府采购法律制度中实施GPA要求，主要对FAR第25部分有关“涉外采购”部分的相关条文进行了修订。这次修订主要是技术性的修订，同时涉及对GPA成员方的供应商、货物和服务豁免适用BAA的要求。此外，修订并不涉及美国具体的政府采购程序规则。这表明，美国认为其FAR的相关程序性规则完全符合GPA的内容。

但是，在GPA正式对美国生效之后，GPA成员方对美国是否较好地实施了GPA的要求仍旧存在“关切”。美国与GPA成员方（主要是加拿大和欧盟）之间针对美国实施GPA问题进行的磋商反映了这些关切，这也有利于我们借以了解美国政府采购制度可能不能完全符合GPA要求方面的内容。

这些关切主要集中于以下10个方面：①受GPA涵盖的各个州都有制定政府采购法律和法规的自治权，那么如何确保各州实施GPA的要求？②美国如何在采购公告中说明该项采购活动是否被GPA涵盖，并可豁免实施购买美国国货政策？③美国在GPA出价中对小企业和弱势群体企业实施了采购预留，如何确保该项政策与GPA的要求相符合？④美国如何确保其对技术规格标准的使用符合GPA的要求？⑤美国如何确保有限招标程序的适用符合GPA要求？⑥国家安全例外的适用如何不被滥用？⑦州政府为改善环境而在采购过程中做出的特殊限制是否符合GPA要求？⑧研发服务的采购虽被排除在GPA范围之外，但研发服务合同所包含的货物和工程采购是否也被排除在外？⑨有关建筑师—工程师服务采购的规则是否存在对外国供应商参与的不合理歧视？⑩IDIQ合同授予之后下达订单行为所引起的质疑投诉是否也属于GPA的规制范畴？

针对这些疑虑，美国并未完全进行答复。例如，针对州政府实施GPA要求的情况，美国并未提供完全的详细信息，而只是指出可以获取信息的网址。同时，美国似乎并不打算通过专门的机构来监督州政府实施GPA要求的情况。

第四章　加拿大加入 GPA 法律调整经验研究

一、基本情况概述

加拿大是东京回合《政府采购守则》的原始签约国。自 1996 年 1 月 1 日起，1994GPA 正式对加拿大生效。但加拿大当时只对联邦政府实体进行了出价，直至 2010 年才在其 GPA 出价中开放了次中央实体。2014 年 4 月 6 日起，2012GPA 正式对加拿大生效。

基于加拿大对《问题核查清单》的答复①，围绕《问题核查清单》的磋商②等历史文献，可以发现加拿大为实施 GPA 进行的法律调整和改革情况。然而，加拿大在《问题核查清单》中提供的有关自身政府采购制度的信息比较有限，因此需要借助其他信息来了解其在加入 GPA 时的政府采购法律制度及其实施 GPA 的情况。由于加拿大政府网站只能检索到 2000 年之后的法律文本，难以对 1996GPA 正式生效时的采购法律制度进行介绍，因此，本书选择了加拿大现行政府采购制度进行分析。

---

① Committee on government procurement - notification of national implementing legislation - communication from Canada, GPA/13, 27 March 1997. Communication from the United States . NOTIFICATION OF NATIONAL IMPLEMENTING LEGISLATION [EB/OL]. (1998-01-28). WORLD TRADE ORGANIZATION, https://docs. wto. org/dol2fe/Pages/SS/directdoc. aspx? filename=Q:/PLURI/GPA/20. pdf&Open=True.

② Committee on government procurement - review of national implementing legislation - Canada, GPA/13, 27 March 1997. Communication from the United States. NOTIFICATION OF NATIONAL IMPLEMENTING LEGISLATION [EB/OL]. (1998-01-28). WORLD TRADE ORGANIZATION, https://docs. wto. org/dol2fe/Pages/SS/directdoc. aspx? filename=Q:/PLURI/GPA/20. pdf&Open=True. &Open=True.

二、加拿大政府采购制度的基本概况

加拿大政府采购制度非常分散。适用于联邦政府的采购规则，明显不同于各省级政府部门的采购规则，也与适用于省级以下实体（如市级政府）的采购规则不同。①虽然各级政府部门在采购活动的实施过程中都需要遵循一些共同的原则，但是在采购的实施方式、采购活动的规制程度以及向被歧视供应商提供的救济权方面则具有较大的差异。②

（一）基于判例法的基本原则和框架

加拿大政府采购法律体系在过去近四十年中实现了相当大的发展，已从传统的普通法律规制路径演进为独特的招标采购双重合同概念（a virtually unique dual contract conceptualization of tendering）。这些重大变革源于加拿大最高法院的一系列判决，并构成了一个旨在使采购更具竞争性和公平性的新政策框架。③

1. 双重合同框架（the two-contract framework）

1981 年，加拿大最高法院对一案件的判决④从根本上改变了其竞争性招标框架。⑤ 该项判决为加拿大采购法律引入了“A 合同”和“B 合同”两个概念。在这项判决之前，招标文件通常被理解为构成一项要约邀请，并且只有在选择中标人之后合同才成立。但是，在该案件中，最高法院认为招标公告的发布构成了要约（an offer），潜在供应商提交投标书，则构成了承诺

---

① Paul M. Lalonde, C. Georgopulos, Bernard Hoekman, Petros C. Mavroidis eds. . The internationalization of government procurement regulation [M]. Oxford: Oxford University Press, 2017: 300.

② Ibid.

③ Gerry Stobo & Derek Leschinsky, Pocket book on Canada public procurement regime, in R. H. García ed. , international public procurement: A guide to best practice [M]. London: Globe Law and Business Publishing, 2009: 5.

④ The Queen (Ontario) v Ron Engineering [1981] 1 SCR 111 [EB/OL]. https://scc-csc.lexum.com/scc-csc/scc-csc/en/item/2504/index.do.

⑤ Gerry Stobo and Derek Leschinsky, Pocket book on Canada public procurement regime, p. 6.

(acceptance)。承诺生效时一项合同即成立（“A 合同”），并对双方当事人具有约束力。在这种情形下，供应商的投标书不可撤销，而且投标人无法再开展谈判或者修订投标文件的条款。通过提交投标书，潜在供应商也接受了招标文件的条款。“B 合同”则是成功选择供应商之后，由采购人与该供应商之间缔结的合同，后续的最高法院判决在此基础上进一步细化和确立了“双重合同框架”。

2. 只有符合条件的投标书才有可能被接受

在 1999 年的一案件[①]中，最高法院澄清，尽管在竞争性招标程序中，一项合同不需要被授予符合要求的最低投标人，但“A 合同”的隐含条件之一是，首选中标候选人的投标书必须符合招标文件的要求。尽管最高法院承认“特权条款”(privilege clauses)[②] 的有效性，但其针对这些条款如何适用进行了限制。最高法院认为，不能基于未公开的标准来选择投标书。在这个案件中，最高法院也同时表示，并非所有类型的采购都会产生“A/B 合同”的形式。

3. 必须公平和平等地评估投标书

最高法院在 2000 年的一案件[③]中进一步细化了“双重合同”方式。最高法院的该项判决确立了政府采购法领域的公平原则。其认为，“A 合同”隐含着一项条款，即在评标过程中应当公平平等地对待所有投标人。[④]

4. 向未中标人承担的义务

最高法院在 2007 年的一判决[⑤]中确认了“A 合同”和“B 合同”所体现的不同责任。最高法院发现，一旦采购人针对投标书实施公平的评估并选择了首要中标候选人，那么“A 合同”即告终止。不同于“A 合同”，当采购人

---

① MJB Enterprises Ltd v Defense Construction (1951) limited [1999] 1 SCR 619.

② “特权条款”旨在保留所有者授予合同的权利。在这种情形下，该条款规定合同不一定被授予最低价投标人。

③ Martel Building Ltd v Canada [2000] 2 SCR 860.

④ Gerry Stobo and Derek Leschinsky, Pocket book on Canada public procurement regime, p. 7.

⑤ Double N Earthmovers Ltd v Edmonton (city) [2007] 1 SCR 116 [EB/OL]. https://canliiconnects.org/en/summaries/34304.

与首选的中标人缔结最终合同（“B 合同”）时，其并不对未成功的中标候选人承担义务。采购人为中标人承担的义务随着其在“A 合同”项下义务的完成而终止。

5. 分包商的权利

在 2001 年的一案件①中，最高法院发现，如果一份已提交的投标书中包含特定分包商的投标书，那么如果该投标书中标，中标供应商有义务向这些分包商进行分包。在之后的一个案件②中，最高法院认为采购人在采购程序中并不承担任何照顾分包商的责任。因此，在加拿大应当是投标人而非分包商来寻求救济采购流程中的违规行为。

上述源自判例法的各类基本原则适用于加拿大联邦、省级或大区级和市级等各级政府的采购活动，同时也适用于私人部门的采购活动。③

（二）加拿大联邦采购制度的基本情况

加拿大联邦采购法律制度主要包含以下四类规则：①前述依据加拿大最高法院判例法所确定的基本原则；②适用于加拿大全部联邦政府实体或部分联邦政府实体的与政府采购活动相关的法律法规；③对加拿大联邦政府实体具有约束力的国际政府采购规则；④与政府采购救济活动相关的规则。其中①已在前述部分讨论，本部分讨论后三个问题。

1. 联邦层面与政府采购相关的一般性或专门法律法规

《财政管理法》（*Financial Administration Act*）和《政府合同条例》（*Government Contracts Regulations*）属于规制联邦政府实体采购活动的一般性法律。《财政管理法》为联邦公共资金的支付提供了广泛的政策框架。因为政府采购活动属于支付联邦公共资金活动的一类，所以该法也涉及对政府采购资金支

---

① Naylor Group Inc. v Ellis-Don Construction Ltd [2001] 2 SCR 943 [EB/OL]. https://scc-csc.lexum.com/scc-csc/scc-csc/en/item/1897/index.do.

② Design Services Ltd v Canada [2008] 1 SCR 737 [EB/OL] https://scc-csc.lexum.com/scc-csc/scc-csc/en/item/4632/index.do.

③ Gerry Stobo and Derek Leschinsky, Pocket book on Canada public procurement regime, p. 5.

付活动的规制，但更侧重为公共资金的收支提供法律框架而非规范政府采购行为本身。《政府合同条例》根据《财政管理法》的授权而制定，为联邦政府实体施加了以竞争为基础来开展政府采购活动的义务，并确定了合同授予的规则。

加拿大国库局（The Treasury Board of Canada）和法院（加拿大最高法院或省级高院）负有实施《财政管理法》和《政府合同条例》的责任。①其中，加拿大国库局被授权制定有关联邦采购流程的一般性支付政策，确定有关采购的基本原则，以及批准联邦采购机构所缔结的超过一定门槛价的采购合同。②例如，《国库局采购政策》（*The Treasury Board Contracting Policy*）确定了政府采购的政策目标为促进采购过程中的参与、竞争、公平以及实现物有所值，或者在可行的情形下实现对加拿大整体利益和加拿大人民利益的最优平衡。此外，加拿大国库局还制定了旨在促进采购成本有效性的《普通服务政策》（*Common Service Policy*）③；为促进利用采购来支持工业和区域发展以及其他国家目标而制定了《采购审查政策》（*Procurement Review Policy*）；以及《关于在皇家采购合同中做出限制承包商责任决策的政策》（*Policy on Decision Making in limiting Contractor Liability in Crown Procurement Contracts*）④ 等政策。

加拿大公共工程和政府服务部（Public Works and Government Service Canada，PWGSC）是加拿大联邦政府采购活动的主要集中代理机构，并负责实施大部分联邦政府采购活动。PWGSC 的采购活动主要受到以下几项法律的规制：①《公共工程和政府服务部法》（*Department of Public Works and*

① Paul M. Lalonde. The internationalization of Canada's public procurement, in Aris C. Georgopulos, Bernard Hoekman, and Petros C. Mavroidis eds. , The internationalization of government procurement regulation [M]. Oxford: Oxford University Press, 2017: 300.

② 其制定的相关政策可见："1.30. Policies, Directives and Guidelines", Buyandsell. gc. ca, accessed, https://buyandsell. gc. ca/policy-and-guidelines/supply-manual/section/1/30。

③ Common services policy [EB/OL]. Government of Canada, http://www. tbs-sct. gc. ca/pol/doc-eng. aspx? id=12025.

④ 该政策要求各部门在使用豁免或限制供应商责任的皇家采购合同条款时，必须使用规定的基于风险的模型来支持这一豁免或限制供应商责任的决策。这一政策文件已于 2022 年 5 月 13 日废止，被《投资规划和管理政策》（*Policy on the Planning and Management of Investments*）和《采购管理指令》（*Directive on the Management of Procurement*）中的采购要求取代。

Government Services Act）；②《财政管理法》和《政府合同条例》；③《国防生产法》（*Defense Production Act*）；④《联邦问责法》（*Federal Accountability Act*）；⑤其他法律，如《利益冲突法》（*Conflict of Interest Act*）、《信息公开法》（*Access to Information Act*）、《刑事法典》（*Criminal Code*）、《竞争法》（*Competition Act*）等。①

PWGSC也制定了一系列与采购相关的政策，如《供应商资格禁止与资格暂停政策》（*Ineligibility and Suspension Policy*）②、《加拿大供应品和服务含量政策》（*Canadian Content Policy*）③、《公平监管政策》（*Policy on Fairness Monitoring*）④、《绿色采购政策》（*Policy on Green Procurement*）⑤、《采购行为准则》（*Code of Conduct for Procurement*）⑥。

此外，加拿大其他联邦政府部门颁布了与政府采购相关的政策。例如，加拿大原住民事务和北部开发局（Aboriginal Affairs and Northern Development Canada）制定了"促进原住民商业发展的采购战略"（Procurement Strategy for Aboriginal Business，PSAB），以促进原住居民企业参与竞争并赢得联邦政府合同，其中也包括了向原住居民企业预留采购合同的政策。⑦同时，相关部门也发布了"产业和区域受益政策"（industrial and regional benefits policy），旨在

---

① 1.20. Statutes and regulations [EB/OL]. Government of Canada, accessed, https://buyandsell.gc.ca/policy-and-guidelines/supply-manual/section/1/20.

② Guide to the ineligibility and suspension policy [EB/OL]. Government of Canada, https://www.tpsgc-pwgsc.gc.ca/ci-if/guide-eng.html#:~:text=The%20Ineligibility%20and%20Suspension%20Policy%20directs%20the%20Government, is%20the%20department%20responsible%20for%20applying%20the%20policy.

③ 3.6. Annex: Canadian content policy: rules of origin determination [EB/OL]. Government of Canada, https://buyandsell.gc.ca/policy-and-guidelines/supply-manual/annex/3/6.

④ Key policies and directives [EB/OL]. Government of Canada, https://buyandsell.gc.ca/policy-and-guidelines/Policy-and-Legal-Framework/Key-Policies-and-Directives.

⑤ Key policies and directives [EB/OL]. Government of Canada, https://buyandsell.gc.ca/policy-and-guidelines/Policy-and-Legal-Framework/Key-Policies-and-Directives.

⑥ Code of conduct for government suppliers [EB/OL]. Government of Canada, https://www.tpsgc-pwgsc.gc.ca/app-acq/cndt-cndct/index-eng.html.

⑦ Indigenous and northern affairs Canada [EB/OL]. Government of Canada, http://www.aadnc-aandc.gc.ca/eng/1100100032805/1100100032806.

确保加拿大产业从政府国防和安全采购中受益。①

由此可见，加拿大联邦政府采购政策非常分散，其并不存在针对联邦政府采购活动进行统一规制的详细规则。为此，PWGSC 以与政府采购相关的法律、法规、政策以及相关国际协定为基础，编制了指导采购活动实施的手册——《供应手册》（*Supply Manual*）② 和《标准采购条款和条件手册》（*Standard Acquisition Clauses and Conditions Manual*）③。

2. 涉及联邦政府实体的相关政府采购协定

加拿大在多项国际协议中开放了其公共采购市场。除了诸边协定GPA外，加拿大还通过《北美自由贸易协定》（*North American Free Trade Agreement*，NAFTA）、《全面与进步跨太平洋伙伴关系协定》（*The Comprehensive and Progressive Agreement for Trans-Pacific Partnership*，CPTTP）④ 这些区域性协定开放了公共采购市场。此外，多项双边协定也涉及政府采购市场开放，如《加拿大—欧盟全面经济与贸易协定》（*Canada-European Union Comprehensive Economic and Trade Agreement*，CETA）、《加拿大—智利自由贸易协定》《加拿大—哥伦比亚自由贸易协定》《加拿大—洪都拉斯自由贸易协定》《加拿大—韩国自由贸易协定》《加拿大—巴拿马自由贸易协定》《加拿大—秘鲁自由贸易协定》《加拿大—乌克兰自由贸易协定》。

采购实体的一项采购活动有可能被多项国际协定涵盖，而各个国际协定

---

① Indigenous and northern affairs Canada [EB/OL]. Government of Canada, http://www.aadnc-aandc.gc.ca/eng/1100100032805/1100100032806.

② Supply manual [EB/OL]. Government of Canada, https://buyandsell.gc.ca/policy-and-guidelines/Supply-Manual.

③ Standard Acquisition Clauses and Conditions (SACC) manual [EB/OL]. Government of Canada, https://buyandsell.gc.ca/policy-and-guidelines/standard-acquisition-clauses-and-conditions-manual.

④ 经过6个签署国（加拿大、澳大利亚、日本、墨西哥、新西兰和新加坡）的批准之后，该协定已经于2018年12月30日正式对其生效。Indigenous and northern affairs Canada [EB/OL]. Government of Canada, http://www.aadnc-aandc.gc.ca/eng/1100100032805/1100100032806; Indigenous and northern affairs Canada [EB/OL]. Government of Canada, http://www.aadnc-aandc.gc.ca/eng/1100100032805/1100100032806; Supply manual [EB/OL]. Government of Canada, https://buyandsell.gc.ca/policy-and-guidelines/Supply-Manual; Standard Acquisition Clauses and Conditions (SACC) Manual [EB/OL]. Government of Canada, https://buyandsell.gc.ca/policy-and-guidelines/standard-acquisition-clauses-and-conditions-manual。2019年1月14日，该协定正式开始对越南生效。

所规定的要求又并非完全一致。在这种情形下，应当适应各类规则中最为严格的规则。以有限招标的适用为例，若某项采购活动被 NAFTA、CETA 和 GPA 同时涵盖，那么只有这些协定规则全部共同允许的适用情形才适用。

此外，为减少对人、货物、服务和投资自由流动的障碍，并确立一个开放、有效和稳定的国内市场，加拿大联邦政府与各省和大区之间签订了一份《加拿大自由贸易协定》（*Canadian Free Trade Agreement*, CFTA）。该协议于2017 年 7 月 1 日生效，并取代了之前加拿大联邦政府与各省和大区之间签订的《内部贸易协定》(*Agreement on Internal Trade*, AIT)。CFTA 第五章专章规定了政府采购方面的规则，其目的在于确立一个透明高效的法律框架，以确保政府采购合同机会向所有加拿大供应商公平开放。

3. 加拿大联邦层面的政府采购救济制度

加拿大联邦政府层面处理质疑投诉的机构为加拿大国际贸易仲裁庭（Canadian International Trade Tribunal)。加拿大国际贸易仲裁庭有权决定联邦政府是否违反其在相关（国际）协定中的义务。潜在供应商可以以采购流程中的任何方面存在不公平或歧视为由，向仲裁庭提起一项有关采购行为的质疑投诉。

（三）加拿大各省和大区的政府采购制度：以安大略省为例

虽然以加拿大最高法院的判决为基础所确定的政府采购基本原则对加拿大各省和大区都有约束力，但是其各省和大区都有权制定独立的政府采购规则。随着加拿大各省和大区在各国际协定项下逐渐开放其公共采购市场，相关国际采购规则对于部分省和大区的采购实体也具有约束力。此外，加拿大各省之间签订的贸易和合作协定也涉及政府采购问题，如《安大略省—魁北克省贸易合作协定》第九章规定了彼此之间开放政府采购市场的范围、规则等内容。[1] 根据 CFTA 的规定，加拿大各省和大区必须成立或者指定一个独立的行政机构或者司法机构来受理和审查来自供应商的质疑投诉。

---

① https://www.doingbusiness.mgs.gov.on.ca/mbs/psb/psb.nsf/English/procurement.html

本部分以安大略省政府采购制度为例介绍加拿大省级政府采购制度。

安大略省的政府采购政策可以分为两类：一类是针对安大略省各部门和行政机构适用的采购政策，这类实体又被称为“安大略公共部门”（The Ontario Public Service，OPS）；另一类是针对“泛公共部门”（Broader Public Sector，BPS），如市政府、教育组织和健康机构等适用的采购政策。这两类采购政策规定的基本原则是一致的，但是在具体的采购规则方面可能有所不同，具体如下。①

1. 与政府采购相关的法律

安大略省没有专门的政府采购法典，其有关政府采购的法律散见于多个法律之中。安大略省政府采购适用的法律包括《泛公共部门责任法》、《电力法》（*Electricity Act*）、《安大略省能源管理局法》［*Ontario Energy Board Act*（*Metrolinx Act*）］、《健康保护与促进法》（*Health Protection and Promotion Act*）、《饮用水安全法》（*Safe Drinking Water Act*）、《基础设施部法》（*Ministry of Infrastructure Act*）以及《市政法》（*Municipal Act*）等。

其中，《泛公共部门责任法》第五部分规定了政府采购标准。该法第11.1部分规定，内阁管理委员会可以通过指令的方式来管理泛公共部门采购货物或服务的行为。同时，内阁管理委员会针对政府资助组织的采购制定指导方针。而这里所说的政府资助组织主要是指接受安大略省政府财政资金支持的机关、局、委员会、理事会、基金会或组织。② 因此，按照立法规定，内阁管理委员会针对安大略省的泛公共部门制定了《泛公共部门采购指令》。该法以采购实体的类型、资金来源为标准对安大略省泛公共部门的活动进行了区分，从而明确各类实体需适用的法律，其中包括其采购活动是否需要适用《泛公共部门采购指令》。

除此之外，其他部门法也对政府采购予以规制，其内容主要涉及政府采

---

① Information for vendors［EB/OL］. Ontario. ca，https：//www. doingbusiness. mgs. gov. on. ca/mbs/psb/psb. nsf/English/forvendors.

② 根据《泛公共部门责任法》规定，将省长办公室、安大略省政府部门、安大略省政府机构排除在外。

购的政策、采购机构等。如《电力法》第二部分规定了关于电力服务采购的定义和程序，同时该法还规定了电力局拥有权力进行电力采购，以及政府为实现节约用电的目标而进行的与减少电力消耗和电力需求相关的采购。除此之外，《审计法》《饮用水安全法》等多部法律都对相关的采购问题予以规定。

2. 安大略省签订的相关协定

安大略省还是以下各类贸易协定的成员方：CFTA、《安大略省—魁北克省贸易合作协定》（*Trade and Cooperation Agreement between Ontario and Quebec*）、WTO-GPA、CPTPP。其中，《安大略省—魁北克省贸易合作协定》由安大略省和魁北克省于2009年9月11日签订，是旨在增加两省投资与贸易机会、促进创新、减少贸易壁垒的协定，并以最大限度地提升两省政府采购的经济利益为目标。该协定第九章专门对政府采购做出了规定，主要包括目标、一般规则、适用范围、应用规则、采购程序、信息共享、机构责任、采购合作委员会、采购合同、投诉程序、争端解决等内容。需要指出的是，安大略省和魁北克省都属于CFTA中的成员，因此，两省的协定实际上是对CFTA的细化，特别对适用范围、采购程序方面规定得较为细致。除此之外，该协定还针对采购过程中的信息共享、投诉程序进行了特别规定。两省的贸易合作协定实际上在二者之间建立了一个更为完整的采购开放程序，而对于其他省的供应商而言，投诉程序、争端解决等相关程序无法适用，这就可能形成对来自其他省供应商的差别待遇。

3. 针对安大略省的省级部门和行政机构采购行为的规制

安大略省并未发布部门指令或者其他成文法形式的采购规则来规制省级部门和行政机构的采购。针对这类采购，相关政府机构仅在其网站上发布了基本原则和政策，如必须公开发布采购公告的采购门槛价，以公平、公开和透明的方式来实施采购程序、例外情形、电子招标采购的基本规则等。①

① https：//www.doingbusiness.mgs.gov.on.ca/mbs/psb/psb.nsf/English/howtodobusinessEN. https：//www.doingbusiness.mgs.gov.on.ca/mbs/psb/psb.nsf/English/procurement.html.

4. 专门针对泛公共部门的采购指令：《泛公共部门采购指令》

2011年以前，安大略省的泛公共部门采购制度主要由《泛公共部门供应链指引》（BPS *Supply Chain Guideline*）规制。2011年7月1日，根据《泛公共部门责任法》的授权，安大略省内阁管理委员会（Management Board of Cabinet）制定了《泛公共部门采购指令》（*Broader Public Sector Procurement Directive*）① 以适用于安大略省泛公共部门的采购行为，包括大学和医院等公共部门机构。

三、加拿大加入GPA的出价分析

在附件1中，加拿大出价列举了82个联邦政府实体，以及被纳入GPA规则的国防部采购的货物范围；② 附件2的出价见第6.1部分的阐述；附件3列举9个联邦企业，如加拿大邮政公司、国家资本委员会、加拿大自然博物馆等；附件4列举了部分被纳入GPA涵盖范围的服务，同时也列出了一些限制条件和澄清条款，如加拿大的出价并未包含公用事业等；附件5将CPC第51部分所包含的工程列入了出价。同时也指明GPA不适用于疏浚工程项目所涉采购以及为了联邦交通部的利益而实施的工程合同采购。

在总备注中，加拿大将部分采购明确排除，如船舶的建造和修缮、城市轨道和城市交通设施、对小企业和少数民族企业的预留、国家安排的豁免（包括与任何战略储备要求有关的石油采购）、国家安全的例外（包括为了保障核原料或技术而实施的采购）等。此外，加拿大也在总备注中规定了部分特定产品或服务的采购不向某些GPA成员方开放。

---

① 该指令的修订及其英文文本参见：Broader public sector [EB/OL] Ontario. ca，http：//www. fin. gov. on. ca/en/bpssupplychain/documents/bps_ procurement_ directive. html。

② 加拿大对附件1的出价经过多次调整，如WT/let/454（2003-09-09）WT/Let/581（2007-07-22）July 2007。

四、加入 GPA 背景下加拿大政府采购法律的调整

（一）加拿大实施 GPA 义务的基础性法律

根据加拿大对《问题核查清单》的答复①，其主要通过 1995 年 1 月 1 日颁布的《WTO 协定实施法》② 来实施 GPA 规则。加拿大称《WTO 协定实施法》通过立法的形式将其在 GPA 下应当承担的义务在必要条文中体现出来。《WTO 协定实施法》第 3 部分规定，其目标在于实施成立 WTO 的协定，其中包括在附件 1A、1B、1C 和附件 2 及附件 3 中列出的协定，以及附件 4 中列出的被加拿大接受的协定（以上统称为 WTO 协定）。

（二）赋予 GPA 有效性的其他法律

《WTO 协定实施法》第 2 部分同样规定了为赋予 WTO 协定（含 GPA）有效性，需要对其他联邦法律进行相关修订。

《WTO 协定实施法》第 116 部分规定，需要对《财政管理法》（*Financial Administration Act*）进行修订，从而允许联邦内阁向任何皇家公司的母公司通过颁布指令以实施 WTO 协定。这使得联邦内阁有权要求被加拿大在 GPA 附录一附件 3 中列明的政府企业遵守 GPA 要求。

《WTO 协定实施法》第 40~42 部分以及第 44~46 部分规定，需要对《加拿大国际贸易仲裁法》进行一系列细微修订。为了赋予加拿大国际贸易仲裁庭（以下简称“仲裁庭”）针对 GPA 第 1 条描述的货物或服务采购合同（或

---

① Committee on government procurement-notification of national implementing legislation-communication from Canada, GPA/13, 27 March 1997. Communication from Canada. NOTIFICATION OF NATIONAL IMPLEMENTING LEGISLATION [EB/OL]. WORLD TRADE ORGANIZATION, https://docs.wto.org/dol2fe/Pages/SS/directdoc.aspx? filename=Q:/PLURI/GPA/13.pdf&Open=True.

② Bill C-57, An Act to implement the agreement establishing the World Trade Organization。现在在加拿大政府的官网上无法找到该法 1994 年 12 月 15 日制定时的最初版本。目前可以找到的最早版本为 2003 年 1 月 1 日修订后的版本。Full Documents available for previous versions [EB/OL]. Government of Canada, https://laws-lois.justice.gc.ca/eng/acts/W-11.8/PITIndex.html.

者货物和服务进行任意组合的采购合同）有关采购程序的任何方面进行质疑投诉与调查的权力，加拿大对《加拿大国际贸易仲裁庭采购调查条例》（*The Canadian International Trade Tribunal Procurement Inquiry Regulations*）进行了广泛的修订。在进行这些修订前，仲裁庭已经对 NAFTA 第 1001 条或者 AIT① 第 502 条所规定的该类任何合同享有实施调查的管辖权。《加拿大国际贸易仲裁规则》（*The Canadian International Trade Tribunal Rules*）规定了处理政府采购质疑投诉的程序。②

（三）法律调整及与 GPA 的符合性

加拿大在答复《问题核查清单》的过程中指出，通过对上述各类法律的调整产生了如下两个方面的效果：①要求加拿大在 GPA 附录一附件 1 和附件 3 中所列明的所有政府实体以及政府企业遵守 GPA 规则的要求；②授予仲裁庭针对受到 GPA 涵盖政府实体或政府企业未遵守 GPA 要求之行为质疑投诉与实施调查的权力，以及在发现质疑投诉有效的情况下建议实施救济措施的权力，包括在适当的情形下授予一项合同或者支付赔偿金。

受 GPA 规制的加拿大政府实体被期待依据 GPA 规则以及 NAFTA 和 AIT 规则来实施其采购活动。加拿大政府建立了一个开放的电子数据库——“开放招投标服务”（Open Bidding Service，OBS），并在这个数据库上发布“政府商业机会”（government business opportunities）的公告。每一项公告都包含一项有关“协定类型”的内容，用于确定该项政府商业机会受到哪些贸易协定的约束。政府实体的招投标采购程序、合同授予程序同样也以遵守相关贸易协定要求的方式实施。如果国内供应商和国外供应商认为政府实体未遵守相关贸易协定的要求，可以向仲裁庭提起质疑投诉。

---

① 该协定已经于 2017 年 1 月 1 日被 CFTA 替代。

② Anne C. McNeel. Canadian law of competitive bidding and procurement [EB/OL]. Carswell. com/magazine-awards. com.

五、围绕《问题核查清单》的磋商

（一）加拿大实施 GPA 要求的方式

从加拿大答复《问题核查清单》的情况来看，加拿大只是笼统地表示对几个方面的法律进行了修订，目前加拿大联邦采购法律制度已经符合了 GPA 的要求，但并未指明其究竟对哪些法律进行了何种详细修订，也并未对国内法律如何符合 GPA 要求进行详细说明。

因此，美国向加拿大提问：GPA 的要求是否通过引述的方式被简单地合并在法律中，以及并不存在通过单独的加拿大法律、条例或者政策工具来专门实施 GPA 要求？但是加拿大在进一步的答复中，仍旧只是引用了最初在《问题核查清单》中的答复，而并未进一步阐述。

（二）公共服务采购的非歧视问题

欧盟评论和提问：加拿大并没有确定的法律规则来管理公共服务合同，并且外国供应商参与的条件也不明确。通过特许经营、租赁、政府拥有的企业（state-owned concern）等形式授予公共服务合同的情形也没有很好地发展起来，并缺乏正式的授予规则。除了被称为“BOT 的模式”（类似于特许经营的一种模式）外，并不存在着其他合同模式。此外，临时性规则通常较多（如在授予公共服务合同的情形下，通过颁布临时性规则允许外国潜在供应商拥有参与招投标采购程序的权利）。尽管在联邦、省和地方政府层面，公共服务合同有大力发展的可能性，但是加拿大并不存在针对外国供应商的非歧视规则，在程序实施过程中也不存在有关透明度和公开的规则。因此，请问从国内和国际角度来看，加拿大允许这些“问题”存在的目的为何？

加拿大在答复中指出，首先，加拿大不能从上述欧盟的评论和提问中识别出这些问题与加拿大实施 GPA 规则之间的相关性。其次，加拿大仍然继续引用在首次答复《问题核查清单》中阐述的国内法律如何实施 GPA 规则的情况，并且援引了《加拿大国际贸易仲裁庭采购调查条例》中的两个相关条文来说明，若针对涵盖采购行为是否遵守了 GPA 第 3 条规定的国民待遇或非歧视待遇要求存在争议，可以向仲裁庭寻求救济。加拿大进一步指出，当一项采购活动属于 GPA 所涵盖的范围，采购当局将会遵守法律，即 GPA 的所有要求。加拿大也顺便指出，其对该提问中出现的未经证实的断言强烈不同意。

（三）涵盖范围

第一，有关联邦企业及次中央政府实体的涵盖范围。

由于加拿大在加入 1994GPA 过程中并未对次中央政府实体出价，因此其并没有答复《问题核查清单》中有关次中央政府实体的相关问题。但是美国指出，加拿大已经在其 GPA 附录一附件 2 中同意“在获取省级政府承诺的基础上将 10 个省的实体纳入涵盖范围”。加拿大也已经在附件 3 中列明了 9 个联邦企业，同时也指出“针对次中央企业采购货物、服务和工程服务的涵盖范围……也将在缔结新 GPA 文本之后的 18 个月内确定”。因此，美国希望加拿大针对《问题核查清单》中与次中央政府实体以及附件 3 涵盖的联邦企业相关的问题进行答复。

在答复美国提问的过程中，首先，加拿大引述了加拿大在 GPA 附录一总备注 6 中的阐述：“加拿大在附件 2 和附件 3 中针对货物和服务（含工程）的出价，取决于与其他成员方之间有关相互可接受的承诺之谈判，初次承诺已经在 1994 年 4 月 15 日之前或当日被确定，具体的后续承诺将在缔结 GPA 之后的 18 个月内确认。”其次，加拿大指出在 1994 年 4 月至 1995 年 10 月 18 个月内，其与其他 GPA 成员方之间并未通过谈判达成相互可接受的承诺。截至 1995 年 10 月，加拿大并未确认或者并未与其他 GPA 成员方一同确认任何具体承诺。最后，加拿大引述了其于 1995 年 10 月 25 日针对 GPA 做出的声明中所指出的内容：“加拿大已经准备好提交一份在次级中央政府层面的出价，只要 GPA 成员方准备好：①将加拿大供应商优先考虑的部门纳入 GPA 涵盖范围，例如钢铁和交通领域；②同意限制性地使用针对小企业的优惠措施以及其他预留措施。虽然不排除这些措施的使用，但是同时又需要为 WTO 政府采购委员会所有成员方的供应商提供一种可接受的有关市场准入的保障。”因此，加拿大认为美国所提的上述问题并不适用。

欧盟则在美国与加拿大之间针对此问题进行磋商的基础上进一步提问。欧盟指出，既然加拿大重申了其关于准备就次中央政府实体进行出价的两个条件，欧盟就已经向某些 GPA 成员方开放了其交通部门，并且对中小企业也不存在任何优惠性措施。鉴于加拿大拒绝与欧盟之间就次中央政府实体进行谈判，那么能否请加拿大解释其明显持不同立场的原因。

加拿大在答复中指出，其将次中央政府层面的出价与实现加拿大供应商在其优先考虑部门的市场准入的增长，以及通过控制小企业及其他预留措施的运用提高市场准入保障之间相关联的立场并未改变。

加拿大还进一步对美国的歧视性政府采购政策进行了评论，其指出，源自美国国家采购政策层面的小企业预留措施以及购买美国产品的本质是“歧视和排外”。当涉及联邦资金的提供时，这些歧视性政策也会在美国的州和市政府层面适用，尤其是交通和高速公路部门。因此，必须对美国联邦政府政策加以调整，以确保市场准入以及针对美国州及市政府供应商的非歧视对待。

此外，欧盟还对加拿大政府在次中央政府层面的采购政策存在歧视进行了提问。但是，加拿大对此问题并未做出直接回复。对于加拿大政府而言，由于次中央政府实体尚未被纳入加拿大在 GPA 项下的出价范围，因此其没有必要对规制次中央政府实体采购活动的政府采购法律与 GPA 规则之间的符合性进行答复。

（四）采购程序

1. 资格预审

加拿大在答复《问题核查清单》第 9 个问题时指出，在某些情形下，采购实体可能需要在邀请供应商参与投标之前对其进行资格预审。对此，中国香港提问：加拿大是否认为其是一种选择性采购的形式？

加拿大在回答的过程中并未详细介绍其联邦政府采购规则如何与 GPA 要求相符合，而是指出：“加拿大遵守 GPA 有关选择性采购的规则。采购实体可以使用选择性采购程序，如果它们相信需要在邀请供应商参与一项采购程序之前实施资格预审。”

2. 选择性采购程序

加拿大在回答《问题核查清单》第 9 个问题时指出，根据采购实体需求的性质来决定使用公开性采购程序或者是选择性采购程序。对此，瑞士提问：在运用选择性采购程序的情形下，加拿大的采购规则是否规定了参与第二个阶段程序的最低投标人数量？采购实体在多大程度上可以使用永久供应商名单或者供应商来源名单？潜在供应商和服务提供者是否在任何时候都有要求加入该名单的可能？是否可对拒绝接受该供应商加入该名单的决定提出异议？

加拿大对此回答道：在选择性采购程序中，并不存在针对程序第二阶段设置最低投标人数量的特别规定。使用永久性名单的决定是基于采购个案的具体情形，由采购机构做出。根据 GPA 第 8 条（d）款的规定，潜在供应商在任何时候都有机会请求加入永久供应商名单。采购流程的任何一个方面都可以被质疑投诉，包括拒绝供应商加入永久供应商名单的决定。

3. 有限招标程序的使用

美国表示，希望加拿大就如何确定允许使用有限招标程序的条件进行解释，以及是否有具体的法律或法规来界定可以使用有限招标程序的情形？加拿大如何确保有限招标程序不会被用来规避最大可能的竞争，或者以可能在其他 GPA 成员方供应商间构成歧视的方式被加以运用？

加拿大对此问题的回答仍然未提及其国内采购法律的具体条文，其仅仅概括性地说明：“有限招标程序在 GPA 允许的范围内被运用。根据 GPA 第 7 条的规定，有限招标程序仅在第 15 条第 1 款第（a）~（j）项提及的条件下才能被允许使用。加拿大通过发布事先合同授予通知（advance contract award notices）来确保有限招标程序的高度透明，这为潜在供应商针对政府选择单一来源的决定进行质疑投诉提供了机会。”

4. 接收投标书的最短期限

加拿大在回答《问题核查清单》第 11 个问题时指出，接收投标书的期限为7~40天不等，具体期限取决于相关政策的立法。为此，美国要求加拿大进行详细说明，并指出规定相关不同期限的具体法律、法规或者政策工具。美国还进一步提问，在哪些情形下，实体可以被允许设置为短于GPA第11条第2款中规定的投标期限？

加拿大回答：公开性采购程序和选择性采购程序中所有通知的期限都是以符合GPA规定的方式确定的。即使在使用有限招标程序的过程中，采购当局也被鼓励发布通知，该项通知被称为“事先合同授予通知”（Advance Contract Award Notice，ACAN），并以有限招标通知的形式做出，发布在GBO公告中。ACAN仅仅被运用于有限招标程序发布后的7个工作日内，这给予了潜在供应商针对政府有关单一来源决定进行质疑投诉的额外机会。潜在供应商有15个日历日的期限来对合同授予行为进行质疑投诉。

5. 非竞争性合同

欧盟评论和提问：加拿大联邦政府采购规则在限制针对联邦机构授予合同的过程中，是否存在任何歧视性的可能性——较大地规避采购程序的可能性。欧盟希望获取以下关于1994年6月23日发布的《政府合同条例》（*The Government Contracts Regulation*）第八章实施情况的澄清：①在联邦采购中非竞争性合同（第八章的规制对象）的比例是多少？②《政府合同条例》第5002条规定的非竞争性程序所适用的各类不同情形究竟各占了多少比例？③不发布合同采购事先公告就缔结合同的频率有多高？事实上《政府合同条例》第8007条和第8008条所规定的情形各占了多少比例？

加拿大回答：加拿大不能确定上述问题中所提及的1994年6月23日发布的名称为《政府合同条例》的文件及其章节和条款。正如在回答欧盟的第1个问题时所阐述的一样，采购当局遵守法律。当采购被GPA涵盖，实体只能够基于GPA第15条规定的理由来使用有限招标程序。请注意，加拿大提交的1996年统计数据中已提供GPA第19条第5款所要求的有关基于各类理由使用有限招标程序的信息。

6. 公共企业授予合同的程序规则

欧盟提问：公共企业（public corporation）合同的现状也同样模糊。这些合同并不受严格意义上政府采购条例的规制，其采用竞争性程序的义务也极不清晰。AIT 仅仅适用于部分公共企业（尤其是能源企业被排除在外，尽管 Hydro-Quebec 是北美第五大公共采购人）；NAFTA 规则仅适用于联邦层面的公共企业，所设置的门槛价甚至高于为狭义的政府采购本身所设置的门槛价。在公共服务越来越频繁地由公共机构（bodies），而非中央政府实体管理的背景下（如航空运输），加拿大政府打算赋予各级公共企业何种采购地位？

加拿大并未直接回答欧盟的问题，而是希望欧盟参考其针对美国有关“联邦企业”（federal enterprises）提问的回答。但实际上，加拿大也并未回答美国针对“联邦企业”的提问。

（五）合同金额的评估

美国提问：请加拿大解释如何能够确保遵守 GPA 第 2 条第 3 款的规定，即不为了规避 GPA 的适用而将单个采购需求进行拆分。

加拿回答：合同金额的评估符合包括第 2 条第 3 款在内的 GPA 要求。为此，无论是实体所选择的评估方法，还是对任何采购需求的拆分，都不会以规避 GPA 的适用为目的。

可见，加拿大的答复仍旧并未提及其国内采购法律的具体要求，而仅仅是笼统地表示其符合 GPA 的规定。

（六）透明程序以及信息技术的运用

瑞士和中国香港还就邀请函的发布如何符合 GPA 要求，向供应商和服务提供者提供采购信息的联系点，通过电子方式接收投标书并从三个方面向加拿大进行了提问。加拿大对此也做了简短答复，此处不再赘述。

（七）质疑投诉

1. 仲裁庭的职能范围

中国香港提问：仲裁庭负责确定采购质疑投诉的有效性。从其名称来看，其职能范围可能涵盖除 GPA 项下质疑投诉外的其他形式的国际贸易争端。加拿大能否就其国际贸易仲裁庭的职能范围做出澄清?

加拿大回答：首先，仲裁庭是一个独立的准司法机构，其并不属于任何联邦政府部门或机构。其以公开、公正和公平的方式行使其职责。其次，仲裁庭通过财政部向议会进行报告。议会的某些法律赋予了仲裁庭实施其使命的权力。规制仲裁庭工作的主要加拿大法律为：①《加拿大国际贸易法庭法》及其条例；②《加拿大国际贸易仲裁规则》；③《特殊进口措施法》（*The Special Import Measures Act*，SIMA）及其条例；④《海关关税法》；⑤《增值税法》（*The Excise Act*）。最后，仲裁庭的职责涵盖司法职能和建议职能。主要包括以下几个方面：对倾销或补贴性进口政策是否已造成或有可能造成国内产业的实质性损害进行调查；听取并裁定针对加拿大税务局根据《海关关税法》《增值税法》和《特殊进口措施法》做出决定进行的上诉；针对总督会同行政会议（the governor in council）或财政部长向仲裁庭咨询的经济、贸易和关税问题进行调查，并提供咨询意见；应加拿大生产商的要求，调查对其生产经营中使用的进口纺织品的关税减免；对国内生产者，针对增加的进口，正在或即将对其造成严重损害的投诉进行保障性调查；对潜在供应商针对联邦政府所实施的，被 NAFTA、WTO-GPA、AIT 涵盖的采购行为的质疑投诉进行调查。此外，有关仲裁庭的更多信息可以在相关网站（www. citt. gc. ca）上获取。

2. 政府采购实体针对仲裁庭建议的裁量权

加拿大在答复《问题核查清单》第 14（v）个问题时提及，被要求实施仲裁庭建议的政府机构如果不打算完全实施仲裁庭的建议，那么其必须通知仲裁庭决定不实施的理由。

瑞士提问：这是否说明仲裁庭的建议并不具有法律约束力？加拿大是否能澄清政府采购实体享有的裁量权?

加拿大回答：仲裁庭做出的裁决可以由向政府机构提供的建议组成，例如重新招标、重新评标或者提供补偿。同样，其可以裁决向投诉者支付合理费用（award reasonable costs），以涵盖准备投标的费用和投诉的费用。此外，仲裁庭还可以裁决支持参与质疑流程的成本，政府机构和所有其他当事方都会被告知仲裁庭的裁决。

仲裁庭在裁决中做出的建议将被最大可能地予以实施。若采购活动所涉及的政府机构不能实施仲裁庭的建议，那么其必须告知仲裁庭不实施的理由。政府机构所做出的有关不实施的决定可以被上诉至联邦法院。联邦法院已经表示，制定有关实施仲裁庭建议的条文的目的在于，使不遵守该建议的情况变成不经常发生事件。

3. 除了仲裁庭之外有无其他监督GPA实施的机构或实体

瑞士提问：除了仲裁庭外，是否存在监督GPA实施的任何机构或实体？请加拿大解释联邦内阁被赋予哪些类型的行动权力来管理加拿大今后在WTO协定下的活动。

加拿大回答：首先，必须要指出，仲裁庭并不监督GPA的实施，其接受来自潜在供应商有关联邦政府采购流程的质疑投诉。一旦仲裁庭接受了一项质疑投诉，其将确定负责采购的政府机构是否符合国际和国内贸易协定与加拿大法律。仲裁庭的决定可以被上诉至加拿大联邦法院。

其次，加拿大介绍了联邦内阁的基本情况。关于联邦内阁，总理从其党派当选的议会议员中任命内阁。每个内阁部长都被指派负责一个政府部门。部长针对其工作做报告，并且在必要时提交对其部门有影响的法案。其针对所有以其名义开展的行动，或其部门开展的行动向众议院负责，因为根据加拿大宪法，被选举的官员需要对加拿大公民负责。此外，加拿大还提供了可以进一步了解其政府组织的网址。由此可见，加拿大并未正面回答瑞士的提问。

4. 快速的临时措施

加拿大在答复《问题核查清单》时提及，可以运用快速临时措施以纠正违反GPA的行为，并且，除非政府实体以书面形式证明“采购紧急或者合同授予的延期将会与公共利益相违背”，这些措施就包含暂停实施采购程序的可能性。为此，美国希望加拿大解释其相关法律、条例和其他政策性工具是如何界定这些例外情形（“紧急”和“与公共利益相违背”）的，以及政府实第二，加入 GPA 后加拿大联邦政府进行的法律调整较为有限。

加拿大加入 GPA 后其联邦政府层面的法律调整主要涉及以下三个方面：①通过立法使 WTO 有关的协定（含 GPA）在加拿大具有实施效力。②赋予相关当局制定指令以约束被纳入 GPA 出价的皇室企业遵守 GPA 的要求。③修订《加拿大国际贸易仲裁法》及相关法律，赋予仲裁庭受理、审理和调查与 GPA 有关的质疑投诉与做出裁决的权力。

之后加拿大对其他 GPA 成员方的相关提问所提供的信息十分含糊，其仅仅强调了自身针对 GPA 规则的理解，并表示加拿大的相关采购政策符合 GPA 的要求，在其答复过程中，基本上没有引用任何国内法律的条文。

结合加拿大联邦政府层面针对政府采购制度规制的基本情况可知，加拿大实施 GPA 的方式是通过国内立法赋予 GPA 在国内的实施效力，从而使得 GPA 相关条文可以在产生争议时被直接援引，从而不需要将 GPA 中的相关条文逐一转化成国内法上的条文。

加拿大国内法律调整主要集中在赋予仲裁庭处理有关 GPA 质疑投诉权力的方面。但是，加拿大联邦政府采购实体有权不实施仲裁庭做出的裁决。在这种情况下，质疑投诉人可以向联邦法院提起诉讼。

第三，加拿大联邦政府针对 GPA 未涵盖的采购仍然实施歧视性政策。

为鼓励加拿大产业的发展，在特定情形下，加拿大政府也鼓励将参与政府采购的机会局限在供应加拿大产品和服务的供应商之间。这一政策被称为“加拿大含量政策”（Canadian content policy），并适用于加拿大联邦政府 PWGSC 的采购部门以及国防部门的采购。但是若相关采购活动属于国际贸易协定的规制范畴，则该项政策可以被排除适用。① 这表明，受 GPA 涵盖的采购不能适用“加拿大含量政策”以排除外国供应商，或者供应外国产品、服务的本国供应商参与竞争。这一要求符合 GPA 有关非歧视的要求，但也要注意，加拿大并未完全放弃歧视性采购政策，在 GPA 等国际贸易协定的适用范围之外，扶持国内产业发展的采购政策仍然存在并适用。

---

① 3.130. Canadian content policy [EB/OL]. Government of Canada, https://buyandsell.gc.ca/policy-and-guidelines/supply-manual/section/3/130.

第四，因在GPA出价中进行了排除，某些歧视性政策仍可适用。

加拿大自1996年以来就开始实施“促进原住民商业发展的采购战略”(procurement strategy for aboriginal business)。该战略的主要实施方式是向符合资格的原住民企业实施采购强制预留或自愿预留。①这是一项歧视性的采购政策。但是，在加入GPA的出价总备注中，加拿大针对有关原住民的所有措施做出了豁免适用GPA的说明。② 因此，这种目的在于扶持原住民商业经济发展的政策，虽然歧视外国供应商，但也不与加拿大在GPA中的承诺相悖。

第五，实施非歧视性的绿色采购政策。

加拿大的绿色采购政策要求在战略和操作层面识别实践环境绩效的机会。在采购战略制定阶段，联邦采购实体必须考虑保护环境和支持可持续发展的机会，采购官员必须在采购文件中描述其对于环境的考量，并且需要对环境要求进行综合考量后做出决策。③ 为促进绿色采购实践的发展，加拿大联邦政府发布了一系列采购工具，如环境要素及其评价指标④等。

第六，促进中小企业参与的政府采购政策并不包含预留合同机会和价格优惠。

加拿大中小企业办公室（The Office of Small and Medium Enterprises Role and Initiatives）负责鼓励和支持中小企业参与联邦采购程序。具体包括以下主要措施：向希望与政府有商业往来的中小企业提供信息和咨询服务；帮助其减少竞争壁垒以及简化政府采购流程；鼓励生产创新性新产品和服务；通过合作来改善采购政策和实践；激励中小企业参加联邦采购机会的兴趣等。⑤可见，加拿大促进中小企业政策的侧重点在于为中小企业参与政府采购活动营造有利的商业环境，而并非强调合同机会预留和价格优惠。

---

① https：//buyandsell. gc. ca/policy-and-guidelines/supply-manual/section/9/40.

② 加拿大出价附录一附件7，总备注3。Canada - General Notes - Annex 7 [EB/OL]. WORLD TRADE ORGANIZATION, https：//e - gpa. wto. org/en/Annex/Details? Agreement = GPA113&Party = Canada&AnnexNo = 7&ContentCulture = en。

③ Green procurement [EB/OL]. Public Services and Procurement Canada, https：//www. tpsgc-pwgsc. gc. ca/app-acq/ae-gp/index-eng. html.

④ https：//buyandsell. gc. ca/policy-and-guidelines/supply-manual/annex/2/2.

⑤ https：//buyandsell. gc. ca/policy-and-guidelines/supply-manual/section/3#section-3. 75.

第七，省级政府被纳入 GPA 规制范围之后，其政府采购规则与 GPA 之间的符合性并不确定。

加拿大将省级政府实体纳入 GPA 的出价范围之后，针对这类实体所适用的采购规则是否符合 GPA 要求这一问题，并未在 WTO 官网上查到有关讨论的资料。有加拿大学者指出，其在救济制度层面存在规则不明确的问题。到目前为止，有的省份仍未建立有关处理质疑投诉的明确规则，如安大略省。此外，加拿大各个省都有其各自的促进产业、经济、社会发展的政府采购政策，这些政策的实施是否符合 GPA 要求还有待进一步研究。

第八，对加拿大皇室企业采购的规制。

加拿大最初在 GPA 出价附件 3 中将 9 家皇室企业纳入了出价范围。随后为了实施 GPA 规则，加拿大政府在答复清单中指出，其已经赋予联邦内阁制定指令，以约束被纳入 GPA 出价的皇室企业遵守 GPA 的要求，但加拿大并未附上该项指令及其名称。在与其他 GPA 成员方进行磋商的过程中，美国和欧盟都曾经针对加拿大如何确保其皇室企业遵守 GPA 规则进行了提问，但是加拿大并未回答。目前在加拿大政府官网也无法查找到符合特征的，规制皇室企业采购以满足 GPA 要求的相关指令。

加拿大在最新的 2014 年 6 月 23 日 GPA 出价中，对附件 3 中的实体进行了变更，① 删去了“圣劳伦斯航道公司（The St. Lawrence Seaway Authority）”，增加了“加拿大旅游委员会（Canadian Tourism Commission）”和“加拿大维亚铁路（Via Rail Canada Inc）”两个实体。从实体属性来看，这两个实体都属于皇室企业。②

在加拿大联邦政府网站中，无法找到专门规制皇室企业采购的政策或指南。从被列入 GPA 出价清单的皇室企业的网站上来看，能获取的信息也十分

---

① 最新的实体名单是：Canada Post Corporation；Canadian Museum of Civilization；Canadian Museum of Nature；Canadian Tourism Commission；Defence Construction（1951）Ltd.；National Capital Commission；National Gallery of Canada；National Museum of Science and Technology；Royal Canadian Mint；Via Rail Canada Inc。

② 有关加拿大皇室企业的名单及皇室企业的法律属性、治理安排、运营环境以及提供的货物或服务相关的信息，详见 https：//www. tbs-sct. gc. ca/gov-gouv/tools-outils/chart/cco-rse-eng. asp。

有限。例如，加拿大邮政公司（Canada Post Corporation）的网站并未公布其采购活动所遵守的法律，但是其指出了这些活动应当遵守NAFTA和AIT的相关规定。[①] 加拿大邮政公司并未提及其亦应当遵守GPA规则，并且其所指的AIT已经于2017年1月1日为CFTA所替代。Via Rail Canada Inc网站也仅公布了一些在采购过程中需要遵守的基本政策和指南。[②] Defence Construction (1951) Ltd则制定了自己的《采购行为准则》（*Procurement Code of Conduct*），其也拥有自己的电子投标系统。[③]

因此，在现有材料的基础上结合加拿大政府采购制度的基本情况，可以做出以下六个基本判断：①加拿大不存在针对皇室企业采购规制的单独和统一立法；②加拿大联邦内阁曾发指令要求纳入GPA规制的皇室企业遵守GPA规则；③加拿大要求在MERX这一电子平台上发布受到GPA规制的采购合同机会；④联邦政府并无针对皇室企业采购程序、采购方式的具体指导；⑤皇室企业在制定采购规则和实施采购行为方面有极大的自主权；⑥若发生质疑投诉，可以向仲裁庭提出。

第九，其他GPA成员方与加拿大之间磋商的主要议题。

其他GPA成员方与加拿大之间的磋商主要围绕以下六个议题展开：①在一般性问题方面，主要围绕加拿大实施GPA要求的方式，针对公共服务合同采购过程中的非歧视问题展开磋商；②在适用范围方面，主要围绕联邦企业及中央政府实体的涵盖范围展开磋商；③在采购程序方面，主要围绕资格预审、选择性采购程序、有限招标程序的使用、接收投标书的最短期限、非竞争性合同、规制公共企业授予合同的程序规则等展开磋商；④如何能够确保不会为规避适用GPA而将单个采购需求拆分展开磋商；⑤在透明性的程序及信息技术的运用方面，围绕邀请函的发布如何符合GPA要求、向供应商和服

① Committed to our customers in our values and leadership [EB/OL]. CANADA POST, https://www.canadapost.ca/web/en/pages/aboutus/details.page?article=howtodobusiness.

② Business opportunities [EB/OL]. VIA Rail Canada, https://www.viarail.ca/en/about-via-rail/buying-and-selling/policies-and-guidelines.

③ Frequently Asked Questions [EB/OL]. DEFENCE CONSTRUCTION CANADA, https://www.dcc-cdc.gc.ca/english/e-bidding_faq/.

务提供者提供采购信息的联系点、通过电子方式接收投标书三个方面的问题展开磋商；⑥在质疑投诉程序及其实施方面，主要围绕仲裁庭的职能范围、政府采购实体针对仲裁庭建议的裁量权、其他监督 GPA 实施的机构或实体、快速的临时措施、快速的仲裁程序、快速的非正式解决方案等问题展开磋商。

加拿大在答复过程中并未直接回答所有提问，有些回答甚至答非所问。

第五章 日本加入GPA法律调整经验研究

一、基本情况概述

日本作为东京回合《政府采购守则》的原始签约国，于1996年1月1日正式加入1994GPA，随后又于2014年4月16加入了2012GPA。

2000年6月20日，日本向WTO政府采购委员会提交了针对其国内法律实施GPA规则进行审查的《问题核查清单》（GPA/37）①。2001年5月，在GPA政府采购委员会会议上，成员方围绕日本国内法律实施GPA的情况进行了审查。②

二、加入GPA时日本政府采购法律制度概述

日本没有全国统一的政府采购法律制度，其中央政府实体和次中央政府实体受到不同采购法律的规制。

日本规制中央政府实体采购活动的主要法律是《会计法》③。该法规定了有关缔约责任、缔约办法、招标方式、缔约形式和其他事项的国家会计责任。除此之外，日本中央实体的采购活动还受到一系列相关法律的约束：①《有

① 参见GPA/37，Committee on government procurement - notification of national implementing legislation - communication from Japan，20/06/2000。

② Committee on government procurement - review of national implementing legislation - Japan，GPA/61，18 October 2001.

③ 《会计法》（*The Accounts Law*），第35号法律，1947年3月31日颁布。

关预算、审计和会计内阁法令》①；②《有关预算、审计和会计内阁法令的特别规定》②；③《合同管理条例》③；④《关于货物或特定服务政府采购特别程序的内阁法令》④；⑤《关于货物或特定服务政府采购特别程序的部门法令》⑤；⑥《关于成立政府采购审查办公室的内阁决定》⑥。政府采购审查办公室的主任由内阁秘书处的秘书长担任。政府采购审查办公室于 1995 年 12 月 14 日发布了《政府采购质疑投诉审查程序》（*The Review Procedures for Complaints Concerning Government Procurement*）。

日本规制地方政府采购实体采购活动的主要法律为《地方自治法》⑦。该法规定了地方政府机构组织和运行有关的一般事项（包含采购合同规则），以及中央政府和地方政府之间的基本关系。除此之外，《地方自治法》的相关法律也适用于地方政府实体的采购活动：①《地方自治法实施法令》⑧。该法令对实施《地方自治法》条文的详细规则和程序做出了规定，并包含采购合同有关事项。②《关于地方政府实体采购货物或特定服务特别程序的内阁法令》⑨。该法令规定了实施 GPA 必要的，除前述《地方自治法》及其实施指令之外的特殊规则和程序。③为实施 GPA 有关质疑投诉程序的规则，地方政府及已授权的市确立了其对各自受理针对受到 GPA 涵盖的采购活动进行质疑投诉的程序。

---

① "Cabinet Order Concerning the Budget, Auditing and Accounting"，第 165 号帝国法令，1947 年 4 月 30 日。

② "Special Provisions for the Cabinet Order Concerning the Budget, Auditing and Accounting"，第 558 号帝国法令，1946 年 11 月 22 日。

③ "Regulations on the Management of Contract Administration"，财政部第 52 号法令，1962 年 8 月 20 日。

④ "Cabinet Order Stipulating Special Procedures for Government Procurement of Products or Special Services"，第 300 号内阁法令，1980 年 11 月 18 日。

⑤ "Ministerial Ordinance Stipulating Special Procedures for Government Procurement of Products or Special Services"，第 45 号财政部法令，1980 年 11 月 18 日。

⑥ "Cabinet Decision on the Establishment of the Office of Government Procurement Review"，内阁决定，1995 年 12 月 1 日。

⑦ "Local Autonomy Law"，第 67 号法律，1947 年 4 月 17 日。

⑧ "Ordinance for Enforcement of the Local Autonomy Law"，第 16 号内阁法令，1947 年 5 月 3 日。

⑨ "Cabinet Order Stipulating Special Procedures for Government Procurement of Products or Specified Services in Local Government Entities"，第 372 号内阁法令，1995 年 11 月 1 日。

对附件3实体而言，GPA的要求已经被转换为这些实体的内部会计规则或内部章程。附件3实体各自的政府职能部门通过其对实体的控制来保证其采购活动符合GPA要求。

三、日本在1994GPA下的出价分析

（一）附件1实体

日本在附件1中，将所有受《会计法》规制的32个国家机关实体都纳入了出价范围。《国家政府组织法》和《设立内阁办公室法》规定的被《会计法》涵盖实体的所有内部分支机构、独立部门、附属组织以及其他组织和地方办公室都在GPA出价范围之内。

货物采购的门槛价被设置为130000特别提款权（Special Drawing Right，SDR），建筑服务的门槛价为4500000SDR，建筑、工程和其他技术服务的门槛价为450000SDR，其他类型服务的门槛价为130000SDR。

日本将附件1实体的某些采购排除在外。比如，日本将受GPA规制的国防部门采购限制在特定货物范围之内，并针对这些货物清单进行了穷尽列举。基于正在销售和正在为销售而生产的货物过程中所使用的货物和服务采购，并不包含在GPA范围之内。

（二）附件2实体

附件2实体为受《地方自治法》涵盖的所有实体，包括被赋予都道府县资格的47个地方政府实体，以及由内阁所指定的12个城市。①

货物采购的门槛价为200000SDR，工程服务采购的门槛价为15000000 SDR，建筑、工程和其他技术服务的门槛价为1500000SDR，其他服务的门槛价为200000SDR。

---

① GPA/37, Committee on government procurement - notification of national implementing legislation - communication from Japan, 2000-06-20.

日本将附件 2 实体的某些采购排除在外。比如，处于市场竞争条件下的，以日常营利活动为目的而授予的合同，不受 GPA 规制；与交通运输安排有关的采购不受 GPA 规制；与电力的生产、传输和配送相关的采购不受 GPA 规制。

（三）附件 3 实体

日本的附件 3 实体包括 A 组（Group A）实体和 B 组（Group B）实体，每一组实体都是穷尽式列举。其中 A 组实体是以公共企业或公司形式存在的实体，包括日本区域开发公司、日本邮政、城市开发公司、日本东部电信电话公司、日本西部电信电话公司、日本国际合作银行、日本石油、天然气和金属国家公司、东京地铁有限公司、日本烟草公司等。B 组实体是非营利性质的实体，包括建筑研究院、民航学院以及食品和农业材料检测中心等。

对于 A 组实体而言，以日常营利活动为目的而授予的合同，并且这些活动都处于市场竞争条件下，不受 GPA 规制。A 组实体和 B 组实体所适用的门槛价有所不同。

此外，日本还针对附件 3 实体所实施的某些特定类型的采购进行了排除适用。例如，公共电子通信设备的采购以及与通信运营安全有关的服务采购都不包含在 GPA 涵盖范围之内。

四、加入 GPA 背景下日本政府采购法律的调整

从时间上判断，日本为加入 1994GPA 至少在以下方面对国内法律进行了调整。

第一，确立了中央政府层面的政府采购审查制度。

1995 年 12 月 1 日，日本内阁办公室颁布了《关于成立政府采购审查办公室的内阁决定》。政府采购审查办公室隶属于首相办公室，是具体实施 GPA 有关投诉程序的机构。政府审查办公室主任由内阁秘书长担任。1995 年 12 月 14 日，政府审查办公室发布了《政府采购质疑投诉审查程序》。

第二，为地方政府实体实施 GPA 制定了额外条款。

为保证地方政府实体切实履行 GPA 要求，日本政府于 1995 年制定了《有关地方政府实体实施货物或特定服务采购特别程序的内阁法令》。地方政府采购在实施 GPA 时除了需要遵守一般公共采购规则，还需遵守该内阁令的额外规则和程序。

第三，为了实施 GPA 有关审查程序的要求，地方政府实体制定了各自的处理质疑投诉审查程序。

五、围绕《问题核查清单》的磋商

（一）法律框架

1. 一般法与特别法

日本在答复《问题核查清单》中列出了一般性的政府采购法律、法规（见本章第二部分有关日本政府采购制度基本情况的介绍）。这些法律基本上保证了 GPA 在日本国内的有效实施。

除此之外，日本还有适用于工程部门的特别采购法律——《促进公共工程公开招标和采购法》①。该法为公共工程提供了一般性政府采购法律、法规未涵盖的额外规则。例如，每个年度公布预期的采购计划、投标人和投标价格的公布、促进工程施工的正当开展、向公平贸易委员会发送有关不正当行为（improper actions）的通知。《促进公共工程公开招标和采购法》适用于评估金额低于日本在附件 5 中设置的门槛价的工程合同。该法涵盖的实体范围包含了日本在附件 1 中列明的所有中央政府实体、附件 2 中列明的所有次中央政府实体，以及准政府机构（包含了附件 3 中列明的部分实体）。

2. 地方政府采购制度与中央政府采购制度之间的差异性

地方政府采购制度与中央政府采购制度两者之间并无明显差别，二者具

① Act for Promoting Public Tendering and Contracting for Public Works, Law No. 127 of 2000.

有诸多相似之处。例如，其有着相似的采购和质疑投诉程序，并都不包含1994GPA 第 14 条所规定的有关谈判程序的规则。

（二）范围

1. 中央政府机构重组对受 GPA 规制的实体清单的可能影响

日本中央政府机构于 2001 年 1 月进行了重组。2001 年 1 月 6 日，日本在答复《问题核查清单》时已将政府重组的相关法律附上。此外，部委和机构的变更引起了日本在 GPA 下实体出价的变化的可能性。从日本的答复情况看，就加入 GPA 出价中的实体而言，此次机构重组仅涉及机构形式方面的变化，而并不涉及 GPA 实体出价的实质性变更。

2. 附件 3 实体如何遵守 GPA 要求

第一，附件 3 实体受哪些政府采购法律规制。

对于附件 3 实体而言，日本在答复《问题核查清单》时指出，GPA 已经被转化成附件 3 实体各自的会计准则或内部章程，并且政府职能部门通过对企业的控制来保证其满足自身采购规则与 GPA 之间的符合性。

美国就此在磋商过程中提出了以下两个问题：①这是否意味着成立每个附件 3 实体的法律都规定了实体必须遵守符合 GPA 要求的程序，并且是否授权职能部门控制附件 3 实体遵守 GPA 的要求？②如果不是，附件 3 实体遵守 GPA 规则的法律义务为何？

日本针对美国的提问进行了以下澄清：①成立每个附件 3 实体的法律，并未规定其是为符合 GPA 要求而必须遵守的程序。这些法律只是规定这些实体必须遵守的一般财务和会计准则，授权职能部门针对附件 3 实体进行控制。②附件 3 实体的会计准则或内部章程规定了必要的条款，以顺利实施 GPA 所规定的门槛价和程序，它们构成了附件 3 实体遵守 GPA 规则法律义务的基础。日本并不存在适用于附件 3 实体的政府采购法律。

第二，职能部门对附件 3 实体的一般监管及涉及履行 GPA 义务的监管。

美国进一步提问：①就政府采购而言，何为职能部门的一般性监管？

②职能部门如何“监管”附件3实体，并保证其采购的实施遵守GPA要求？

日本对此进行了以下澄清：①职能部门的一般性监管是指，根据成立附件3实体的法律，职能部门认为在确有必要的情形下，可以向附件3实体发出指示或指令。②依据成立附件3实体有关的法律和部门指令，这些实体负有制定其会计准则或内部章程的义务，并且这些会计准则或内部章程应当获得职能部门的批准。③日本于1994年签订GPA之后，附件3实体的职能部门（基于其一般性部门监管权）已经要求这些实体制定必要的会计准则或内部章程以实施GPA要求，并对外公布。这些实体制定的会计准则或内部章程已经获得了职能部门的批准或者授权并且已经予以公布。

此外，美国还对职能部门所获得的授权进行了提问：“为了强制附件3实体遵守GPA要求，职能部门需要拥有何种授权？”日本对此进行了以下澄清：①依据成立这些实体的法律，附件3实体有义务在每个财政年度向职能部门提交商业报告（business report）和会计报表。针对这些报告，职能部门可以要求相关实体提交一份有关缔结政府采购合同现状的报告，或者针对其采购实践进行检查（inspect its practice）。如果职能部门认为听取报告和检查的结果显示该实体并未遵守GPA项下的义务，那么在必要时，该职能部门可以根据设立该采购实体的法律所授予的一般性监管权，责成该实体改正其做法。②上述提及的职能部门的职权，以及附件3实体的义务，不包含那些通过修订有关法律已被私有化的附件3实体，或者已经在股票交易市场上市的附件3实体。如日本烟草公司、日本电报和电话公司及日本铁路的继承公司。

第三，自愿（国际）采购措施。

针对超级计算机、计算机产品和服务，非研发和开发性的卫星、电信产品和服务，医疗技术产品和服务以及工程服务，日本引入了自愿（国际）采购措施。为此，瑞士向日本提出了以下四个方面的问题：①为何日本要引入自愿采购措施？②这些措施的主要目标是什么？③这些措施是否经常得到运用？④到目前为止，这些措施取得了哪些成效？

日本进行了以下五个方面的澄清：①就原因而言，为通过非歧视、透明程序和公开、公平竞争的基本原则而进一步促进采购的发展，日本引入了自愿采购措施。②就特点而言，这些措施所设置的门槛价更低（100 000SDR），并且在 GPA 所要求的义务和承诺之外规定了额外的程序。③适用的政府采购领域包括，超级计算机、计算机产品和服务，非研发和开发性的卫星、电信产品和服务，医疗技术产品和服务以及工程服务。除了上述明确提及的领域，日本还存在针对一般货物和服务（建筑工程施工、建筑设计服务、工程和其他技术服务除外）的自愿措施。日本对这些措施也规定了相同的门槛价和相似的程序。换言之，日本的自愿采购措施适用于 GPA 所涵盖的所有采购。④就目的而言，这些自愿措施的主要目的在于确保全面遵循竞争原则。⑤在具体实施方面，日本政府每年会发布一份各行业为自愿采购措施所涵盖的政府采购合同清单。

（三）非歧视

1.《会计法》与履行 GPA 有关国民待遇和非歧视的承诺之间的关联性

日本在答复《问题核查清单》的过程中提到，《会计法》确保或监督 GPA 有关国民待遇和非歧视的待遇得到遵守。

美国就此提出了两个问题：①《会计法》如何确保或监督 GPA 有关国民待遇和非歧视的待遇得到了遵守？②《会计法》是否明确引述了 GPA 的国民待遇和非歧视的待遇规则？如果是，请提供具体条款。

日本针对此问题的回答主要涉及以下两个方面：①《会计法》的采购合同授予程序并未基于供应商的国籍或货物或服务的原产地来限制参与采购程序的资格条件。这意味着，中央政府采购实体被允许制定参与竞争性采购的资格条件，只要这些资格条件对于确保合同适当履行及促进合理竞争而言是不可或缺的。换言之，日本法律没有基于国籍或原产地，对参与者实施限制提供正当性。因此，《会计法》规定的政府采购程序为履行 GPA 的国民待遇和非歧视承诺提供了保障。②《与预算、结算账户和会计条例有关的内阁指令》第 70 条和第 71 条列举了不被允许参与公开招标程序实体的情形（如能力不足的实体），以及实体可以被禁止两年内参与公开招标程序的情形（如实体实施了某些不当行为)。第 72 条要求每个中央政府实体在确定参与资格条件的过程中必须明确有关企业的规模和条件。第 73 条也规定，如果被认为对于确保公平合理而言有必要性，采购官员可以规定额外的资格条件。为此，所有基于国籍而阻止任何外国供应商参与公开招标程序的行为在第 70 条至第 73 条的任何条文中都找不到正当性。相反，基于国籍而限制供应商参与采购的行为将构成违反内阁指令的违法行为。

2. 《地方自治法》及有关地方条例与履行 GPA 国民待遇和非歧视承诺之间的关联性

日本在答复《问题核查清单》时指出，《地方自治法》及相关地方条例规定了与 GPA 项下国民待遇和非歧视承诺相一致的采购程序。

美国对此向日本提问，《地方自治法》及相关条例是否明确地引述了 GPA 项下的相关承诺？日本对此澄清，《地方自治法》及相关条例并未有条款直接引用“国民待遇”或“非歧视”的术语。但是，该法律和相关条例规定，采购合同授予程序需要以确保公平、平等机会及经济优势为基础，因此这些规定确保了相关的国民待遇和非歧视承诺。

3. 非歧视原则和国民待遇原则是否同样适用来自非 GPA 成员方的投标书

瑞士在磋商中对此问题表达了关切。日本在澄清过程中答复，基于对国内法律的解释，对于中央政府实体和次中央政府实体的采购合同，国民待遇和非歧视原则适用于来自所有国家的投标，包括 GPA 成员方在内。

4. 就日本法律是否要求外国供应商满足工作条件方面要求的提问

瑞士在磋商过程中提问，日本法律是否要求在日本参与政府采购合同的外国供应商满足有关工作条件（工资、社会保障和社会利益等）方面的要求。

日本从以下两个方面做出了澄清：①国家层面实施 GPA 的法律并未包含要求参与日本政府采购合同的外国供应商满足有关工作条件的任何条款；②如果《劳动基准法》或者有关工程或其他服务部门的企业法律包含涉及工作条件的条文（工资、社会保障和社会利益等），这些条文将不仅适用于在日本运营的外国企业，也同样适用于日本企业。在这种情形下，外国企业需要遵守相关法律。如果在日本运营的外国企业未遵守日本国内法律和条例规定的任何规定，其将会失去参与政府采购或者缔结政府合同的资格。

5. 关于外国供应商参与日本政府采购市场的比例与中标率问题

瑞士提问：根据1997年统计报告，就门槛价以上的中央政府实体的采购而言，其中的94%被授予了日本投标人，那么未来日本能够通过何种方式来提高外国投标人的参与程度以及向外国投标人授予合同的比例？

日本回答：①如前所述，日本已经在某些领域采取了自愿性的（国际）采购措施以进一步促进非歧视、透明、公平和公开竞争的采购；②GPA项下的程序性规则以及上述提及的自愿性（国际）采购措施都只能为外国供应商参与采购程序提供非歧视、透明、公平和公开竞争的机会，而不一定保证外国供应商获得采购合同的结果；③1999年的统计报告显示，某些特定产品采购领域的外国产品中标率相当高。例如，对于“矿产品”（土壤和岩石、原油重油、金属矿石），采购外国产品比例高达98%（依据采购合同数量计算）；对于“航空器及其附属设备”，这一比例达到了66%（依据采购合同数量计算）。

（四）采购程序

1. 永久供应商名单的运用

加拿大提问：在选择性采购程序中运用永久供应商名单的情形下，向永久供应商名单中新增供应商的流程是什么？供应商是否在任何时间都可以加入名单？

日本回答：感兴趣的供应商可以在任何时间申请加入中央政府实体所使用的永久供应商名单。供应商名单中的供应商资格一般有两年的有效期，次中央政府实体在实施选择性采购程序时也规定了类似的程序。

2. 资格条件的要求

自2001年4月开始，中央政府实体在公开招标程序和选择性招标程序中的供应商资格条件已经得到了统一，但公共工程合同的采购例外。

3. 有限招标程序

根据1997年统计报告，中央政府实体所实施的门槛价以上的采购中有27.6%是依据有限招标程序实施的，并且一般无发布公告。这些运用有限招标程序的采购大部分（占比70%）涉及艺术工作和知识产权［GPA第15条（b）款规定的情形］，以及向原有供应商添购［GPA第15条（d）款规定的情形］。

瑞士对日本适用有限招标程序的情况进行了提问：①为何存在大量与知识产权有关的采购？②是否有购买如此大量的与保护排他性权利有关货物的必要？③可以采取何种措施以降低基于GPA第15条（b）款和（d）款规定的情形而适用有限招标程序的比例？

日本做出如下澄清：日本并未就附件1实体基于GPA第15条（b）款和（d）款规定的情形而适用有限招标程序的较高比例展开全面调查。但是对于GPA第15条（b）款规定的情形，一个可能的因素是，许多实体委托供应商制作电视节目和录像带，或者编辑宣传手册和杂志以用于公共关系活动。对于第15条（d）款的适用，一个典型的例子是，对于特定计算机系统的计算机网络运营和维护合同，如果有供应商已经开发了这一项目并能够运营和维护它，那么将该计算机网络的运营或维护服务委托给其他供应商就不合理。日本还需要进一步研究如何降低适用有限招标程序的比例。

（五）信息的发布和存档

1. 日本法律不允许将采购计划公告和资格预审公告视为参与采购的邀请

适用于中央政府采购实体的《会计法》及其相关条例并未规定1994GPA第9条第3款[①]所规定的程序，这表明日本法律不允许中央政府实体将采购计划公

① 该款规定：附件2和附件3中的实体可以按第7款规定使用计划采购通知，或者按第9款的规定使用关于资格审查制度的通知，作为参加采购的邀请。值得注意的是，该项灵活性仅仅赋予了附件2和附件3实体，并不包括附件1中央政府实体。

告和资格预审公告视为参与采购的邀请。由于规制附件 3 实体的政府采购程序基本上遵循规制中央政府实体的模式，这一灵活性也并未被赋予到附件 3 实体上。对于次中央政府实体而言，《地方自治法》及其相关条例也未规定相关程序。

对此，瑞士在磋商过程中向日本提出了以下两个问题：①选择这种规制方式的理由为何？②为何不赋予日本采购实体和投标人这种可能性？其优点和缺点为何？

日本做出了如下澄清：①就原因而言，决定实施计划采购之时发布参与邀请是合理的，因为在发布采购计划公告或当发布资格预审公告时，实施采购的时间并不确定。从减少对于供应商的不确定性角度来看，这也是恰当的，因为计划采购可能会变更、延期或者暂停。②在次中央政府实体层面，没有采纳 GPA 第 9 条第 3 款规定的程序的原因是，GPA 第 9 条第 7 款和第 9 款规定的有关采购计划公告和资格预审公告中应当包含的信息要少于《地方自治法实施法令》第 167 条第 6 款要求拟采购通知中所包含的信息，如果采纳 GPA 第 9 条第 3 款规定的程序则会降低目前采购制度的透明度。

2. 在多大程度上会提供英文版本的招标文件

日本法律针对不同实体的采购设置了不同要求：①对于根据自愿采购措施所实施的政府采购，附件 1 和附件 3 中列明的实体为每个被 GPA 涵盖的竞争性招标采购提供了英文简介；②对于附件 2 实体而言，相关财务或合同法律要求采购实体在受 GPA 规制的采购的每一项竞争性招标公告中用英语、法语或者西班牙语说明其打算采购的货物或服务的属性和质量、招标期限以及与该项采购相关的联络点；③根据《公共工程招标和采购改革行动计划》，附件 1 和附件 3 实体在采购受 GPA 规制的公共工程时，已于公告中用日语和英语发布了工程标的物，与招标程序有关的申请表格和相关文件，提交投标书的截止日期以及可以获取招标文件的联络点等信息。

（六）期限

1. 投标截止期限

日本在答复《问题核查清单》时提及，其原则上延长了接收投标书的期限，即从发布招标公告之日起的50日。

加拿大提问：这50日期限是最短投标期限还是最长投标期限？

日本回答：此处所提及的50日是最短投标期限，即从发出招标公告之日起到投标截止日。这一期限是自愿采购措施中的期限，个别政府实体可能会基于其自身的判断设置长于50日的期限。

2. 附件3实体对于投标截止期限的遵守

美国提问：是否存在具体的法律、法规要求附件3实体遵守GPA第11条关于期限的要求？

日本回答：附件3实体的会计标准或内部章程确保了这些实体遵守GPA第11条所列有关期限的要求。如果附件3实体被认定为未遵守有关期限的要求，负责监管该实体的职能部门可以基于部门一般监管权要求其改善做法。

（七）质疑投诉机制

（1）如果供应商不满意政府采购审查委员会的决定，进行申诉的流程是什么？

这是来自加拿大的提问。对此，日本答复：政府采购审查办公室于1995年12月14日公布了《政府采购质疑投诉审查程序》，但是该程序并未就供应商不满意政府采购审查委员会决定而进行上诉的程序进行规定。在该情形下，供应商可以根据日本的司法程序针对采购决定向法院起诉。

（2）有利害关系的供应商可以针对采购实体的哪些决定进行质疑投诉？

每年在中央政府层面和次中央政府层面要处理质疑投诉案件的数量为多少？在中央政府层面和次中央政府层面质疑投诉者提出了哪些问题？在次中

央政府层面，如何组织质疑投诉程序？以上为来自瑞士的提问。日本答复如下。

第一，中央政府层面的质疑投诉程序。

《政府采购质疑投诉审查程序》第5条第1款规定，“当供应商怀疑违反协定（例如GPA）或者其他措施（政府采购审查办公室主任制定的可以适用的其他措施）的任何条款时，其可以通过书面形式就采购程序的任何时间点向委员会投诉”。为了实施GPA第20条的有关规定，日本绝大部分的质疑投诉都是通过与采购实体进行磋商的方式解决。自从1996年引入质疑投诉程序以来（至2001年），政府采购审查委员会只接收过3起投诉。

第二，地方政府层面的质疑投诉程序。

附件2中列明的次中央政府实体，都有各自的质疑投诉程序，其与中央政府的质疑投诉程序相似。日本并未针对次中央政府的质疑投诉程序进行介绍，只是表示从各地方政府的联络点可以获取与其质疑投诉程序有关的信息。

（3）针对有限招标适用决定的审查程序。

美国的理解为，针对不用竞争性招标进行采购的决策，亦即使用有限招标进行采购的决策，每个采购实体都有一个审查程序。因此希望日本提供与审查程序有关的信息。

日本认为，针对适用有限招标的决定提供审查程序并不是一项GPA的强制性义务，其不同于GPA第20条所规定的质疑投诉程序。因此，针对受GPA涵盖的实体做出适用有限招标的决定，日本并未制定有关审查程序，日本政府也尚未全面掌握有关这类审查程序的信息。鉴于美国针对此问题进行了一系列提问，日本基于中央政府实体的一般性做法提供了如下信息。

第一，请解释审查机制如何工作？

当负责采购的办公室针对一项具体的采购项目提交适用有限招标程序的申请时，另一个机构（如负责财务或者会计的办公室或者该采购实体内部成立的一个特殊委员会）将对该申请进行审查。

第二，审查是在授权适用有限招标程序之前进行还是在有限招标程序已经实施之后进行？

中央政府实体在批准适用有限招标程序之前实施审查。

第三，日本政府是否确保在所有采购实体内部，审查人评估有限招标决定时使用了一系列通用的标准？是否存在一个政府范围内适用的示范文件或者指南来确定和实施这些审查？

由于每个采购实体依据其裁量权实施审查程序，并不存在一系列标准、政府范围内的示范文件或者指南。

第四，在采购实体内部，审查人将向谁进行报告？

审查人将向申请采用有限招标程序的办公室来报告其是否批准申请。

第五，审查人使用何种标准评估在具体采购项目中采用有限招标程序的妥当性？

审查人会审查申请，检查其是否满足GPA《关于货物或特定服务政府采购特别程序的内阁法令》及其他法律中有关运用有限招标的要求。

第六，日本是否能够举例说明在哪个案件中审查人否决了适用有限招标程序的申请，并要求适用竞争性程序？

1999年年度审计报告包含的一项报告，指出了审计委员会（The Board of Audit）建议国有大学的医院采取适当措施，将采用有限招标方式采购为病人提供的餐饮服务转变为采用公开招标方式实施采购。

第七，有限招标决定审查机制是否独立于采购官员以确保审查的客观性？

正如前述，审查有限招标决定的机制应独立于采购官员，以确保审查的客观性。

第八，对有限招标的决定是否存在采购实体之外的机构的审查（如财政部）？

审计委员会审计中央政府实体的会计信息。审计委员会在其职能范围内也同样审查这些实体所实施的采购合同，以核查是否基于《会计法》及相关法律保障竞争，以及是否确保采购的经济性。从该角度来看，审计委员同样会对每个适用有限招标程序实施采购合同的妥当性以及竞争性采购是否得到了适当的实施进行审查。

（4）政府采购审查委员会是否可以在合同授予和签订后要求暂停合同

履行？

关于有关采购实体暂停执行和履行合同，上述《政府采购质疑投诉审查程序》第5条第（6）款第（iv）段规定，“采购实体应在收到委员会的请求后立即暂停执行或履行合同”。但是，“如果采购实体负责人认为基于紧急且令人信服的情况而不能接受委员会的请求，采购实体可能无法暂停合同履行，但应立即书面通知委员会，并给出理由”。

（5）针对处于合同实施阶段的质疑投诉和合同履行的暂停，何者承担暂停成本？

中央和地方政府的质疑投诉程序中都没有条文规定谁将承担暂停合同履行的成本。

（6）质疑投诉过程中的信息披露问题。

1994GPA第20条第6款（c）项规定：“参与人可以参与所有申诉程序。”美国就此提问：①这是否意味着进行投诉的供应商可以获取采购实体向委员会提供的所有文件和材料？②采购实体向委员会提供的信息，投诉的供应商是否可以获取？[①]

对此，日本引用了《政府采购质疑投诉审查程序》中第5条第（7）款（iii）项规定：当委员会认为有必要评估所提交的简报、请求或者其他文件是否会损害公共利益或者可能严重威胁到公共实体履行其职责时，委员会可以要求采购实体提交有关信息，但是委员会不应当向任何人披露该信息。

第5条第（9）款（iii）项规定：委员会不应当向第三方披露供应商所提供的有关供应商的任何商业秘密、制造工艺或者知识产权方面的信息，或者任何其他保密的商业信息，除非供应商同意。

（7）投诉处理决定书的公开。

加拿大提问：政府采购审查委员会的决定在何处提供？这些决定是否可以在互联网网站上得到？

日本回答：政府采购审查委员会的决定可以在内阁政府采购审查办公室

① Is the procuring entity allowed to provide information to the board to which the complaining supplier would not be allowed access?

的网站上公开获取。

（八）其他问题

美国提问：我方注意到在日本公共工程市场发生了多起被公开报道的串通投标案件，请问日本采取了哪些具体措施来解决工程采购中的串标现象？

日本回答：《促进公共工程公开招标和采购法》已经于2001年4月开始实施。该法案规定了诸如确保招标/采购程序的透明度、促进公平竞争和废除不正当行为等原则。该法规定了反不正当行为的措施，如当公共工程采购实体意识到可能存在不正当行为（如不恰当地公布招标和合同信息、操纵投标）时，该采购实体有义务告知公平贸易委员会其充分据以怀疑的事实。

六、小结

第一，日本不存在专门规制政府采购活动的统一立法。

日本有关政府采购的国内一般性立法为《会计法》《预算决算与账目公开条例》《合同式商业交易法规》等。日本地方政府则以《地方自治法》作为地方政府采购的基本法律。

日本地方政府享有一定的自治权，因此并不存在全国统一适用的政府采购制度。如中央政府采购实体适用一套质疑投诉制度，而地方政府有其各自的质疑投诉制度。但是从磋商的过程中可以看出，日本中央政府采购制度和地方政府采购制度之间并无重大差别。虽然其制度不统一，但是采购规则之间存在很大程度的相似性。此外，两者在实施1994GPA规则时都未规定第14条有关谈判程序的采购规则。

第二，中央和地方政府颁布了实施GPA规则的采购规则。

为推动日本国内实施GPA规则，中央政府和地方政府都分别制定了相关采购规则和政策措施。例如，为推动工程招标采购符合GPA规则，在GPA正式对日本生效实施的两年前，日本就已经颁布了《公共工程招标和采购改革行动计划》。1995年11月，日本制定了《地方自治法实施法令》。日本政府审查办公室也于 1995 年 12 月 14 日颁布了《政府采购质疑投诉审查程序》以用于处理涉及中央政府实体授予政府采购合同过程中违反 GPA 要求及其他任何法规的情形。

第三，日本针对 GPA 未涵盖的公共工程合同制定了单独立法。

《促进公共工程公开招标和采购法》适用于合同评估金额低于日本在 GPA 项下关于公共工程合同列明的门槛价的工程采购。

第四，确保附件 3 实体遵守 GPA 要求的方式。

日本未针对附件 3 中实体的采购活动颁布专门的政府采购规则，甚至也没有在有关设立附件 3 实体的一般性法律中提及任何有关需要履行 GPA 义务的条款。日本主要通过以下途径来确保附件 3 实体遵守 GPA 要求：①有关设立附件 3 各个实体的一般性法律，授权一个政府职能部门作为监管机构。该法律也会要求附件 3 实体遵守一般的财务和会计准则。②在附件 3 实体被列入日本在 GPA 项下的出价清单之后，这些附件 3 的相关职能部门要求附件 3 实体制定必要的会计准则或内部章程来实施 GPA 要求。这些会计准则或内部规章需要获得相关职能监管部门的批准或者授权并且对外公布。③依据成立这些实体的法律，附件 3 实体在每个财政年度有义务向职能部门提交商业报告和会计报表。针对这些报告，职能部门可以要求相关实体提交一份有关政府采购合同现状的报告或者针对其采购实践进行检查。如果职能部门认为听取报告和检查的结果显示该实体未遵守 GPA 项下的义务，那么在必要时该职能部门可以根据设立该采购实体的法律所授予的一般监管权，责成该实体改正其做法。

但是对于已经被私有化的附件 3 实体或者已经在股票交易市场上市的附件 3 实体，则不存在这类负有监管职能的职能部门。这类附件 3 实体，自主地制定了会计准则或内部章程或类似文件，并且根据 GPA 规则来实施其采购行为。目前尚不明确如何保障附件 3 实体切实遵守 GPA 要求。

第五，日本政府采购基本法律确保了履行 GPA 项下国民待遇和非歧视待遇的方式。

《会计法》作为日本规制中央政府实体政府采购行为中最为主要的基本法

律，并未明确引述GPA的国民待遇和非歧视待遇规则。但是，《会计法》的采购合同程序不以供应商的国籍、货物或服务的原产地来限制参与采购程序的资格条件。为此，基于供应商国籍来歧视外国供应商或基于货物、服务的原产地来歧视外国产品或服务在《会计法》中没有正当性依据。

《地方自治法》及其相关条例也没有条文明确地引述GPA中的“国民待遇”或非歧视术语。但是，该法律和相关条例规定采购合同程序需要以确保公平、平等的机会以及经济优势为基础，因此这些规定可以确保国民待遇和非歧视相关的承诺。

第六，为鼓励更高水平政府采购市场的开放，日本实施了自愿（国际）采购措施。

为了通过非歧视、透明程序和公开及公平竞争的基本原则进一步促进采购的发展，日本引入了自愿（国际）采购措施。自愿采购措施所涉及的采购范围要高于日本在GPA中的出价。因为这些措施所适用的门槛价为1000000SDR，要低于日本在GPA中设置的1300000SDR。值得注意的是，自愿采购措施被鼓励适用于所有已经在GPA项下开放的货物、服务和工程，但对日本在GPA出价中已经明确做出排除的货物、服务和工程并不适用。

此外，自愿采购措施规定的规则也要高于GPA规则的要求。如等标期的最短期限由GPA所规定的40日延长至50日；若适用有限招标方式实施采购，必须在计划授予合同之日的前20日内对外发布公告，以澄清其适当性。

第七，有限招标程序的适用比例较高，针对适用有限招标程序的决定不存在统一的审查程序。

实施有限招标程序的采购占比很高，尤其是涉及艺术工作和知识产权以及向原有供应商添购等情形。

日本认为，针对有限招标决定提供审查程序在GPA项下并不是强制性的义务。因此，日本并未就受GPA规制的实体做出实施有限招标决定的审查程序，这类采购实体拥有制定这类审查程序的裁量权。

审计委员会在其职能范围内同样可以通过审查这些实体所实施的采购合同，以核查是否基于《会计法》及相关法律保障竞争，及是否确保采购的经济性。审计委员会也会审查每个适用有限招标程序实施采购合同的恰当性及竞争性采购是否得到了适当的实施。

第八，日本法律不允许将采购计划公告和资格预审公告视为参与采购的邀请。

日本的中央和地方政府采购规则都不允许采购实体将采购计划公告和资格预审公告视为参与采购的邀请。其理由是，在发布采购计划公告或者发布资格预审公告时，实施采购的时间并不确定。这种采购时间的不确定会给供应商带来不确定性，因为采购计划有可能会变更、延期或暂停。因此，在决定实施采购计划时，而非发布采购计划或仅在发布资格预审公告时，发布参与邀请是合理的。此外，地方政府采购规则针对发布参与邀请的通知中比采购计划公告和资格预审公告中所要包含的信息更多、更透明。总之，如果采纳1994GPA第9条第3款的建议，将会削弱透明度。

第九，质疑投诉机制。

日本中央和地方政府未适用统一的质疑投诉程序。

在中央政府层面，当供应商怀疑对方违反了GPA的任何条款时，其可以通过书面形式在采购程序的任何时间点上向政府采购审查委员会提交投诉。但是，为实施GPA第20条的有关规定，日本绝大部分的质疑投诉都是通过与采购实体进行磋商的方式解决的。

在接到政府采购审查委员会的有关请求之后，采购实体应当立即暂停实施或者履行合同。但是，如果采购实体负责人认为存在紧急和令人信服的情况，则可以不接受政府采购审查委员会的请求，但同时必须将其决定及理由以书面形式及时通知政府采购审查委员会。政府采购审查委员会不应当向第三方披露供应商所提供的任何有关自身的商业秘密、制造工艺或者知识产权方面的信息，或者任何其他保密的商业信息，除非供应商同意。

附件2中列明的次中央政府实体都有其各自的质疑投诉程序，其与中央政府的质疑投诉程序相似。日本并未针对次中央政府的质疑投诉程序进行介绍，只是表示从各地方政府的联络点可以获取与其质疑投诉程序有关的信息。

第十，工程采购领域的串通投标现象。

在GPA成员方之间针对国内法律实施GPA规则问题进行磋商的过程中，也有成员方关注到日本公共工程采购领域存在多起串通投标的案件。对此，日本指出其已经通过了《促进公共工程公开招标和采购法》。根据该法，当公共工程的采购实体意识到可能存在不适当行为时，其有义务告知公平贸易委员会其据以充分怀疑的事实。

第十一，围绕日本答复《问题核查清单》的磋商。

在围绕日本答复《问题核查清单》的磋商中，其他GPA成员方主要关注以下九个方面的问题：①日本政府采购法律制度的澄清，如地方政府采购制度与中央政府采购制度之间的差异性。②政府采购法律规制范围和受GPA规制的实体范围问题，如中央政府机构重组可能对受GPA规制的实体清单的影响。③受GPA规制的实体如何遵守GPA要求，如附件3实体受哪些政府采购法律规制，职能部门对附件3实体的一般监管及涉及履行GPA义务的监管。④自愿采购措施的主要目标、运用的程度、取得的成效等。⑤非歧视，如《会计法》与履行GPA国民待遇和非歧视承诺之间的关联性，非歧视原则和国民待遇原则是否也同样适用于来自非GPA成员方的投标书，日本法律是否要求与其缔结政府采购合同的外国供应商满足工作条件等方面的要求等。⑥采购程序，如永久供应商名单的运用、资格条件的要求、有限招标程序的适用等。⑦信息的发布和存档，如日本法律不允许将采购计划公告和资格预审公告视为参与采购的邀请。⑧期限设置，如投标截止期限、附件3实体对于投标期限的遵守。⑨质疑投诉，若供应商不满政府采购审查委员会的决定，则其进行申诉的流程是什么？感兴趣的供应商可以针对采购实体的哪些决定进行质疑投诉？每年在中央层面和次中央层面要处理多少质疑投诉的案件？在中央层面和次中央层面质疑投诉者都提出了哪些问题？在次中央政府层面，质疑投诉程序是如何组织的？针对有限招标决定适用的审查程序是什么？针对处于合同实施阶段的质疑投诉和合同履行的暂停，何者承担暂停的成本以及质疑投诉过程中的信息披露问题？

第六章　韩国加入 GPA 法律调整经验研究

一、基本情况概述

韩国于 1979 年开启了加入 GPA 的进程，并提交了初次出价清单，随后又分别于 1980 年和 1982 年提交了修订后的出价清单。但是，当时的韩国仍是一个发展中国家，其并不愿意在政府采购市场的开放上做出太大的承诺，也无法满足其他参加方的互惠要求。因此，其出价清单未能为其他国家所接受，韩国第一次加入 GPA 的尝试以失败告终。

1989 年，美国在与韩国的双边贸易谈判中，质疑韩国一些公用事业公司的采购做法，并建议其再次申请加入 GPA。韩国政府在重新评估自己的政府采购制度之后，决定同意美方的建议。这主要是出于三个方面的考虑：一是避免在政府采购方面与美国等贸易伙伴的贸易摩擦；二是获得进入其他国家的政府采购市场的机会；三是通过政府采购的国际化和自由化，改善本国的政府采购制度，提高自身政府采购的效率。1990 年 3 月，韩国正式向政府采购委员会提交了加入 GPA 的申请。同年 6 月，韩国提交了初步出价清单，随后开始了谈判。初步出价清单覆盖了 35 个中央政府机构和两个国有公司。

但在 1991 年 4 月，GPA 的主要参加方提出韩国应直接参与乌拉圭回合的 GPA 谈判。这意味着，尽管 GPA 参加方尚未就新 GPA（后来的 1994GPA）达成一致，韩国作为“正在申请加入”的参加方，需要在新 GPA 覆盖范围的基础上进行加入谈判。相较于东京回合《政府采购协定》，新 GPA（1994GPA）谈判在涵盖范围上已经扩展到地方实体、其他实体和服务采购等新议题。韩国政府在考虑过后，于 1991 年 8 月同意继续进行谈判。随后，韩国于1992年5月提出了新的初步出价清单，又于1993年10月和12月分别提交了经修改的出价清单。最后一份出价清单得到其他参加方的认可，于是韩国在1994年4月15日签署了新GPA。如果自1979年首次提出谈判申请算起，韩国加入GPA的历程长达15年。

GPA于1997年1月1日起正式对韩国生效。韩国向WTO政府采购委员会提交了《问题核查清单》。① 1998年10月至2000年9月，韩国与其他GPA成员方之间围绕《问题核查清单》进行了多次磋商，② 本章针对韩国案例的研究，主要基于这两份文件的分析。2016年1月14日，韩国成功加入2012GPA。

二、韩国在1994GPA下的出价分析

（一）附件1实体

韩国在附件1中采用穷尽列举的方式列明了受到GPA规制的中央政府实体。针对这类实体，货物和服务采购的门槛价都是130000SDR，建筑服务的门槛价是5000000SDR。

值得注意的是，针对附件1实体，韩国在附件1备注中进行了以下五点说明：①上述中央政府实体包含了其在《韩国政府组织法》中所规定的附属机构（subordinate linear organizations）、地方特别行政机构以及附属单位。②GPA不适用于以转售为目的的采购或为销售所进行的货物生产或服务提供中所开展的采购活动。③GPA不适用于依据《国家合同法》（the Act Relating to Contracts to which the State is a Party，ARCSP）及其总统令规定的单一来源

① Committee on government procurement - notification of national implementing legislation - communication from the republic of Korea，GPA/12，11 February 1997；Committee on government procurement - notification of national implementing legislation - communication from the republic of Korea - revision，GPA/12/Rev. 1，9 June 1997.

② 这些磋商被总结在WTO政府采购委员会的一份文件中。Committee on government procurement - review of national implementing legislation - Korea，GPA/47，15 March 2001.

采购（single tendering procurement），以及给中小企业的预留，也不适用于依据《粮食管理法》、《农、渔产品营销和价格稳定相关法律》（*The Law Concerning Marketing and Price Stabilization of Agricultural and Fishery Products*）和《畜牧法》所规定的农业、渔业和畜牧产品的采购。④在韩国正式加入 GPA 之后的 5 年内，GPA 不适用于《航空航天工业发展促进法》所规定的卫星采购。⑤国防后勤局应当被视为国防部的一部分。韩国穷尽式地列举了国防采购不涉及国家安全和国防安全、纳入 GPA 出价的货物清单。

（二）附件 2 实体

韩国在附件 2 中列明了 15 个次中央政府实体。附件 2 实体适用的门槛价，货物采购和服务采购的门槛价都是 200000SDR，建筑服务采购的门槛价是15000000SDR。

针对附件 2 实体，韩国也做出了与附件 1 实体大体一致的备注说明和例外规定。只不过针对附件 2 实体不涉及农、渔、畜牧产品采购的排除适用，也不涉及国家和国防安全例外的排除适用。

（三）附件 3 实体

韩国在附件 3 中列举了 17 个其他实体，其中有 2 家银行，13 家企业。①

针对附件 3 实体，货物采购的门槛价是 450000SDR，建筑服务采购的门槛价是 15000000SDR。

针对附件 3 实体，服务采购并未被纳入出价，韩国也针对基于转售为目的的采购、适用单一来源的采购和为中小企业预留的采购②，以及卫星采购方面进行了排除适用。

此外，韩国还在 GPA 附录 I 的总备注中限定了某些采购合同向部分 GPA

---

① 另外两家为：Korea Tourism Organization 和 Korea Workers' Compensation and Welfare Service。

② 韩国在其 GPA 出价的附录 I 附件 3 备注 2 规定，"This agreement does not apply to the single tendering procurement and set-asides for small and medium-sized businesses according to the Act Relating to the Public Entities' Operation and the Rules Relating to the Public Enterprises and Quasi-Government Entities' Contracting Matters"。

成员方开放。例如，直到韩国认为其企业可以平等有效地进入欧共体成员方、奥地利、挪威、瑞典、芬兰和瑞士相关市场之前，韩国不对这些国家的供应商和服务提供者开放韩国国家铁路局授予的合同、附件1实体所授予的与机场相关的采购合同、附件1和附件2实体所授予的城市交通采购（含地铁）。

三、加入1994GPA之后的韩国政府采购法律框架

（一）政府采购基本法律

《国家合同法》（*The Act Relating to Contracts to which the State is a Party*，ARCSP）是韩国规制政府采购的基本法律。除非其他法律另有规定，政府采购行为的实施应当遵守该法。

该法主要针对以下八个方面进行了规制：①在政府采购合同的规制范围方面，政府机构（根据GPA及GPA所包含的国际术语来确定“政府机构”的范围）所缔结的超过财政和经济部确定的门槛价的货物、建筑工程和服务合同；②GPA所允许的不适用国际招标的特殊情形；③可以自愿适用国际招标的情形，即在必要时，各中央机构的首长可以决定运用国际招标的形式来采购货物、服务，即使该项采购活动并不受GPA规制；④合同的订立原则；⑤选择中标人的决定；⑥政府采购过程中的竞争性原则；⑦限制不合格企业法人参与投标资格的条件和程序；⑧国际合同纠纷调解委员会受理和处理质疑投诉的程序，以及调解结果的法律效力。

《国家合同法实施令》（*The Enforcement Decree of the Act Relating to Contracts to which the State is a Party*）则在缔结采购合同的原则、合同价值的评估、竞争性采购方法、资格条件、采购公告的发布、选择中标供应商、单一来源采购的适用条件等方面进行了进一步详细规制。

此外，所有受到GPA规制的采购活动还同时受到《国家合同法实施令有关特定政府采购的特别条例》（*The Special Regulation of the Enforcement Decree of the ARCSP for a Specific Government Procurement*）（以下简称《特别条例》）的

规制。《特别条例》不仅适用于受 GPA 规制的采购活动，还规制了其他类型的国际招标活动。《特别条例》主要从采购合同的授予原则、采购程序、国际招标的语言、资格条件、采购意向公告的发布、质疑投诉程序和国际合同纠纷调解委员会等方面对其他类型的国际招标活动进行规制。

（二）与政府采购相关的其他法律

《政府采购业务法》（*The Act on Government Procurement Business*，AGPB）主要涵盖了韩国供应办公室（The Office of Supply of the Republic of Korea，OSROK）实施集中政府采购制度的有关条款。如果韩国中央政府和地方政府实体采购货物合同的金额高于 5000 万韩元，工程采购合同金额高于 20 亿韩元，则其采购活动应当通过 OSROK 实施。政府投资的机构在必要情形下，也能够委托 OSROK 实施采购活动。

韩国地方政府采购制度主要受《地方财政法》（*Local Financing Act*）及其主要实施指令的规制。《地方财政法》及其主要实施指令的大部分条款都引述了 ARCSP 的条文。因此，韩国政府认为其地方政府实体与中央政府实体所适用的基本采购制度是一致的，两者之间的不一致主要体现在以下方面：在地方政府采购层面，如果工程采购合同评估价值低于 50 亿韩元，采购实体可以将投标参与者的资格条件限制为“在其辖区内营业的企业”，即可以对投标人的资格进行地域歧视，排除非在本地营业的企业参与投标。但是依据 ARCSP 及其实施指令规定，这类针对工程合同的歧视性政策仅适用于合同评估价值低于 30 亿韩元的情形。

政府投资企业的采购活动主要受到《政府投资企业管理法》（*The Government-invested Enterprise Management Law*，GIEML）及财政和经济部颁布的行政法规的规制。GIEML 与 ARCSP 之间的不一致主要体现在受规制实体的范围和单一来源采购规则方面。GIEML 针对单一来源采购制定了特别规则。除此之外，GIEML 的主要条款都引自 ARCSP。为此，韩国政府也认为其政府投资实体与中央政府实体适用相同的基本采购制度。

四、加入 GPA 背景下韩国政府采购法律的调整

韩国于1997年的3月和6月分别向WTO政府采购委员会提交了两份针对国内如何实施GPA规则的《问题核查清单》的答复（GGPA/12和GPA/12/Rev. 1）。

（一）一般性问题

1. 在国内实施GPA规则的方式

韩国通过将GPA规则转化成国内法律和法规的方式实施GPA规则，如ARCSP、《地方财政法》以及GIEML①。其中，ARCSP是规制中央政府实体采购活动的基本法律。《国家合同法实施令》《特别条例》是对ARCSP的具体实施（见本章第三、（一）部分讨论）。

2. 中央与地方采购制度

韩国次中央政府实体有其自己的政府采购制度，如《地方财政法》关于政府采购的规定。但是该法基本上遵循了适用于中央政府实体的采购规则——ARCSP。

3. 附件3实体所适用的政府采购规则

在韩国，附件3实体，如政府投资企业的采购活动，受到GIEML的规制。该法基本上遵循了ARCSP的条文。

4. 中央政府实体、次中央政府实体以及附件3实体之间所适用的政府采购规则的主要差异

这三类实体所适用的采购规则并无较大的不同，但其在某些方面也存在差异，如关于区域性限制以及单一来源采购方式的适用条件。

① 韩国政府在答复清单的过程中前后使用的术语并不一致，但从表述的内容来看应当指的是同一部法律。

（二）具体问题

1. 实施GPA第三条有关国民待遇和非歧视承诺的国内法律条文

ARCSP的第5条及《国家合同法实施令》第4条实施了GPA第3条有关国民待遇和非歧视承诺。

2. 有关次中央实体和附件3实体使用计划采购通知或者资格审查通知，作为参与投标邀请书的可能性

在韩国，任何一个实体都可以根据1994GPA第9条第3款的规定来使用计划采购通知。实体可以在公告中发布每个财政年度具体采购合同中计划采购的货物、工程和服务。计划采购通知中应当包含GPA相关条款的表述。

3. 永久供应商名单的使用

考虑到施工能力、技术和管理现状，在必要的情形下，实体可以使用永久供应商名单。供应商的资格条件可以由采购实体确定（由《国家合同法实施令》第10条规定），针对加入供应商名单的要求是固定的。

4. 采购过程中是否允许谈判的问题

韩国的招标采购程序允许谈判。在必要时，考虑到合同的属性、紧急性以及国家安全，中央机构首长或其官员可以接收投标建议书，并就技术方案、质量等方面进行谈判后缔结合同。

5. 期限

投标期限为公告发布之后的至少40日。根据GPA的规定，韩国国内采购法律也设置了一些例外情形：①在发布紧急采购公告的情况下，投标期限为公告发布之后的至少10日内；②在发布计划采购公告的情形下，投标期限为公告发布之后的至少24日内。

6. 招标采购程序中所使用的语言

招标采购程序中韩语为基本语言。但在必要时，也可以使用外国语言（包括WTO官方语言）（《国家合同法实施令》第8条规定）。

（三）质疑投诉程序

韩国为对供应商救济请求开展调查和调解，在财政和经济部成立了国际合同纠纷调解委员会。该委员会的主席由财政和经济部副部长担任，其成员一共有15人，由财政和经济部指定的教授和律师以及主要采购实体的首长指派的官员组成。

在国际招标采购过程中，如果有任何供应商认为采购实体的措施因违反GPA要求而对其产生了不利影响，可以向国际合同纠纷调解委员会投诉并寻求撤销或纠正采购实体的相关行为。

供应商或承包商应当在相关行为发生之后的15日内或者在知晓该行为之后的10日内进行质疑。相关采购实体的首长应当在接到质疑之后的10日内进行审查并采取必要的措施，如纠正相关行为，并且向提交质疑的供应商或承包商及时告知该决定。

对采购实体的相关决定持异议的供应商或者承包商，在收到决定之日起的15日内可以向国际合同纠纷调解委员会申请审查。委员会应当在收到采购实体意见之日起的7日内做出是否采取临时性措施的决定。除非存在其他特殊理由，委员会应当在收到申请之日起的50日内进行审查和仲裁（arbitrate）。

如果不存在反对意见，国际合同纠纷调解委员做出的调解结果与司法调解（judicial conciliation）结果具有相同的效力。如果存在任何反对意见，则该案件可以被上诉至法院。

ARCSP包含了有关质疑投诉程序的一般性条款，案件可以被送至相关机构以获取具体咨询意见。委员会的具体调解程序，如送达、通知等则遵守《民事诉讼法》的相关条文。

在委员会的仲裁或调解（arbitration/mediation）程序完成之后，暂停采购程序或者暂停合同授予有可能会得到批准。委员会可以在调解中提出撤销或者纠正某项违法行为，并且针对损失或损害进行补偿，但补偿额度有限，仅限于准备投标的成本或者提出异议的成本。

委员会仲裁的裁决应为最终决定，除非当事人双方（复议申请方和相关中央机构的首长）在决定做出之后的15日内提出对该裁决的反对意见。若无反对意见，该仲裁裁决应当与庭外和解具备同等效力。

在费用方面，翻译、速记、认证或检验成本可由申请人承担。但是，如果当事人之间事先安排了有关质疑投诉成本的分担规则，那么则依据该项安排决定成本的分担。因此，在某些情形下，申请人可以不承担质疑投诉的成本。

（四）韩国与其他GPA成员方之间的进一步磋商

在韩国向WTO政府采购委员会提交《问题核查清单》答复之后，1998年10月至2000年9月，加拿大、欧盟、瑞士和美国作为GPA成员方对韩国进行了进一步的提问，韩国也针对提问做出了相应的澄清。这些磋商的情况被整理后，并于2001年3月15日对外发布（GPA/47）。

（五）有关ARCSP的磋商

1. 政府采购合同的范围

加拿大表示，其对韩国答复中提及的“根据国际规范和GPA，超过财政和经济部部长确定和公布的门槛价限额”并不十分清楚。因此，加拿大询问了此处所指的“国际规范”意思为何，以及财政和经济部是否有权力变更GPA所确立的门槛价。

对此，韩国回答道：“国际规范”是指内容和目标并非源自GPA的国际贸易惯例（international trade practices）。财政和经济部无权变更门槛价的金额，但是每隔两年该部门会公布一次韩元与SDR之间的兑换率。

2. 适用范围

美国针对ARCSP的适用范围对韩国进行了提问，主要涉及以下四个方面内容：①哪些政府实体必须遵守ARCSP的要求？②哪些法律规定了在何种情形下可以不适用ARCSP？③如果某一政府实体被要求遵守ARCSP，那么该实体的所有附属机构是否也同样需要遵守 ARCSP 的要求？④如果某些政府实体不受 ARCSP 及其相关实施指令和法规的约束，这些政府实体是否遵循基于国际采购原则（包括 GPA 中已经包含的基本原则）的采购惯例？

为此，韩国从以下五个方面进行了澄清：①ARCSP 适用于中央政府作为合同当事人之一的合同，例如，通过受 GPA 规制的国际招标采购方式授予的政府合同，或者为中央政府与韩国公民之间缔结的合同。②“中央政府”（state）这一术语包含了根据《韩国宪法和政府组织法》所设立的中央政府机构、国民议会秘书处（The National Assembly Secretariat）、法院管理部（The Ministry of Court Administration）、宪法法院秘书处（The Constitutional Court Secretariat）、中央选举管理委员会秘书处（The Central Election Management Committee Secretariat）。在这些受 ARCSP 涵盖的机构中，韩国在 GPA 附录 I 附件 1 中列明的“中央政府机构”应当根据 GPA 的规定，通过国际招标采购的方式实施政府采购。③在 ARCSP 的适用程度方面，仅有少数韩国法律允许适用不同于 ARCSP 的采购程序。例如，政府资产的采购、管理和处置受到《政府资产法》的规制，国防产品的采购则受到《国防工业特别法》的规制。④如果政府机构被要求遵循 ARCSP，且该机构的附属单位恰好属于政府机构，那么该附属机构也同样被要求遵守 ARCSP。[①] 因为根据《韩国政府组织法》，中央政府机构可以设立附属单位，如垂直附属机构（subordinate linear organizations）、地方特别管理机构（special local administrative organs），以及附属部门（attached organs），因此，附属单位可构成中央政府机构。⑤ARCSP 基本上适用于上述提及的所有中央政府机构。韩国在 GPA 附录 I 附件 1 中的实体需要遵守 GPA 要求的国际采购原则。附件 2 和附件 3 中的实体需要遵守《地方财政法》和《政府投资企业会计条例》（*The Government Invested Enterprise Accounting Regulations*）。未被 GPA 涵盖的实体在有必要实施国际招标采购时依据一般国际贸易惯例来实施其采购程序。

---

① When a government agency is required to follow the ARCSP, the subordinate units of the agency are also required to follow the ARCSP if the units are government agencies.

（六）围绕《中小企业产品促进法》的磋商

1.《中小企业产品促进法》所包含的与采购有关的条文之目的与主要内容

在《中小企业产品促进法》中，加拿大希望韩国介绍与中小企业采购有关条文的目的及主要内容，并解释该法与 ARCSP 及其实施令之间的关系，以及“国际招标”的意思为何？

对此，韩国进行了以下两个方面的澄清：①《中小企业产品促进法》中涉及有关采购条文的目的和主要内容在于通过促进中小企业生产产品的销售促进国家经济的平衡发展。ARCSP 及其实施令是韩国政府采购基本法。① ②“国际招标”是指将合同评估金额高于门槛价、向 GPA 所有成员方开放参与投标机会的程序。

2. 向中小企业实施预留与单一来源采购

围绕中小企业参与政府采购的问题，欧盟指出韩国在 GPA 附录 I 附件 1 和附件 2 的备注 3、附件 3 的备注 2 中都有提及，根据《预算和会计法》、《地方财政法》、GIEML 及其实施令和条例可以排除 GPA 对“单一来源采购，包括向中小企业的预留”的适用。欧盟认为该项排除与中小企业有关，为此希望韩国能够澄清以下四个问题：①单一来源采购程序的例外情况是否也适用于其他情形？②韩国如何决定将某项合同预留给中小企业？③如何从规模的角度界定中小企业？④韩国是否掌握任何有关从中小企业处采购的有关数据（如占总采购的比例等）？

韩国的澄清主要包含以下四个方面内容：①《国家合同法实施令》第 26 条规定了有关中央企业以单一来源方式缔结采购合同的具体规则。根据韩国在 GPA 附录 I 附件 1 和附件 2 的备注 3 及附件 3 的备注 2 中的规定，韩国可以将单一来源采购（single tendering procurement）排除在 GPA 的适用范围之

① ARCSP is based on general competition, and private contracts are recognized as exceptional cases, including the private group contracts, as specified in the small and Medium Enterprise Products Promotion Act.

外。②可以适用单一来源采购的情形包括涉及自然灾害或者国家安全，以及根据《促进中小企业及产品采购法案》（*The Act regarding Small and Medium Enterprise Promotion and Products Purchase Promotion*）向中小企业采购货物时为残疾人所进行的采购等。地方政府和政府投资企业也可以通过单一来源方式缔结采购合同，不过其需要遵守《地方财政法》和《政府投资企业会计条例》的相关规定。而后者引用了《国家合同法实施令》的大部分条款。③中小企业的界定标准。中小企业是指雇员少于200人并且资产价值低于800亿韩元的企业。④每年中小企业管理局（The Small and Medium Business Administration，SMBA）会公布一份仅向中小企业实施采购的产品清单。对于清单中的产品，正如《促进中小企业及产品采购法案》第9条和第9.2条规定的一样，符合条件的供应商可以与SAROR（之前是OSROK，即中央政府机构的集中采购机构）缔结一份政府采购合同。

（七）围绕竞争性原则的磋商

加拿大提问：韩国在多大程度上赋予了采购官员选择参与者或者限制参与者资格条件的裁量权？这样做的目的为何？

韩国回答：采购实体可以对供应商参与采购程序的资格条件进行审查，从而提高采购程序的效率。但是，采购实体必须为资格审查制定客观的标准，并且排除采购官员的主观性判断。

（八）禁止参与投标（取消参与投标资格）

美国提问：韩国在答复《问题核查清单》的过程中提及，若一个企业被认定为不符合条件则可以被排除在参与投标的机会之外，那么何种情况下一个企业会被认定为不符合条件？根据GPA第7条第（b）款的规定，在本质上，这些条件是否旨在确保该企业具备履行合同的能力？

韩国回答：参与资格的限制适用于那些有损公平竞争或者不能恰当履行某一政府合同的供应商，又或者被认定为不符合资格的供应商。《国家合同法实施令》及《特别条例》中规定了具体的限制理由，以防采购实体武断地做出决定。“被视为不合格”（deemed unqualified）这一术语并不直接与供应商的能力相关联，而是指供应商因其活动被认定为有损公平竞争或者不恰当地履行某一政府合同，从而“被认定为不符合资格”。

欧盟提问：韩国公平贸易委员会（The Korean Fair Trade Commission）可以干预或限制公共采购竞争的供应商之间的“卡特尔行为”。韩国政府打算如何确保供应商竞争性的行为？韩国能否提供有关公平贸易委员会在该问题方面可能采取活动的详细信息？尤其是，能否指出已经针对串通投标行为及类似行为采取了何种具体的行动，以及在采取这类行动的过程中是否针对国外供应商和国内供应商进行了区别对待？

韩国回答：韩国通过 ARCSP 的实施来防止串通投标，公平贸易委员会也同样在确保采购市场的公平竞争方面扮演了重要角色。如果发现供应商具有包括串通投标在内的，经确定的有损公平竞争的不当行为，采购实体必须禁止供应商在不少于一个月但不多于两年的期限内参与投标。《国家合同法实施令》第 76 条规定了禁止供应商投标资格有关的具体情形及期限的详细规则。这些规则也被《地方财政法》以及《政府投资企业会计条例》引用。相关采购实体必须在官方公报（Kwan-Bo）上发布有关禁止参与资格的公告。其他采购实体有可能在禁止参与期内也取消该供应商参与其采购活动的资格。

瑞士提问：请提供有关评价企业行为“不恰当”（improper）的标准的详细信息，如何确定不具备参与投标资格后的禁止期时长的标准？采购实体的这一决定是否也可以被质疑投诉？

韩国回答：《国家合同法实施令》第 76 条有关的附录 2 中描述了进行相关限制的具体情形以及期限，以防采购实体做出武断的决定。根据《行政程序法》的规定，在做出禁止参与的决定时，必须给予相关供应商举行听证的权利。相关供应商可以根据《行政复议法》针对该决定进行质疑投诉。

（九）单一来源采购方式

1. 单一来源方式的适用条件

瑞士提问：单一来源采购方式（single tendering）可以被适用于“……当只存在一名供应商的情形”。如何解释该种情形可以作为不适用公开或有限（limited）招标的例外情形？

韩国回答：当仅存在一名供应商可以提供相关货物时，若与其他供应商缔结合同则不能满足采购目标，因不存在竞争，采购实体必须通过单一来源方式与相关供应商缔结合同。这种情形与1994GPA第15条第1款（b）项的规定相一致。

2. 单一来源方式的适用情形是否与GPA规则相一致

加拿大提问：请问“自然灾害”这类情形，以及在首次答复《问题核查清单》的第2.6部分所提及的所有适用单一来源方式的情形，与1994GPA第15条列明的有限招标适用情形之间的对应关系如何？

韩国回答：《国家合同法实施令》第26条规定了有关单一来源采购方式的详细条件，包括“自然灾害”的情形。根据韩国在GPA附件中的备注，GPA不适用于运用单一来源方式进行的采购。①

日本提问：1998年6月，通过修订《国家合同法实施令》新增了一项条款，其赋予了中央政府运用单一来源方式向国内中小企业采购被相关国家部门认定并颁发“良好质量标识”（good quality mark）的产品。该项修订何时开始生效？其仅适用于中央政府的采购，还是也适用于次中央实体以及国有企业的采购？该项修订是否与韩国在GPA项下所负有的义务相一致，尤其是GPA第3条及第6条第3款的规定或者韩国在附录I的附件1备注3中的豁免适用条款？

---

① 这表明，韩国主张凡是用单一来源方式实施的采购活动都不需要受到GPA的规制，因为其在GPA附录一的附件中进行了适用排除，无论这些单一来源采购方式的适用情形是否与GPA第15条规定的有限招标的适用情形相符合。

韩国回答：《国家合同法实施令》已经于1999年9月修订。该项修订适用于中央政府采购，同样也适用于次中央实体以及附件3实体的采购。韩国相信该项修订符合韩国目前在GPA项下的义务。韩国在GPA附录中列明了有关单一来源方式的例外，其也适用于中小企业。《国家合同法实施令》允许在向中小企业采购具备“良好质量标识”的产品时使用单一来源采购方式的规定与《中小企业产品促进法》以及与环境技术发展相关的法律规定相符合。

（十）国际合同纠纷调解委员会

1. 质疑强制性前置程序

美国提问：供应商若认为自己受到了不利待遇，是否可以直接向国际合同纠纷调解委员会提出救济请求，还是其必须首先向相关中央机构提出反对意见？

实际上，美国提问的本质在于是否必须先对采购实体质疑，然后才能向调解委员会提出投诉。韩国回答道：成立国际合同纠纷调解委员会的目的就在于调解国际招标采购过程中可能发生的争议。任何供应商如果主张其是违反GPA规则下的受害者并被采购实体歧视，那么必须首先向相关实体寻求解决方案。当该供应商不同意采购实体的答复或解决方案时，该供应商可以向国际合同纠纷调解委员会提交审查请求。

2. 可以诉诸国际合同纠纷调解委员会程序的政府采购合同范围

美国提问：国际合同纠纷调解委员会程序是否适用于不受ARCSP及/或其相关实施指令和条例约束的政府实体？如果不适用，请提供有关信息，说明不适用国际合同纠纷调解委员会程序的采购合同应当适用哪种质疑投诉程序？

韩国回答：国际合同纠纷调解委员会根据GPA第20条成立，其目的在于调解被GPA涵盖的国际招标采购有关的纠纷。因此，国际合同纠纷调解委员会程序适用于所有被GPA涵盖的实体。此外，由建筑和交通部成立的工程纠纷调解委员会（The Construction Dispute Mediation Committee）则旨在处理采购实体（包括政府也包括私人实体）与供应商间就履行建筑合同过程中产生的纠纷。

（十一）集中采购制度

1. 集中采购制度中采购人与集中采购机构之间的责任分配

美国提问：韩国在答复《问题核查清单》的过程中，一方面提及“一般而言，每个政府机构都对自己使用的货物、服务和工程服务的采购负责”；另一方面，指出中央和地方政府机构“被要求通过 OSROK 采购门槛价金额以上的，所需货物和工程”，请问是如何协调这一看似矛盾的情形？

美国所提问题的本质在于，集中采购制度下的集中采购机构与采购实体之间权利和责任的划分。为此，韩国回答道：韩国为超过一定门槛金额的货物和服务采购提供集中供应制度。例如，若任何中央政府建筑服务合同金额超过 30 亿韩元，则必须通过韩国供应管理局（Supply Administration of the Republic of Korea，SAROK）实施采购。SAROK 的主要功能在于发布招标公告、决定合同授予以及根据采购实体的要求缔结合同，并且承担相应的责任。每个采购实体必须准备采购年度计划和预算，每个采购实体同样也对合同履行事项负责，例如，建筑工程的监督、工程完工的审查及付款。

2. 集中采购中供应商名单的运用以及对外国供应商能力的评价标准

欧盟提问：韩国政府采购制度的一个重要特征是大量的政府采购，通过 OSROK 的方式实施。在实践中，集中采购更偏好使用选择性或限制性程序。并且，确实 OSROK 要求所有的潜在供应商都必须在提交投标之前进行注册。虽然其与 GPA 的条款不冲突，但要求供应商在具备参与投标可能性之前就进行注册，不利于来自 GPA 成员方的供应商的参与。在实践中，这种要求可能构成对外国供应商的阻碍。韩国政府应如何确保 GPA 第 8 条［尤其是第（b）项、第（c）项和第（d）项］的相关规定得到遵守？能否指出来自 GPA 成员方的供应商的财务、商业和技术能力是否会以该供应商的全球商业活动为基础进行评估？

韩国回答：根据 GPA 的要求，韩国在《特别条例》（*The Special Regulation of the Enforcement Decree of the ARCSP for Specific Procurement*）中规定，采购实体可以维护供应商名单，以促进有效率地实施采购。在被维护的名单中，供应商的基本注册信息包括：公司所处位置、法定代表人姓名、商业实体的注册和所有权信息等。供应商可以在不同的时间申请加入名单。供应商名单中的注册信息在具体采购的资格审查阶段不会再被审查。

若有必要，采购实体可以确定，基于供应商过往履行相似合同的经验、施工能力、技术水平和财务状况来确定供应商参与投标的资格条件。《特别条例》规定，若供应商不在供应商名单上，但仍希望参与投标，那么采购实体应当尽快开始审查供应商的资格条件。如果被确定时间不足以在提交投标的最后截止时间之前完成针对供应商的资格审查程序，那么采购实体必须允许供应商提交投标书。这些规定与 GPA 第 8 条的规定相符合。供应商资格审查的目的在于通过审查供应商以前履约的能力来促进采购流程的效率，针对供应商资格的评估则基于其在国内和国外所实施的活动。

3. 集中采购的组织实施

瑞士提问：请进一步解释采购在韩国如何组织实施，以及中央政府和地方政府实体是否被要求将超过特定门槛价的货物、服务和建筑工程采购委托给 OSROK 进行采购？或者，是否由其自身决定是否自行实施采购或授权 OSROK 实施采购？如果由 OSROK 实施采购的话，何者是采购实体？是 OSROK 还是负有义务的或自愿的最终用户（the obligatory or voluntary end-users）？

韩国回答：如前所述，韩国为货物、工程服务采购基本上确立了一种集中采购制度。在该制度下，若中央和地方政府（负有义务的或自愿的最终用户）超过门槛价的采购必须由 SAROK（之前为 OSROK）实施。但是在因“自然灾害”而导致的紧急采购，或者为了国防而实施军事物资采购等情形下，负有义务或自愿的最终用户也被允许自行实施采购行为。至于 SAROK 与最终用户之间责任的划分，可以参见之前针对美国提问的澄清。

（十二）地方政府采购制度及其与GPA的符合性

瑞士提问：尽管《地方财政法》及韩国总统令规定了地方政府采购的特殊之处（specialities），但是瑞士的理解是，GPA针对其所涵盖的地方实体的要求已被满足。这种理解正确与否？此外，这些法规中所规定的特殊之处是如何体现GPA要求的？

韩国回答：韩国并不认为目前这些规则与GPA的任何要求不符，因为《地方财政法》引用了ARCSP中的主要内容。韩国认为其从来没有出于违反任何国际协定义务的方式来实施或者试图实施这些规则。

（十三）采购机会的信息公开

1. 附件3实体运用信息技术发布采购机会的程度

美国提问：附件3实体在多大程度上使用信息技术来提供与招标机会有关的信息？并且，这些实体是否会以WTO官方语言发布合同摘要？

韩国回答：按照GPA规定，附件3实体被要求运用WTO官方语言，在官方公告上发布招标采购信息的摘要。虽然通过信息技术方式发布合同机会未被要求，但是采购实体可以通过地方电子媒体发布国际招标采购机会，如HITEL、UNITEL和CHOLLIAN。此外，附件3实体还可以要求SAROK代表其利益来签订合同。在这种情形下，SAROK可能会在其官网（http:///www. sarok. go. kr）上发布采购机会。

2. 合同授予公告

欧盟提问：根据GPA第18条的规定，采购人应当告知供应商其有关合同授予的决定并且应当发布合同授予公告。韩国能否解释其如何在国内法律中实施该要求？其在采购实践中又是如何实施的？

韩国回答：为公开合同授予信息，《国家合同法实施条例的特别条例》规定采购实体必须于合同授予之后，在不迟于72日内在官方公告（Kwan-Bo）中发布公告。该条例也规定，应供应商的要求采购实体可以提供有关合同授予的信息。《地方财政法》以及《政府投资企业会计条例》引用了这些规则。

（十四）期限

欧盟提问：为了确保在所有的采购中公开招标的等待期限不短于 40 日，韩国采取了哪些措施？

韩国回答：韩国于 1995 年颁布了与 GPA 要求相一致的 ARCSP，尤其以总统令形式发布的《特别条例》（已经于 1997 年 1 月 1 日开始实施）为代表，其目的在于规制国际招标采购的程序。

《特别条例》按照 GPA 要求制定了采购原则和采购程序。为此，韩国在 GPA 附录 I 的附件 1 实体被要求遵守在公开招标中最低 40 日的等待期限。对于次中央政府实体和政府投资企业，《地方财政法》和《政府投资企业会计条例》则分别引用了 ARCSP 及其特别条例的规定。

（十五）有关具体例外的信息

1. 卫星采购的例外

欧盟提问：韩国在 GPA 附录 I 的附件 1 和附件 2 的备注 4 及附件 3 的备注 3 中，根据《航空航天产业发展促进法》，将卫星采购排除在 GPA 适用范围之外（自 GPA 对其生效之日算起）。韩国是否掌握任何有关该项例外下采购情况的数据？是否在其法律中预见到自 2002 年 1 月 1 日开始，该类采购将要开放竞争？

韩国回答：自 1997 年以来，韩国仅采购过一次卫星，并且该项采购面向国际开放竞争。受到韩国政府对该项例外条款即将过期所采取立场的影响，目前尚未就该事项做出决定。

2. 国防采购的规制

加拿大提问：根据韩国在 GPA 附录 I 的附件 1 备注 5 中的规定，能否请韩国指出，通过哪些法律来实施自身在 GPA 下针对国防部的采购所做出的承诺？韩国能否提供与国防产品采购相关的法律概述？

韩国回答：在附件1的备注5方面，不存在规制有关国防的产品采购的特别法律，国防采购适用ARCSP及其总统令。

五、小结

第一，通过颁布和修订多项国内法律来实施GPA规则。

韩国在加入GPA之后，为了在其国内法律中实施GPA规则，颁布或修订了一系列的政府采购法律，例如，ARCSP、《地方财政法》以及GIEML。其中，ARCSP是规制中央政府实体采购活动的基本法律。《国家合同法实施令》则进一步细化了ARCSP的规则，有必要实施国内招标的情形也更加细致了。《特别条例》继续深化了ARCSP中的规则，并使有必要实施国际招标的情形更加细致明晰。《地方财政法》和GIEML则主要适用于GPA附件2和附件3中的实体。这也表明，韩国并未制定全国统一适用的政府采购法律制度，中央政府实体和地方政府实体以及政府投资企业之间适用不同的法律。

第二，中央政府实体与次中央政府实体之间所适用的采购规则并无较大区别。

韩国在围绕《问题核查清单》的磋商过程中，一直主张适用于地方政府实体和政府投资企业的采购法律，基本上引用于适用于中央政府采购实体的采购规则，因此，虽然其法律名称不同，但是它们的法律规则是相同的。而这些规则之间的主要差异体现在关于区域性限制以及单一来源采购方式的适用条件方面。

第三，政府投资企业采购活动的规制。

韩国政府投资企业的采购活动主要受到GIEML以及财政和经济部颁布的规则的约束。GIEML的主要条款都引自ARCSP。GIEML与ARCSP之间的不一致主要体现在受规制实体的范围不一致，以及单一来源采购方式的不一致。GIEML针对单一来源采购制定了特别规则。为此，韩国政府也认为其政府投资实体与中央政府实体适用相同的基本采购制度。

第四，不存在规制国防产品采购的特别法律。

韩国并不存在规制国防产品采购的特别法律，国防产品采购也需要遵守 ARCSP 及实施该法的总统令。

第五，必要时应鼓励未被 GPA 涵盖的政府采购合同向国际社会开放。

ARCSP 作为韩国政府采购的基本法律，规定了可以自愿适用国际招标的情形。这意味着，即使某项采购活动不受 GPA 的规制，各中央机构首长在必要时也可以决定运用国际招标的形式来采购货物、服务。未被 GPA 涵盖的实体在进行国际招标采购时，也依据通常的国际贸易惯例来实施采购。

第六，强制集中采购制度。

韩国为超过一定门槛金额的货物和服务采购提供一种集中供应制度。在该集中采购制度中，采购实体和集中采购代理机构承担了不同的权利和责任。集中采购代理机构的主要角色在于为采购合同授予程序的实施，例如，发布采购公告、组织评标等。采购实体则侧重于合同授予程序之前的需求确定和预算阶段，以及合同授予之后的合同履行及监督与付款。

但是，在某些特殊情形下，例如，因不可抗的自然灾害而导致的紧急采购或者为了国防而实施的军事物资采购等，采购实体也可以被允许自行实施采购。

第七，供应商资格的禁止。

若供应商实施了某项被采购实体认定为有损公平竞争或者不恰当地履行某一政府合同的行为，则可禁止其在一定期限内参与采购活动的投标。禁止期一般不少于一个月但不多于两年。其他采购实体有可能在禁止参与期内被取消与该供应商参与其采购活动的资格。

其中，有损公平竞争的最典型的情形为串通投标。韩国公平贸易委员会可以干预和限制公共采购竞争的供应商之间的“卡特尔行为”。但是韩国在磋商过程中并未说明公平贸易委员会是否已经针对串通投标行为及类似行为采取了何种具体行动，以及在采取这类行动的过程中是否对国外供应商和国内供应商进行了区别对待。

韩国《国家合同法实施令》以及《特别条例》中的相关规定针对采购实体做出了禁止参与投标的决定，并规制了可以适用的具体情形及其期限，以防止采购实体做出武断的决定。采购实体在做出该决定的过程中，必须给予该供应商举行听证的权利，该供应商也可以针对决定质疑投诉。

第八，单一来源采购方式在GPA框架下的排除适用。

韩国在GPA出价过程中将运用单一来源方式实施的采购活动全部被排除在GPA适用范围之外。这意味着，无论韩国在国内法律中所规定的适用单一来源方式的情形是否符合GPA有关有限招标程序适用情形的规定，都不受GPA规则的规制。

而其中最受争议的，是将向中小企业预留作为适用单一来源方式的情形之一。1998年6月，韩国通过修订《国家合同法实施令》的方式，新增了一项条款，赋予中央政府运用单一来源方式向国内中小企业采购被相关国家部门认定并颁发“良好质量标识”的产品。但是，韩国也以其在GPA项下承担义务的现状，即凡是使用单一来源方式实施的采购就不受GPA的规制为由，认为其相关法律的规定符合GPA要求。

第九，永久供应商名单的使用问题。

韩国允许采购实体在必要的情形下使用供应商名单，供应商的资格条件可以由采购实体确定。若在投标截止时间之前，因时间限制不能完成对要求参与采购程序的潜在投标人资格的评估，采购实体应当允许该供应商进行投标。这意味着，韩国在该方面的规定符合GPA要求。

第十，质疑投诉程序。

为了满足GPA有关质疑投诉的规则，韩国确立了国际合同纠纷调解委员会及相关投诉程序。在财政和经济部成立了国际合同纠纷调解委员会。该委员会一共有15名成员，由财政和经济部指定的教授和律师以及主要采购实体的首长指派的官员组成，主席由财政和经济部副部长担任。该项程序仅适用于受GPA规则规制的采购合同，无论是中央政府实体还是次中央政府实体或其他实体所授予的采购合同。

任何实体如果认为采购实体的措施有违GPA要求，并且对其产生了不利影响，可以向国际合同纠纷调解委员会寻求救济。但是在向国际合同纠纷调解委员会提交投诉之前，供应商应当先向采购实体提出异议，并寻求解决方案。只有供应商不满意采购实体的解决方案的情形下，供应商才能够向国际合同纠纷调解委员会提交投诉。

如果不存在反对意见，国际合同纠纷调解委员会做出的调解结果与法院调解（judicial conciliation）结果具有相同的效力。如果存在任何反对意见，则该案件可以被上诉至法院。

第十一，其他GPA成员方与韩国之间围绕《问题核查清单》主要就以下八个方面的问题展开磋商：①在韩国政府采购制度方面，ARCSP的适用范围及《中小企业产品促进法》中与采购相关的内容；②在韩国政府采购规则方面，资格审查条件的设置、禁止参与投标、单一来源采购方式等；③在救济制度方面，国际合同纠纷调解委员会所提供的救济制度是否质疑强制性前置，以及可以诉诸该程序的政府采购合同范围等；④在集中采购制度方面，集中采购制度中采购人与集中采购机构之间的责任分配、集中采购中供应商名单的运用以及对外国供应商能力的评价标准、集中采购的组织实施等；⑤地方政府采购制度及其与GPA的符合性；⑥采购机会的信息公开；⑦期限设置，例如，为了确保在所有的采购中公开招标的等待期限不短于40日，韩国采取了哪些措施；⑧国防采购的规制，例如，韩国通过哪些法律来实施其在GPA下针对国防部的采购做出的承诺。

第七章　新西兰加入 GPA 法律调整经验研究

一、基本情况概述

新西兰于 2012 年 9 月向 WTO 秘书处提交了加入 GPA 的申请及关于市场准入的首次出价。2014 年 7 月 21 日，新西兰提交了最后一次出价。2014 年 10 月 29 日，WTO 政府采购委员会批准了新西兰加入 GPA 的条件，从而结束了其加入 GPA 的谈判进程。新西兰正式加入 GPA 的时间为 2015 年 8 月 12 日。可见，新西兰从提交加入 GPA 申请到正式加入 GPA 总共约历时 3 年。

2012 年 9 月底，新西兰政府正式向 WTO 政府采购委员会提交了对《问题核查清单》的首次答复①。

二、新西兰加入 GPA 的出价分析

（一）纳入 GPA 规制的采购实体范围

在附件 1 中，新西兰的出价包含了核心的政府部门。在附件 1 的备注中，新西兰明确指出，附件 1 所含实体的附属实体也同样被涵盖在附件 1 中。

在附件 2 中，新西兰的出价包含了大部分的区域健康委员会（District Health Boards）——负责在其区域范围内提供健康服务或者资助提供健康服务

① GPA/ACC/NZL/2，2012，October 4.

的皇家实体。此外，新西兰在出价中还涵盖了其最大的几个城市理事会（city councils），例如，奥克兰市、惠灵顿市、克赖斯特彻奇市以及超过了25万个居民的区域理事会。GPA涵盖的范围包含了利用这些理事会拨付的补贴所实施的采购行为。将这些城市和区域理事会纳入规制范围，同时也意味着与之相关的受新西兰交通局全部或部分资助的交通项目的货物、服务、工程将被纳入GPA规制（若其采购金额超过相应的门槛价）。

在附件3中，新西兰将14个在不同领域运营的皇家实体纳入了出价范围，如旅游、航空、教育、交通等。此外，新西兰也将在航空、气象服务、铁路和电力领域运营的4个国有企业（新西兰航空公司有限公司、新西兰气象服务有限公司、新西兰铁路控股有限公司和新西兰运输有限公司）纳入了出价范围。这些国有企业被认定为在垄断环境中运营。另外，这4个国有企业在新西兰政府采购法上被列入了“被鼓励参照采购规则实施采购活动的实体”。

（二）纳入GPA规制范围的货物、服务和工程

新西兰将被涵盖实体的所有货物采购活动全部纳入了GPA的涵盖范围内。在服务方面，新西兰的出价也十分广泛，除研发服务、公共健康服务、教育服务和福利服务（welfare service），基本上包含所有的服务。在建筑服务方面，与所有GPA成员方通常的出价一样，新西兰也将联合国中央产品分类（Central Product Classification，CPC）第51部分所包含的所有建筑服务都纳入了出价范围。

（三）门槛价

新西兰适用了GPA成员方通常适用于货物、服务和建筑服务的门槛价。

（四）欧盟针对新西兰出价的对等排除

欧盟认为新西兰在GPA下的出价并不完整，因此欧盟在其出价中针对新西兰进行了部分排除适用。例如，欧盟不向新西兰开放其地方采购实体

（NUTS 3 所涵盖的实体①），也不对新西兰开放 NUTS 1 和 NUTS 2 所涵盖的实体，除非这些实体所实施的有关城市交通项目的采购活动都被涵盖在欧盟附件 3 的出价范围中。这意味着，欧盟仅仅向新西兰开放了其 NUTS 1 和 NUTS 2 实体实施的城市公共交通领域的采购活动，如城铁、有轨电车、公交车等，而饮用水、海港、内陆港或其他航空设施等领域的采购活动都未向新西兰开放。

（五）基本观察与分析

新西兰的政府实体只包括中央政府实体，包括以下类别：①中央政府部委；②皇家实体；③《公共财政法》所列第四类组织（Public Finance Act Fourth Schedule Organisations）；④议会办公室；⑤国有企业。

“皇家实体”是指《皇家实体法 2004》所列举的第一类列表中涵盖的实体，是拥有自己权利的法人实体。其职能的行使与政府之间适用长臂（arm's length）原则②。皇家实体可能是：①采购或融资实体；②服务提供实体；③咨询实体；④非国有企业类贸易实体；⑤拥有准司法职能的行政法庭；⑥非议会办公室或行政法庭类的监督和监管实体；⑦金融机构。

“《公共财政法》所列第四类组织”是指具备特殊目的的理事会、信托、委员会、公司和其他法律实体。这些实体由政府部分或者全部拥有，但政府对其管理依据长臂原则。

国有企业是指根据《1986 国有企业法》所设立的实体。这些企业属于承担有限责任的公司或者法定公司（statutory corporations），其运营方式与商业公司相同。

根据 2006 年实施的《政府部门采购强制性规则（2006）》，皇家实体、

---

① NUTS 为欧盟标准地域统计单元，是欧盟经济地域划分的等级系统，有三个目的，一是作为统计单元，二是作为社会经济分析单元，三是作为区域政策单元。比如，根据 2021 年 1 月 1 日实施的分类，欧盟有 92 个 NUTS 1 区域、242 个 NUTS 2 区域和 1166 个 NUTS 3 区域。参见 https://ec.europa.eu/eurostat/web/regions-and-cities/overview。

② 或独立交易原则，或市场交易原则，彼此之间是独立平等的主体。ARM'S LENGTH [EB/OL]. Legal Dictionary, https://legaldictionary.net/arms-length/.

《公共财政法》所列第四类组织以及国有企业都不属于需要强制实施政府采购规则的实体，新西兰认为这些实体各自对其采购活动负责。

从谈判的最终出价来看，新西兰将14个皇家实体、部分《公共财政法》所列第四类组织、4个国有企业纳入了出价范围。可见，在谈判结果上，新西兰确实将国内采购法事先没有强制规制的采购实体纳入了GPA的涵盖范围。

新西兰将4个国有企业纳入GPA出价范围的理由是，这些国有企业被认定为在垄断环境中运营。

三、加入GPA与新西兰公共采购法律的调整

可以基于新西兰首次答复《问题核查清单》的情况及加入GPA期间（提交申请之后、正式加入之前）① 政府采购法律的调整情况，来观察其在加入GPA过程中如何调整国内法律以符合GPA的要求。

（一）围绕《问题核查清单》的磋商

1. 基本概况

从目前在WTO官网检索到的文件来看，仅有新西兰对《问题核查清单》进行首次答复的文件，而并不存在其他GPA成员方对新西兰首次出价进行提问和评论的文件。从欧盟委员会对新西兰最终出价的评论来看②，其与新西兰之间展开过多次双边磋商。因此可以推断，针对新西兰国内法律与GPA规则之间符合性的磋商应该主要是通过双边磋商实现的，具体磋商的内容可能还

---

① 主要是指2012年9月28日提交加入申请至2015年8月12日正式加入GPA这段时间。

② European Commission, Proposal for a Council Decision establishing the position to be taken on behalf of the European Union within the Committee on Government Procurement on the accession of New Zealand to the Agreement on Government Procurement,（2014）574 final（16. 09. 14）. Proposal for a Council Decision establishing the position to be taken on behalf of the European Union within the Committee on Government Procurement on the accession of New Zealand to the Agreement on Government Procurement [EB/OL]. ESO, https: //www. europeansources. info/record/proposal-for-a-council-decision-establishing-the-position-to-be-taken-on-behalf-of-the-european-union-within-the-committee-on-government-procurement-on-the-accession-of-new-zealand-to-the-agreement-on/.

未来得及反映在WTO的相关文件中。

2. 围绕《问题核查清单》的首次答复情况分析

2012年9月底，新西兰政府正式向WTO政府采购委员会提交了对《问题核查清单》的首次答复①。新西兰就《问题核查清单》所关注的政府采购制度的基本框架、受政府采购法律制度规制的范围、非歧视、采购程序、信息披露、救济制度等问题进行了回答。

第一，规制政府采购活动的主要法律。

新西兰首次答复《问题核查清单》之时，其国内政府采购制度由以下三项主要政府采购法律组成：①《政府采购原则（2012）》（*Government Procurement Principles*）；②《政府部门采购强制性规则（2006）》（*Mandatory Rules for Procurement by Departments*）；③《公共实体采购指南（2008）》（*The Procurement Guidance for Public Entities*）。

《政府采购原则（2012）》确立了在采购实践中应当遵守的基本原则。

《政府部门采购强制性规则（2006）》为采购活动制定了基本标准和程序。其规则主要涉及以下三个方面：①采购实践的廉洁性、保密信息的非披露、非歧视、技术规格、采购程序、中标信息发布和中标原因披露（supplier debriefing）、供应商质疑投诉、年度采购计划、审计要求；②排除适用的范围和例外情形；③豁免适用公开招标要求的例外情形。在申请加入GPA之时，新西兰正在对《政府部门采购强制性规则（2006）》进行修改。为此，新西兰在答复《问题核查清单》的过程中引用了诸多当时正在起草的《政府采购规则》（*Government Procurement Rules*）中的条款。

《公共实体采购指南（2008）》由审计长（Auditor-General）根据《2001公共审计法》授权发布，适用于所有的公共部门实体，以确保公共部门实体以按照议会的意图来实施和履行其职能为目的。该指南列出了审计长认为的、公共实体在采购货物和服务方面的良好实践。该指南也在战略计划、直接采购、竞争性程序、关联采购（relational purchases）、实施采购活动、合同管

① GPA/ACC/NZL/2，2012，October 4.

理、采购信息以及通信技术等方面提出了具有可操作性的意见。

第二，与新西兰政府采购相关的法律。

《1988 公共财政法》，为公共财政资源的有效和高效率的管理及使用提供了法律框架。《1988 国家部门法》（*The State Sector Act* 1988），做出了国家部门的一般行政性和监管性安排。《2001 公共审计法》，确立了总监察和审计长（The Controller and Auditor-General）作为直接向议会和公众负责的独立机构，以确保公共部门实体按照议会的意图来运行和履行其职能。《2004 皇室实体法》，规定了皇室实体的类型、与政府之间的关系、所拥有的权力、治理安排及有关报告和问责方面的要求。《1986 国有企业法》，列明了规制国有企业运营的基本原则，确定了在问责方面的要求。

此外，与国有陆地交通基础设施有关的采购活动还受到《国有陆地交通基础设施计划资助的采购活动手册（2009）》具体规则及指南的约束。该手册由新西兰交通局根据《2003 陆地交通管理法》第 25 部分所批准和发布。

第三，受政府采购规则规制的采购实体范围。

只有下列实体的政府采购活动受《政府采购原则（2012）》和《政府部门采购强制性规则（2006）》强制性规制：《1988 国家部门法》（*The State Sector Act* 1988）列表 1 中所列公共服务部门、新西兰警察署、新西兰国防部。此外，《政府部门采购强制性规则（2006）》中的条款也并不都是强制性条款，其赋予了采购实体选择适当采购程序以及实操方面的裁量权。

其他国家实体（Other State Service Entities）在采购方面有更大的裁量权，但是它们被政府和审计总署鼓励拥有一套符合政府采购框架的采购政策。许多相关实体确实已经制定了这类采购政策。

第四，实施 GPA 规则的方式。

新西兰在国内实施 GPA 规则的方式是，将 GPA 的规则转化为国内法律实施，而且主要通过制定新的《政府采购规则》来实现。

3. 基本观察与分析

新西兰在政府采购规制领域并不存在单一立法，其所采取的是分散立法模式。

新西兰的政府采购制度仅规制了少部分政府机构的采购活动。许多政府实体的采购活动原则上并不受政府采购规则的规制。在更大程度上，新西兰是从鼓励的角度出发，希望相关政府实体能够建立一套符合政府采购规则良好实践的内部采购制度。

新西兰为满足 GPA 的要求，在加入谈判期间就已经开始对国内主要政府采购法律进行修改，并试图通过颁布新的《政府采购规则》以符合 GPA 要求。

新西兰在答复《问题核查清单》的过程中大量使用正在修订的《政府采购规则》草案中的相关规则。鉴于这些规则后续发生变化的可能性，并且经过修改后又重新命名的《政府采购规则（2015）》已经于 2015 年正式发布和生效，本部分不对新西兰答复《问题核查清单》的情况进行全面分析。

从新西兰答复《问题核查清单》时的阐述来看，其并不认为现行政府采购规则和当时正在起草中的政府采购规则有不符合 GPA 要求之处。

（二）加入 GPA 背景下新西兰政府采购法律制度的调整

新西兰这一轮政府采购法律的修改源于 2009 年，目的在于引入对用户友好的采购政策。新西兰政府认为，更高的效率和透明度将有助于建设经济更强、能提供更好公共服务的国家。在加入 GPA 的过程中，新西兰最为重要的法律改革是 2013 年颁布的《政府采购规则（2013）》①，它取代了 2006 年新西兰经济发展部颁布的《政府部门采购强制性规则（2006）》，成为新西兰规制政府采购活动的主要法律。2014 年和 2015 年，新西兰分别对《政府采购规则》进行了两次修订，形成了第二版和第三版《政府采购规则》。2019 年，

① 《政府采购规则》主要规制了采购生命周期中的一部分，即从采购计划、市场调研、向市场发布合同机会、评标到合同的谈判和授予阶段。采购生命周期的这部分在新西兰政府采购法律上被称为“sourcing”阶段。在新西兰政府采购法律中，“procurement”这一术语则涵盖了采购生命周期的所有阶段，包含了从需求的确定到服务合同的终止或者到资产的使用周期及处置。“the MBIE Guide to Mastering Procurement”介绍了采购生命周期的 8 个阶段。另外，鉴于新西兰采购法律中所用的“sourcing”一词在本质上与 WTO《政府采购协定》规制的环节没有特别大的差异，且不会引起误解，因此本书将其翻译为“采购”一词。

新西兰再次对其采购法进行了修订，并且正式更名为《政府采购规则（2019）》。[①] 本次修订的一个重要主题是可持续与包容性增长。“这些规则至关重要：对于实现政府采购改革以支持更为广泛的社会、经济、文化和环境效果，以及继续代表政府在采购过程中的良好实践标准。通过这些规则，现在可以更明确地利用政府合同来支持更为广泛的效果。这需要利用合同，促进向未来净零排放型经济的过渡，支持新西兰企业，促进技能发展，并确保遵守就业、健康和安全标准。作为政府，我们将带头确保自身的支出为新西兰人带来公共价值。”[②] 当然，基于本章的研究目的，仍然需要重点就新西兰加入 GPA 前后采购法的改革进行研究。

1.《政府采购规则（2013）》

《政府采购规则（2013）》取代了实施十多年的《政府部门采购强制性规则（2006）》，也是当前《政府采购规则》的第一版，因此其在新西兰政府采购法改革历史上具有划时代的意义。

《政府采购规则（2013）》规制目标主要在于：①为政府机构和供应商提供一份更为简单的、用通俗英文表述的新规则；②促进政府采购方式的现代化，从而符合良好的国际实践并向新西兰公众提供更优的价值；③鼓励供应商更多地使用战略性的采购方法，包括推进电子采购方式的运用；④鼓励政府机构在早期阶段参与市场发展，从而促进竞争和创新，与供应商一起开发更优的解决方案；⑤将内阁主导制定的采购要求和法律纳入新的采购规则。

《政府采购规则（2013）》对《政府部门采购强制性规则（2006）》进行了大幅调整，主要体现在以下三个方面：①在采购规制的理念上，从过去强调控制采购价格、实现最低采购成本，到选择能够实现物有所值和合同生命周期内的其他直接资金利益。②改善中小企业参与政府采购的环境。例如，

---

① Government Procurement Rules, NEW ZEAL AND [EB/OL]. GOVERNMENT PROCUREMENT, https://www.procurement.govt.nz/assets/procurement - property/documents/government - procurement - rules.pdf.

② 《政府采购规则》，第 3 页，前言。Government Procurement Rules, NEW ZEAL AND [EB/OL]. (2019). GOVERNMENT PROCUREMENT, https://www.procurement.govt.nz/assets/procurement - property/documents/government-procurement-rules.pdf.

响应投标的期限更长，企业可以有更多的时间来准备参与投标；新的采购规则会提供有关政府计划采购项目的更多信息；鼓励使用标准的采购文件和采购合同，从而可以减少中小企业采购的时间和成本。③新的采购规则鼓励政府机构通过更为灵活的方式进行采购，以促进竞争和创新。

2.《政府采购规则（2015）》

在新西兰对《政府采购规则》的两次修订中，2015年《政府采购规则》的修订涉及法律适用范围等方面的调整：其一，将强制适用的范围扩展至更大范围的政府机构（第6条）；其二，确立了豁免适用采购规则情形（opt-out procurement）的一些规则（第13条）；其三，将政府部门之间的采购不适用采购规则的情形扩展至更大范围的政府机构之间（第13条）；其四，进一步明确如果政府机构使用权重评标标准来选择供应商，那么必须在采购公告中公布相关权重系数（第35条）。

（1）扩大强制适用《政府采购规则（2015）》的实体范围。

第一，强制遵守《政府采购规则（2015）》的实体。

《政府采购规则（2015）》第6.1款规定："下述机构必须适用本规则：（a）所有的公共服务部门；（b）新西兰警察局；（c）新西兰国防部；（d）政府机构目录所涵盖的国家服务机构。"①

第6.2款规定："皇家研究机构必须遵守《政府采购规则（2015）》。"②

对于第6.1款和第6.2款所规定上述采购实体而言，如果《政府采购规则（2015）》使用了"必须"（must）这一术语，则该要求是强制性的；若不遵守，则意味着违反了该法律。如果规则使用了"应当"（should）这一术语，则指示良好实践。

第二，必须遵守GPA等国际采购规则的采购实体。

还有一类实体虽然未被第6.1款和6.2款规定涵盖，但是其有义务遵守WTO、GPA或者其他自由贸易协定的要求。这类实体被称为"第6.3款所涵

① A list of these agencies is available [EB/OL]. www. procurement. govnt. nz.

② 在2006年《政府部门采购强制性规则》中，这类实体还不属于强制适用的范畴。

盖的实体”。从《政府采购规则（2015）》第6.3款的表述来看，首先，《政府采购规则（2015）》并不完全适用于这类实体，只有与新西兰政府做出承诺相关的规则才适用；其次，《政府采购规则（2015）》并不适用于这类实体所实施的所有采购活动，而只是受GPA等国际采购规则涵盖的采购活动才受到这些规则的规制。这表明，针对这类采购实体，新西兰只是为了履行国际承诺的义务，才对其进行了最小限度的规制。

《政府采购规则（2015）》第二次修订过程中，扩大强制适用该规则的实体范围，主要指的就是将这部分实体纳入强制适用的范围。

第三，被期待和被鼓励遵守《政府采购规则（2015）》的实体。

除了第6.1~6.3款所规定的被要求强制适用《政府采购规则（2015）》的实体，《政府采购规则（2015）》还涉及应当将该规则视为良好实践方式参照适用的实体，其主要包括如下内容。①被期待适用《政府采购规则（2015）》的实体。针对第6.4款规定的“学校董事会、公共财政法附表4组织和新西兰储备银行”这类实体而言，其被期待将《政府采购规则（2015）》视为一种良好实践的指南。②被鼓励适用《政府采购规则（2015）》的实体。“泛中央实体和公共部门机构”（Wider State Sector and Public Sector Agencies）被鼓励将《政府采购规则（2015）》视为一种良好实践的指南。

对于这些实体而言，它们属于“更加宽泛的公共部门机构”的范畴。《政府采购规则（2015）》对于这些实体没有强制适用的法律效力，它仅仅是一种鼓励采取的良好实践。从《政府采购规则（2015）》来看，“被鼓励”和“被期待”之间并无法律义务上的差别，两者都不承担强制性的法律义务。这些实体在实施《政府采购规则（2015）》的过程中，可以将“必须”理解为“应当”，即可以将强制性规定理解为建议性的、非强制性的规定，它们既可以遵守，也可以不遵守《政府采购规则（2015）》中的“强制性”规定。

第四，利用清单制来界定实体的范围。

除了明确指出实体名称的情形，《政府采购规则（2015）》在界定其强制适用或可以适用的范围时，采取的是“清单”的方式，而非定义的方式。

“政府机构目录所涵盖的国家服务机构”（State Services agencies covered by the Whole of Government Direction）和“第6.3款所涵盖的实体”都被列入下述网址：www. procurment. govt. nz。

值得注意的是，从相关网站上列举的清单中①，并不能明确哪些实体在“第6.3款所涵盖的实体”的范畴内。这意味着，从新西兰发布采购实体清单的网站来看，并不能区分哪些实体原本不受《政府采购规则（2015）》的规制，但是因为新西兰在GPA下将其列入了出价附件，所以其采购活动需要受到采购规则的部分规制。

（2）可豁免适用《政府采购规则（2015）》的情形及规制。

《政府采购规则（2015）》在第7部分的定义中将“豁免的采购”界定为：政府机构能够选择不适用《政府采购规则（2015）》中大部分规定的采购活动的具体采购类型。② 从本质上来看，“豁免的采购”就是指那些虽然被采购规则的规制标准纳入了规制范围，但是基于某些理由可以不受大部分采购规则规制的那部分采购活动，即在其他国家采购法律中所提及的“可以豁免适用采购规则的情形”。

第一，可以豁免适用《政府采购规则（2015）》的情形。

新西兰《政府采购规则（2015）》规定了可豁免适用该规则的采购情形，有以下几种情况：在政府机构之间授予合同的情形；海外机构的采购；非契约方式的安排；土地或者现存建筑，又或者其他不动产的购买和租赁；附条

---

① 在该网站上，实体被划分为以下五类：

（a）“Agencies required to apply the government rules of sourcing”（包含了128个实体）；

（b）“Crown Research Institutes who must have regard to the Government Rules of Sourcing”（7家）；

（c）“Agencies expected to apply the Government Rules of Sourcing”（含大约150个Crown Entity Subsidiaries；2416个School Boards of Trustees；20个Reserve Boards；以及28个被具体列明的实体）；

（d）“Agencies encouraged to apply the government rules of sourcing”（包含了124个实体）；

（e）“other eligible agencies”（The following agencies are eligible for All-of-Government contracts, Open Syndicated contracts and Common Capability contracts. MBIE has confirmed the eligibility of these agencies by applying the Collaborative Contract Eligibility Test approved by Cabinet in April 2013.）——包含了127个实体。

② Specific types of procurement activities where agencies can choose to opt out of applying most of the Rules.

件的补贴；国家发展援助；国际融资；国家之间的国际协议；为了联合实施某个项目而在国家间签订的协定；针对某些健康服务、教育服务和福利服务（welfare services）所提供的采购；涉及军事和重大安全利益的采购等。

第二，并非豁免适用所有规则，部分规则仍旧适用。

在《政府采购规则（2015）》第二次修订时，这部分采购活动被要求继续受到部分规则的规制。这意味着，虽然这些采购活动不适用《政府采购规则（2015）》的大部分规则，但是还需要受到部分规则的规制，主要包含以下两个方面。

Rule 13.4 所列明的规则，即适用于所有豁免采购的规则：第 5 条有关保护供应商信息的规则；第 47 条有关供应商投诉的规则；第 48 条有关快速付款（prompt payment）的规则；第 49 条有关保存记录的规则；第 50 条有关审计的规则。

Rule 13.5 所列明的规则，即当具备相关性时，需要适用的规则：第 46 条供应商情况说明（若该机构使用了竞争程序）；第 55 条全政府合同；第 56 条辛迪加合同；第 57 条共同能力合同；第 60 条地理信息及服务；第 61 条知识产权；第 62 条政府与民间资本合作；第 63 条商业案例及投资决策；第 64 条投资审查；第 65 条木材及木制品；第 66 条员工调职成本。这些规则并非涉及所有的采购活动，只有相关采购活动涉及这些采购行为时，这些规则才适用。

第三，建议这部分采购活动参考良好实践指南。

《政府采购规则（2015）》以建议的形式指出，在实施“适用选择排除的采购（opt-out procurement）”之时，政府机构应该（should）依据采购原则，参考其他有关采购良好实践的指南。这些采购活动同样也应该（should）实现合同生命周期内的物有所值（并不总是最低价格）。同时，这些建议都是非强制性的，属于采购人可以参考的良好实践指南。

第四，扩大政府机构之间彼此授予合同可以不受采购规则规制情形的适用范围。

其中，针对《政府采购规则》进行的第二次修订涉及扩大“在政府机构之间授予合同的情形”所包含的范围。从《政府采购规则（2015）》来看，任何下述政府机构之间的货物、服务或工程的采购活动都可以豁免适用《政府采购规则》：(a) 公共服务部门；(b) 新西兰警察局；(c) 新西兰国防部；(d) 整体政府导向所涵盖的部门；(e) 皇家研究机构。

这种例外并不意味着被列明"机构"可以基于其他被列明"机构"与第三方供应商所签订的合同来采购货物、服务或工程。

有意思的是，《政府采购规则（2015）》规定，如果采购机构选择通过公开竞争性程序来实施采购，那么其必须适用《政府采购规则（2015）》。[①]这意味着，如果某采购机构从另一采购机构处购买货物、服务或工程，其不适用《政府采购规则（2015）》的主要规则。在这种情形下，采购机构可以选择直接将某个合同授予相关实体。但是，若选择通过公开竞争性程序来实施采购，则必须适用《政府采购规则（2015）》的规定。这可能是因为公开竞争性程序的使用，将使得参与竞争的实体不限于上述"政府机构"的范围内。

(3) 若适用，必须在采购公告中公布每一项评价标准的相对重要性。

第三版《政府采购规则》进一步明确，除非价格是唯一的评价标准，否则必须在采购公告中指明每一项评价标准的相对重要性（relative importance）。[②]《政府采购规则（2015）》进一步解释为，无论是在采购公告中，还是在征求建议书（RFP）中，列明评价标准时，都必须满足上述要求。采购人既可以通过为每项评价指标设定权重的方式满足这一要求，也可以通过按照优先顺序来排列评价标准的方式满足这一要求。

3. 新西兰针对GPA未涵盖的采购仍旧存在歧视性政府采购政策

《政府采购规则（2015）》中虽然并未包含歧视性的政府采购政策，但是，新西兰未被纳入GPA规制部分的政府采购活动，仍旧受到歧视性政府采购政策的影响。

以"旺加努伊地方议会（Wanganui District Council，WDC）"为例，其并

① Rule 13, paragraph 3, point (a). "However, if the purchasing agency chooses to use an open competitive process it must apply the Rules."

② Rule 35. 3. j 有关采购公告的内容的规定。

未被纳入GPA的涵盖范围。但其在新西兰加入GPA谈判的过程中颁布了规制其采购活动的采购政策——“旺加努伊地方议会采购政策”①。该采购政策第11部分特别规定了有关“支持本地经济”的采购政策，其主要包含以下两个方面。

第一，给予本地供应商或产品以优惠（buy local premium）。

首先，其将“本地供应商”或“本地企业”界定条件规定为：在本地拥有和/或本地运营，和/或主要办公地点在本地的，提供的大部分货物和/或服务主要采购自本地的资源或主要在本地制造的资源。②

其次，新西兰针对可以享受“购买本地产品或供应商优惠政策”的“本地供应商”或“本地企业”进行了优先顺序的排列：①旺加努伊区制造和供应的货物和/或服务；②旺加努伊区供应，但是在马纳瓦图—旺加努伊大区③的其他地方制造的；③在马纳瓦图—旺加努伊大区制造和供应的；④在马纳瓦图—旺加努伊大区供应，但是在新西兰其他地方制造的；⑤在新西兰制造和供应的；⑥在新西兰供应，但是在海外制造的。

最后，由于认识到了采购本地供应或制造的货物/服务对社区的益处，WDC制定了以下指南作为采购政策的一部分：①每个采购机会都向本地供应商开放。②若供应商之间在价格和质量特征方面相同，将按照本地供应优先清单中的顺序，将合同授予排在最前列的供应商。③若供应商所提供的产品或服务在质量特征方面相等，那么“购买本地优惠政策”将通过以下方式实施。其一，对于采购金额不超过100000美元的项目，如果被WDC认定为“本地”供应商的报价或投标，则可以被允许比所有其他投标或报价（最高）高出5%的金额。其二，对于采购金额超过100000美元的项目，如果被WDC认定为“本地”供应商的报价或投标，则可以被允许比所有其他投标或报价最高高出5000美元。其三，对于非公路相关的工程（或者虽然属于公路类工程，但并非接受NZTA补贴），以及采购最低价作为评标标准的，“购

① 2014年5月颁布，2014年10月起生效。

② A “local company” or “local supplier” shall be defined as a locally owned or operated and/or based company providing the majority of its goods and/or services from locally procured or manufactured resources.

③ Manawatu-Wanganui region 包含了 Rangitikei District, Ruapehu District, Manawatu District, Palmerston North City, Horowhenua District and Tararua District.

买本地优惠政策”可以被规定在评标标准中。其四，招标委员会（The Tenders Board）在其认为适当的时候有权向首席执行官推荐适用“购买本地优惠政策”，但决定是否适用该政策的最终裁量权在于首席执行官。

第二，新西兰交通局（NZTA）补贴。

如果道路交通相关项目（roading）涉及新西兰交通局的资金，那么“购买本地优惠政策”对其不适用。

4. 基本观察与分析

通过上述针对新西兰加入 GPA 谈判期间国内政府采购法律调整的情况，可以得出以下十点观察。

第一，在加入 GPA 的过程中，新西兰确实进行了大幅度的政府采购法律改革，但满足 GPA 等国际采购规则的要求仅仅是新西兰国内政府采购制度改革的目标之一。

第二，新西兰国内政府采购制度改革的原动力来自国内采购实践的需求，例如，为采购实体和供应商提供一份更为简化的、实用的采购规则，促进物有所值，促进创新。因此，新西兰国内政府采购改革的时机要早于加入 GPA 谈判开启之时，国内政府采购改革的范围也不仅仅局限于满足 GPA 要求，而是在于更广泛和深入的政府采购制度改革。

第三，针对因被纳入 GPA 涵盖范围而需要受到国内采购规则规制的采购实体实行较轻的规制。

新西兰在加入 GPA 谈判过程中确实存在将国内采购规则不适用的实体纳入 GPA 出价范围的情形。针对这些原来不受 GPA 采购规则规制的实体，新西兰在国内法律调整的过程中进行规制的路径是：针对这部分实体，新西兰并未要求其遵守所有强制性规则，而仅仅要求遵守与 GPA 要求相关的规则，并且仅适用于被 GPA 所涵盖的那部分采购活动。这种规制路径的逻辑是尽可能少规制或者实行较轻的规制。新西兰之所以采取这种规制路径，应该与新西兰政府一直奉行的对政府采购活动较少规制或者实行较轻的规制，以给予采购人更大裁量权的传统有关。

新西兰的这种处理方式有一定的优势：在采购规则中明确地提及对这类

实体的采购行为如何规制，可以使 GPA 成员方意识到这部分实体已经被纳入了国内采购规则的规制。

第四，因被纳入 GPA 涵盖范围而需要受到国内采购规则规制的实体清单并不明确。

但是，从调整之后的新西兰国内政府采购法律来看，因被纳入 GPA 涵盖范围而需要受到国内采购规则规制的实体清单并不明确，亦即这部分实体的范围不明确。《政府采购规则》并未明确给出这些实体的定义或者具体清单，而仅指向了相关网站①。值得注意的是，从相关网站上列举的清单来看②，并不能明确哪些实体为“不属于第 6.1 款和 6.2 款类型实体，但是因为在 GPA 和其他贸易协议定下的承诺使得其所实施的涵盖采购需要受到相关规则规制的实体”（第 6.3 款所涵盖的实体）。这意味着，从新西兰发布采购实体清单的网站来看，并不能区分出哪些实体原本不受采购规则规制，但是因为新西兰在 GPA 下将其列入了出价附件，所以其采购活动需要部分受到采购规则规制的实体。鉴于新西兰并不会将其国内所有受采购规则规制的实体都纳入 GPA 的出价范围中，若简单地比对出价清单中的实体与国内采购规则规制的实体清单，也不可能找出这部分的实体清单。因此，很难确定究竟哪些实体属于《政府采购规则》第 6.3 款所涵盖的实体。

第五，被新西兰纳入附件 3 出价清单的，有航空、气象服务、铁路和电力领域运营的 4 个国有企业，③ 在新西兰国内采购法上被列入了“被鼓励参照

---

① A list of these agencies is available［EB/OL］. www. procurement. govt. nz.

② 在该网站上，实体被划分为以下五类：

（a）“Agencies required to apply the government rules of sourcing”（包含了 128 个实体）；

（b）“Crown Research Institutes who must have regard to the Government Rules of Sourcing”（7 家）；

（c）“Agencies expected to apply the Government Rules of Sourcing”（含大约 150 个 Crown Entity Subsidiaries；2 416 个 School Boards of Trustees；20 个 Reserve Boards；以及 28 个被具体列明的实体）；

（d）“Agencies encouraged to apply the government rules of sourcing”（包含了 124 个实体）；

（e）“other eligible agencies”（The following agencies are eligible for All-of-Government contracts, Open Syndicated contracts and Common Capability contracts. MBIE has confirmed the eligibility of these agencies by applying the Collaborative Contract Eligibility Test approved by Cabinet in April 2013.）——包含了 127 个实体。

③ Airways Corporation of New Zealand Limited, Meteorological Service of New Zealand Limited, KiwiRail Holdings Limited and Transpower New Zealand Limited.

采购规则实施采购活动的实体”。这意味着，在新西兰国内政府采购规则仍不强制适用于这4个国有企业。若期望这4个国有企业的采购符合GPA规则，则需要其内部采购规则符合GPA要求。

第六，因被纳入GPA涵盖范围而需要受到国内采购规则规制的实体具体受哪些规则规制也不明确。

从GPA与新西兰国内法律的关系来看，GPA规则的要求已经被转化为新西兰的国内法律来实施。因此，受GPA规制的采购实体不需要再对照GPA规则来实施采购活动。若第6.3款所涵盖的实体仅受到与GPA相关规则的规制，则在国内法律实施层面存在一些问题。例如，这些实体无法从国内采购规则中识别出那些只是与GPA规则相关的或者说是GPA要求的规则。因此这部分实体具体适用哪些规则，是否需要适用所有强制性的采购规则，目前无法知晓。

第七，从采购规则来看，为了满足GPA要求，新西兰删去了国家层面政府采购规则中所包含的歧视性的采购条款。

在启动GPA谈判之前，新西兰国内采购规则要求政府机构必须向仅面向其国内建筑服务承包商协会的成员采购清洁服务。这无疑有悖于GPA所要求的非歧视原则。因此新西兰在加入GPA谈判的过程中，将国内采购法律上的这一要求删去了。

第八，针对GPA未涵盖采购，仍旧存在歧视性的采购政策。未被纳入GPA规制的采购实体会继续实施歧视性的采购政策，如给予本地制造和/或供应商的货物和/或服务以优惠。但这些歧视性政策会以不违背新西兰在GPA项下的承诺和义务的方式实施。例如，受新西兰交通局资助的道路交通项目受到GPA规制，因此在其未被纳入GPA涵盖的地区实施这类项目之前，不适用歧视性的采购政策。

第九，为了满足GPA的要求，采购实体必须在采购公告中对每项评价标准的相对重要性进行公布。

第十，通过规定例外条款和扩大例外条款的适用范围，将某些采购活动排除出政府采购规则的规制范围。例如，引入政府机构之间互相授予合同不受政府采购规则规制的例外条款。

四、小结

新西兰国内政府采购法律改革包含了符合 GPA 要求，及其在 GPA 项下所做出承诺的内容，这主要体现在：①在规制范围方面，将采购规则原本不强制规制、但承诺在 GPA 项下开放的采购实体纳入了强制规制的范围（如 14 个皇家实体）；②在非歧视性方面，删除了原有的歧视性采购条款；③进一步澄清和完善了采购规则以满足 GPA 的要求。

但是，新西兰国内采购法律的改革并非源于加入 GPA 的谈判，也并非仅限于满足 GPA 的要求。在更大程度上，采购法的改革是从完善国内采购规则出发，为采购人实施良好采购的实践提供要求、指导，为供应商创造良好的商业环境，促进物有所值的实现。例如，在考虑到要从货物、服务全生命周期角度实现物有所值时，新西兰政府所关注的是这将有助于给予新西兰供应商更好的机会，因为本地企业的提供成本和支持成本将明显低于国际竞争者。

未被新西兰政府纳入 GPA 规制的那部分采购活动，仍旧可以实施歧视性采购政策。新西兰政府采购法律也规定了政府机构之间彼此授予的采购合同可以不受政府采购规则的规制。

新西兰在加入 GPA 的过程中并未在 WTO 政府采购框架下围绕新西兰答复《问题核查清单》的情况进行磋商。从现有资料来看，可以推断出针对新西兰国内法律与 GPA 规则之间符合性的磋商应该主要是通过双边磋商解决的。

在新西兰提交加入 GPA 的最后出价后，欧盟作为 WTO 政府采购委员会的成员之一，需要针对其是否同意新西兰加入 GPA 的条件做出决定，并需要针对新西兰的政府采购法律是否符合 GPA 要求进行评价。对此，欧盟指出："新西兰政府采购框架具有非歧视性。其不存在给予本国货物或本国供应商相对于外国货物或外国供应商更为优惠待遇的条款。新西兰的政府采购法律是公开、透明和非歧视的，与 GPA 要求相符合。”①可见，欧盟认为新西兰的政府采购法律与 GPA 相符合。

但是，通过上述分析可知，现行新西兰政府采购法律并非完全满足 GPA 的要求。例如，4 个被纳入 GPA 涵盖范围的国有企业在国内法律中仅被划定为“被鼓励”遵守《政府采购规则》的实体。此外，因被纳入 GPA 涵盖范围而需要受到国内采购规则规制的实体清单，以及这些实体具体受哪些规则规制也不明确。

---

① European Commission, Proposal for a Council Decision establishing the position to be taken on behalf of the European Union within the Committee on Government Procurement on the accession of New Zealand to the Agreement on Government Procurement, (2014) 574 final (16.09.14). 参见 “Proposal for a Council Decision establishing the position to be taken on behalf of the European Union within the Committee on Government Procurement on the accession of New Zealand to the Agreement on Government Procurement”, ESO, https://www.europeansources.info/record/proposal-for-a-council-decision-establishing-the-position-to-be-taken-on-behalf-of-the-european-union-within-the-committee-on-government-procurement-on-the-accession-of-new-zealand-to-the-agreement-on/.

第八章　澳大利亚加入GPA法律调整经验研究

一、基本情况概述

初步统计表明，澳大利亚政府采购整体市场规模约为1100亿澳元（780亿美元）。澳大利亚于2015年6月2日正式申请加入GPA，并于2016年9月30日和2017年6月2日分别提交了修订出价。2018年3月7日，澳大利亚向WTO政府采购委员会提交了最终出价。2018年10月17日，WTO政府采购委员会会议做出了同意澳大利亚加入GPA的决定。澳大利亚国内立法机构在通过加入GPA的决定后，于2019年4月5日向WTO总秘书递交了加入文书，并在递交加入文书的30日后正式成为GPA成员方。①

二、澳大利亚的最终出价

（一）门槛价

澳大利亚在附件1中运用的门槛价达到了GPA成员方对于货物、服务和建筑服务设置门槛价的普遍水平。但是，在附件2中，澳大利亚对于货物和服务的出价要高于某些GPA成员方的出价（如其要高于欧盟在GPA附件2的出价）。附件3的门槛价水平与欧盟等GPA成员方齐平。

① Australia ratifies WTO procurement pact［EB/OL］.（2019-04-05）. WORLD TRADE ORGANIZATION，https：//www. wto. org/english/news_ e/news19_ e/gpro_ 05apr19_ e. htm.

（二）实体

在附件1（中央政府实体）中，澳大利亚提供了一份穷尽式的中央实体清单。同时，附件1也包含了4项排除性或限制性规定，如不涵盖澳大利亚政府律师服务（Australian Government Solicitor）的采购。

在附件2中，澳大利亚的出价范围仅限于州和地区政府实体（Government Entities of States and Territories），更低一级政府并未被纳入出价范围，如市级政府。公用事业、铁路和其他交通相关领域（如道路建设和港口）都是州和地区政府的责任。有些实体并未被附件2所涵盖（主要是交通领域实体）。根据澳大利亚对《问题核查清单》的答复，未将这些实体纳入出价范围的理由是其运营基于商业基础（operate on a commercial basis），或者其已经被私有化了。某些次中央政府针对摩托车采购在GPA项下做出了排除适用。

附件3包含了26个实体，这26个实体与澳大利亚在其自由贸易协定中所开放的实体清单相一致。澳大利亚在附件3中的出价实体包含了与欧盟法律上“受公法规制的实体”（欧盟将其放在附件2中）相对应的实体。因此，欧盟认为澳大利亚附件3实体的出价实际上适用了更高的门槛价。

澳大利亚并未将在公用事业部门运营的政府商业企业（Government Business Enterprises，GBEs）纳入出价范围。

（三）货物

澳大利亚承诺将所有涵盖实体全部采购货物的活动都纳入出价范围，并仅针对某些个别货物进行了排除（如血液及血液有关制品等）。

（四）服务

澳大利亚针对服务的出价范围采取了负面清单的方式。澳大利亚几乎将所有服务都纳入了出价范围，仅针对血浆分馏服务、政府广告服务、保健和福利服务（health and welfare services）以及研发服务等进行了排除。关于服务，澳大利亚做出了一项关于互惠或对等开放的说明，即只有GPA成员方向澳大利亚开放相关服务，澳大利亚才向其开放相关服务。

（五）建筑服务

澳大利亚以负面清单的方式针对建筑服务进行了出价。其将中央产品目录第51部分以及WTO分类系统（MTN. GNS/W/120）包含的建筑服务纳入了出价范围。

（六）总备注

澳大利亚在附件7中包含2条总备注。根据总备注1，GPA不适用于给予中小企业的任何优惠政策；不适用于保护具有艺术、历史或考古价值的文物所采取的措施；不适用于促进土著居民健康和服务的措施；不适用于在澳大利亚境外采购货物和服务以用于采购实体在境外消费的活动。总备注2则进一步明确了以下几点：GPA不适用于从未列入附件1、附件2或附件3的实体获取补贴和支助实施的采购活动；GPA不适用于采购实体从其他政府实体采购的活动；GPA的任何内容都不能阻止采购实体准备、采纳或者运用技术规格来保护政府敏感信息，包含可能会影响或者限制这些信息在采购实体领域之外实施储存、托管或处理的技术规格；采购实体可以根据第13条第1款的规定针对未经征求的创新性建议书（unsolicited innovative proposals）适用有限招标程序。

三、澳大利亚针对《问题核查清单》的答复和澄清情况

2015年9月24日，澳大利亚首次针对《问题核查清单》进行了答复。但是，随后GPA成员方并未在GPA框架下针对澳大利亚答复《问题核查清单》的情况进行评论、提问或磋商。

（一）政府采购法律框架

在澳大利亚，联邦、州和地区政府都有各自的政府采购法律框架。

联邦政府及其实体实行分散采购。联邦实体有责任遵守这些法律的义务。联邦实体的政府采购活动受到《公共治理、绩效和问责法（2013）》以及《澳大利亚联邦采购规则》（*Commonwealth Procurement Rules*，CPRs）的规制。这两部法律都包含澳大利亚在国际自由贸易中承担的义务。

《公共治理、绩效和问责法（2013）》是主要的联邦资源管理法律，确立了一套公共资源的治理和问责制度，其强调计划、绩效和报告。该法适用于所有的联邦实体。在该法之下，每个联邦实体对其自身的采购活动负责。

《澳大利亚联邦采购规则（2014）》是澳大利亚财政部根据《公共治理、绩效和问责法（2013）》第105B部分第（1）款颁布的。CPRs是政府采购政策框架的主要基础，适用于所有非企业类的联邦实体以及法定企业类联邦实体（prescribed corporate Commonwealth entities）。

CPRs与澳大利亚在自由贸易协定下所负有的义务相一致。其第一部分规定了所有采购活动（无论其金额大小如何）都应当适用的重要原则：物有所值；鼓励竞争；效率、有效、经济和符合道德（ethical）的采购；合规性和透明度；采购风险；采购方式。CPRs为门槛价以上和门槛价以下的采购分别规定了采购规则。当实施门槛价以上的采购活动时，采购实体被要求遵守强制性采购程序（在CPRs第二部分中所规定的采购规则）。

联邦政府颁布了一系列采购所涉及，且相关采购实体需要在其采购活动中适用的政策。① 澳大利亚国防部也颁布了《国防采购政策指南》（*Defence Procurement Policy Manual*，DPPM）。② DPPM是国防办公室在实施采购过程中援引的主要文件，其提供了最新的采购政策以及实施指南，以确保采购活动遵守联邦政策。

---

① 这些采购政策清单可以在以下网址获取：http：//www. finance. gov. au。

② 可从http：//www. defence. gov. au查阅相关信息。

此外，澳大利亚在《问题核查清单》中还介绍了澳大利亚首都地区（Australian Capital Territory）、新南威尔士、北部地区（Northern Territory）、南澳大利亚、塔斯马尼亚（Tasmania）、维多利亚、西澳大利亚地区的政府采购法律框架。

（二）实施 GPA 规则的方式

在联邦政府层面，任何联邦法律和联邦采购规则尚未涵盖的 GPA 规则，都将通过修订联邦采购框架在国内得到实施。这意味着，GPA 规则不能直接在澳大利亚联邦政府层面得到实施，需要转换成其联邦法律来实施。

在澳大利亚的州和地方政府层面，实施 GPA 规则的方式有所差异。例如，在澳大利亚首都地区，为了实施 GPA 规则的要求，任何必要修订都会体现在针对采购法、条例和采购指南的修订方面。又如，在南澳大利亚州，州一级的采购委员会的政策框架中包含了一项"国际义务政策"。其规定采购当局需要确保其遵守南澳大利亚州作为签署方的自由贸易协定中政府采购章节的内容。

（三）政府采购实体

澳大利亚在《问题核查清单》中列明了中央实体清单，以及州、地区层面的政府实体清单。

此外，澳大利亚在《问题核查清单》中还指出，对于附件 3 类实体而言，在澳大利亚主要是指那些对其采购活动负责，受联邦政府采购框架及相关法律、法规规制的实体。其还列举了一个受 CPRs 规制的附件 3 实体清单①。澳大利亚也在答复中指出："同样存在其他企业类联邦实体，其既不受 CPRs 规制，也不受到澳大利亚所承诺的国际贸易义务的约束。"②

（四）采购规模的统计

在 2013—2014 财政年度，联邦政府所授予的采购合同数量为 66047 份，总金额为 489 亿澳元。在 2012—2013 财政年度，联邦政府所授予的采购合同数量为 67854 份，总金额为 393 亿澳元。

澳大利亚提供了不同门槛价范围的采购合同数量和金额，以及货物采购、

---

① 该清单如下：

· Australian Communications and Media Authority;
· Australian Competition and Consumer Commission;
· Australian Financial Security Authority;
· Australian Fisheries Management Authority;
· Australian Human Rights Commission;
· Australian Institute of Health and Welfare;
· Australian Institute of Marine Science;
· Australian Maritime Safety Authority;
· Australian National Maritime Museum.
· Australian Nuclear Science and Technology Organization;
· Australian Pesticides and Veterinary Medicines Authority;
· Australian Prudential Regulation Authority;
· Australian Securities and Investments Commission;
· Australian War Memorial;
· Comcare;
· Commonwealth Scientific and Industrial Research Organization;
· Export Finance and Insurance Corporation;
· Grains Research and Development Corporation;
· Great Barrier Reef Marine Park Authority;
· National Gallery of Australia;
· National Museum of Australia;
· Reserve Bank of Australia;
· Sydney Harbour Federation Trust;
· The Director of National Parks;
· Tourism Australia.

② There are also other corporate Commonwealth entities that are not subject to the Commonwealth Procurement Rules or Australia' s international trade obligations.

服务采购的合同数量比重和采购金额比重、前20类货物和服务采购的统计分析（包含中小企业参与的比重）、采购规模和数量排前十位的采购实体。从这些统计数据可以看出，中小企业参与的前20类货物和服务采购的比重较高，如公用事业和公共部门相关的服务采购领域中，在2013—2014财政年度，中小企业的参与比例可以高达59.2%。在教育和培训服务采购领域，这一比例可高达63.6%。该比例在商用、军用以及民用车辆及其零配件采购领域也高达50.5%。

（五）国民待遇和非歧视

1. 有关非歧视的一般性规则

澳大利亚联邦政府指出，CPRs第5.3部分对国民待遇和非歧视做出了规定："澳大利亚政府的采购框架是非歧视的。根据CPRs，政府的所有潜在供应商必须基于其商业、法律、技术和融资能力被公平对待，并且不会因为其规模、外国附属程度或所有权、所在地或者其货物和服务的原产地而被歧视。"

而在州和地区政府层面，关于非歧视性的表述并非一致：有些表述仅仅是引述了其采购政策中所规定的平等和非歧视原则。例如，北部地区的政府采购原则规定，由于道德行为和公平交易的要求，所有的采购活动需要以一种非歧视、公平、独立、公开、廉洁和专业的方式进行；有些地区则在其政府采购法律中专门规定了有关履行国际义务的条文（如Tasmania）。

2. 给予特定部门、产品或服务以优惠的规则

在澳大利亚联邦政府层面，某些部门的采购政策要求或者促进使用本地产品或本地供应商，如给予本地制造的机动车、自给自足的血液（self-sufficiency in blood）以及与土著有关的采购政策（Indigenous Procurement Policy, IPP）等。

3. 给予土著居民拥有50%以上所有权的中小企业优惠的采购政策

澳大利亚在答复《问题核查清单》时指出，虽然联邦法律不允许本地设

立的企业因其外国附属程度或所有权而被不公平对待，也不允许因其供应的货物或服务的原产地歧视本地设立的供应商。但 CPRs 规定，无论采购金额的大小，都可以直接从土著居民拥有 50%所有权的中小企业中采购货物和服务。

此外，联邦政府设置与土著有关的采购政策旨在促进土著居民拥有所有权的企业参与政府采购活动。目前，澳大利亚有 3%的人口为土著居民。在全国范围内，48%的 18~64 岁的澳大利亚土著居民的经济状况较差且依靠国家福利。促进土著居民参与政府采购活动的政策有望鼓励土著居民参与商业活动，也为其参与经济提供了更多的机会。该项政策最早于 2015 年 7 月 1 日出台，其包含了下述从土著供应商处实施采购的目标（见表 2）。

表 2　各财政年度联邦政府从土著供应商处采购的合同数量

财政年度	联邦政府从土著供应商处采购的合同数量
2015—2016	0. 5%的国内采购合同
2016—2017	1. 5%的国内采购合同
2017—2018	2. 0%的国内采购合同
2018—2019	2. 5%的国内采购合同
2019—2020 及之后	3. 0%的国内采购合同

4. 特殊采购

在联邦政府层面，下述采购活动仅需要遵循 CPRs 第一部分规定的一般采购原则，而不需要遵守 CPRs 第二部分规定的具体采购规则：①研发服务；②机动车；③血浆产品和血浆分馏服务；④政府广告服务；⑤来自主要为残疾人提供服务的企业的产品和服务；⑥来自土著的至少拥有 50%所有权的中小企业的货物和服务。①

各州和地区也存在这类政策，具体可以参见表 3。

① Research and development services; Motor vehicles; Blood plasma products or plasma fractionation services; Government advertising services; Goods and services from a business that primarily exits to provide the services of persons with a disability; Goods and services from a Small and Medium Enterprise (SME) with at least 50 percent Indigenous ownership.

表 3　特殊采购政策

地区	相关采购政策
澳大利亚首都直辖区	澳大利亚首都地的区政府有一项优先考虑当地中小企业的政策，如果投标者是当地中小企业，则适用 5%的权重；如果投标者将工作的一部分分包给当地中小企业，作为商品和服务供应的招标评估过程的一部分，则按相应比例的权重进行评审，参见 http：//www. procurement. act. gov. au/About/Supporting-SMEsin-our-region。 基本工程和基础设施的采购没有评估程序
新南威尔士州	新南威尔士州的政府采购政策框架有时会运用多种方式，并通过政府采购来促进特定的商业和社会目标，一个主要的例子就是有关“残疾人组织和土著人拥有的企业”的采购
北部地区	北部地区的政策规定了“物有所值”的采购方向，在招标评估期间，促进当地开发利用项目的权重至少为 20%（参见：http：//www. dob. nt. gov. au/business/tenderscontracts/legislative_ framework/directions/Pages/po1. aspx）。但是，该标准并不优先考虑当地的供应商，而是通过评估投标者的反应，考虑其是否有可能根据政府的最高目标提供更好的产品或服务，包括发展北部地区工商业在产品供应和服务响应方面的能力，或实现北部地区政府所制定的广泛的社会战略目标，如增加土著居民、学徒和受培训者的经济参与和就业机会。 所有的供应商和供应品都在平等的基础上竞争，当地的供应商及供应品不会自然而然地得到优惠或鼓励
昆士兰州	《昆士兰采购政策》不会给予任何经济部门、地区或特定类别的供应商或供应品更优惠的待遇。 《昆士兰采购政策》第 4 条允许使用采购来推进政府在经济、环境和社会方面的目标。该政策给予了供应商在决定如何采取行动方面的灵活性。然而，该政策 26 条要求供应商遵守与采购相关的国际贸易协定。 此外，与采购有关的政策也可能会通过采购支出影响采购的方式及结果。这些政策需要符合昆士兰政府所遵守的国际协定要求。有关政策的详细资料请浏览以下网址：http：//www. hpw. qld. gov. au/Procurement/Buyers/HowToBuy/PolicyAndGuidance/Pages/FreeTradeAgreements. aspx

续表

地区	相关采购政策
南澳大利亚地区	南澳大利亚州政府制定了优质食品战略和葡萄酒战略，旨在鼓励南澳大利亚州的各机构在可行和合理的情况下，支持政府主办的活动，并在活动中宣传该州的优质食品品牌、葡萄酒品牌。该政策的实施在某种程度上符合南澳大利亚州的情况。 政府目前对 WTO 的承诺： 规划、运输和基础设施部门负责管理劳动力。而参与政府建设需要政府机构和承包商共同努力，以确保在建筑和市政工程的特定合同中，15%的劳动由学徒、受培训者、土著居民、在就业和提高技能方面有障碍的当地人（目标群体）承担。该政策的链接可以在以下网址中找到：http：//www. dpti. sa. gov. au/wpgcp。 行业参与政策： 行业倡导办公室负责制定行业参与政策，该政策涵盖了商品、服务和工程的采购，并适用于“需要负责的政府机构”，具体机构在《2004 年国家采购法》和相关法规中公布。行业倡导办公室的目标是确保南澳大利亚州有能力的中小企业有充分、公平和合理的机会进行投标并参与重大公共和私营部门项目。 行业倡导办公室在南澳大利亚州遵守的相关国家法律及国际协议所规定的采购政策范围内运作。为与这些协议一致，行业倡导办公室不强制规定采购中“当地元素”的含量水平，也不为当地供应商提供优惠待遇。有关资料请参阅： http：//www. dpc. sa. gov. au/south-australian-industry-participation-policy。 以上政策没有附加任何优惠措施以实现或实施其目标
塔斯马尼亚州	不给予任何经济部门、地区或任何特定类别的供应商、供应品更优惠的待遇。 在为残疾人提供服务的企业当中采购商品和服务时，应遵循财务指示中的《指示 1127：向残疾人提供就业机会的企业商品和服务采购》和《指示 1231：向残疾人提供就业机会的企业建筑和建设/道路和桥梁采购》，此外还应遵循据当前具有约束力的贸易协定所规定的例外情况。 根据当前具有约束力的贸易协定中的排除条款，可以直接从财务指示所涵盖的政府实体中进行采购，无须通过正常情况下规定的采购程序。 塔斯马尼亚政府的“购买当地产品政策”旨在提高人们对购买当地产品的要求和好处的认识，并改善中小型企业获得政府合同的机会。相关的财务指示为《指示 1119：购买本地商品和服务的政策》和《指示 1225：购买本地建筑和施工/道路和桥梁的政策》。财务指示不提供购买地产品或服务的优惠。更多资料载于刊物《本地采购政策：政府机构指南》，可于以下网址中浏览：http：//www. purchasing. tas. gov. au/buyingforgovernment/getpage. jsp？uid＝34A2CEB6804BED10CA257CCA000F0926。 有关行业参与计划、行业影响声明和当地利益测试的指导信息，可从以下网站获得： http：//www. purchasing. tas. gov. au/buyingforgovernment/getpage. jsp？ uid ＝ 8E35F9AF6CDAE0D6CA257CAC001090A7

续表

地区	相关采购政策
维多利亚州	根据《维多利亚州产业参与政策的法案》，资本支出超过1亿澳元或在整个生命周期中成本超过2.5亿澳元的项目，可以被维多利亚州政府宣布为战略项目。 维多利亚州行业参与政策旨在鼓励本地中小企业参与政府采购机会。该政策建立在四项基本原则（价值、竞争力、非歧视和透明度）之上，这些原则体现在适用于采购过程的各个阶段的政策指导方针中。 《维多利亚州政府有关机动车标准的政策》规定，政府只允许租赁或购买在澳大利亚制造的乘用车和轻型商用车。“澳大利亚制造”是指车身在澳大利亚组装和喷漆，合规板在澳大利亚制造点安装。如果在澳大利亚生产的轻型商用车不适合被使用，则只允许租赁或购买由澳大利亚汽车制造商进口销售的轻型商用车。参见维多利亚州政府标准汽车政策： “http：//www.dtf.vic.gov.au/Fleet-Management/Victorian-Government-vehicle-contract-andpolicies/”
澳大利亚西部	西澳大利亚政府允许从澳大利亚残疾人企业和土著企业中直接采购。 西澳大利亚政府的本地采购政策适用于商品、服务和工程的采购，不适用于《澳大利亚现行贸易协定》中合作伙伴的投标。相关内容可在以下网址查阅： http：//www.finance.wa.gov.au/cms/State_Supply_Commission/Other_Government_Policies.aspx。 财政部在工程采购中实施“购买当地产品”政策，对土著的企业和雇用土著居民的企业实行优先招标

5. 补贴

无论在联邦政府层面，还是在州、地区政府层面，其政府采购法律都不存在允许补贴的政策。

6. 避免利益冲突和防止腐败

澳大利亚在有关《问题核查清单》的答复中，简要介绍了其在联邦政府层面和州、地区政府层面有关避免利益冲突和防止腐败的规定、措施。如在联邦政府层面，CPRs要求采购官员遵守其职业道德（第6.6部分和第6.8部分）。其主要包含以下几个方面的要求：识别和处理真实的、潜在的和被预见的利益冲突，指导采购官员谨慎考虑公共资源的使用，以及要求采购官员遵守与“采购实体有关礼物和招待方面的政策”、隐私原则（《1988隐私法》及《1914刑事法》）。此外，针对门槛价金额以上的采购活动，如果采购实体需要咨询私人部门，那么应当确保被咨询的供应商不会获取相对于其他潜在供应商的非公平优势。同时，《澳大利亚公共服务行为准则》（*The Code of Conduct for the Australian Public Service*）要求所有的雇员遵守相关行为准则；《2010竞争和消费者法》（*The Competition and Consumer Act* 2010）也禁止政府采购供应商参与腐败行为以及“卡特尔行为”（一种使市场趋于垄断的串谋行为）。

7. 采购流程要素

澳大利亚以联邦政府采购法律和州、地区政府采购法律为基础，答复了《问题核查清单》中有关采购流程要素的提问。总体而言，这些规则与GPA规则不冲突。

8. 救济程序

澳大利亚以联邦政府采购法律和州、地区政府采购法律为基础答复了《问题核查清单》中有关救济程序的提问。总体而言，这些规则符合GPA规则的要求。

四、CPRs修订及欧盟询问

（一）2016年修订的主要内容

2016年11月，澳大利亚政府宣布将更新CPRs的相关条款。除了涉及文本表述更为清晰的条文之外，本次修订主要涉及以下三个方面的新规定[①]：①对于采购金额超过400万澳元的采购活动，联邦实体“在选择投标书时必须考虑该采购给澳大利亚经济带来的经济利益”。②采购需要符合相关法律的规定，可以针对潜在供应商的雇用状况、职业健康、安全以及环境影响进行合理询问（reasonable enquires）。③如果适用了某项标准，投标人必须证明其有

① Australian businesses benefit from new Government purchasing rules [EB/OL]. SENATOR THE HON KATY GALLAGHER, https://www.financeminister.gov.au/media-release/2016/11/30/australian-businesses-benefit-new-government-purchasing-rules.

能力满足相关的澳大利亚标准或国际标准，并且采购实体应当在合同履行过程中采取相关措施来证明供应商遵循了相关标准的要求。修订后的澳大利亚《联邦采购规则》于2017年3月1日正式生效。

（二）欧盟的询问

新修订的CPRs于2017年3月1日正式生效，同年3月24日，欧盟驻澳大利亚使团向澳方发布了一份“有关联邦采购框架的询问”（Inquiry into the Commonwealth Procurement Framework）[①]。这份询问主要涉及CPRs的第10.10条（涉及标准的适用）和第10.30条（“经济利益”的认定）。欧盟表示，要理解这些条文，就要与非歧视性规定一起解读，但是这些规定本身及与之相关的指南引起了有关其与GPA兼容性的关切。此外，考虑到政府采购也是欧盟与澳大利亚贸易关系的重要领域之一，国际采购安全建立在成员方之间给予国民待遇这一核心原则之上，上述关切对于未来的双边关系也极其重要。

1. 有关国际标准与澳大利亚标准在描述技术规格中的运用

具体而言，第10.10条规定：“如果澳大利亚标准被适用于货物或服务的采购，那么对其响应的投标书必须证明其有能力满足澳大利亚标准，以及其合同必须包含可适用标准的证据。”[②] 澳大利亚财政部发布的指南性文件在针对这一条进行解释时表示，若存在相关国际标准，应当在相关采购中使用国际标准，除非国际标准的适用并不能够满足相关实体的需求，或者相较于使用被认可的澳大利亚标准而言，可能会带来更大的负担。为此，欧盟认为这一解释实质上表现为，若国际标准和澳大利亚标准并存，采购实体仍然可以优先适用一项澳大利亚标准。澳大利亚的相关指南还表示，在适用有关货物

---

① Inquiry into the Commonwealth Procurement Framework, Submission from the Delegation of the European Union to Australia—24. 03. 2017.

② Where an Australian standard is applicable for goods or services being procured, tender responses must demonstrate the capability to meet the Australian standard, and contracts must contain evidence of the applicable standards.

续表

2019版CPRs变更的内容	说明
针对市场的通知（新7.11）	文本并未变更，为了提高清晰性，仅将之前的第7.9款划分为两条
提供信息（7.16）	将“存档”（documentation）修改为附录B中所界定的“要求存档”（request documentation）
采购方法（9.1和9.9）	删除“资格预审的投标书”（prequalified tender）作为一种采购方式，并且指出“法律服务多用途名单”不再适用
有限招标（Limited Tender）（9.11）	新增一款要求将达到相关门槛金额及以上的采购活动运用一项有限招标程序的正当性在Aus Tender上公布
根据有效要约进行的采购（9.12）	明确根据有效要约进行的采购不需要遵守CPRs第二部分规则的要求，但是必须遵守CPRs第一部分规则的要求
运用有限招标的条件（10.3）	修订后的第10.3款，将资格预审的投标作为向市场“公开”合同机会的方式已经被废止
运用有限招标的条件（10.4）	要求相关实体在运用有限招标方式实施特定门槛价以上的采购活动时，遵守第10.9款至第10.13款的规定
技术规格（10.9~10.10）	重写和修订了第10.9款和第10.10款，以反映TPP-11和WTO-GPA有关国际标准的规定
参与条件（10.19）	将第10.19款中的“职业”健康和安全修改为“工作场所”的健康和安全，从而与立法保持一致
最短投标期限（10.24）	如果不接受电子方式递交投标书，将商业货物和服务①的最短投标期限从10日改为13日
合同管理/标准核实（10.39）	在验收时适用一项标准和相关要求方面，将“澳大利亚标准的，若不存在则是国际的”这一表述删去，因为附录B中已经针对“标准”进行了界定
附录A：豁免适用1和10	豁免适用1：更新文本已包含“租赁”（leasing）； 豁免适用10：删去有关“机动车辆”的豁免使用
附录B：定义	新增了一项有关“联邦实体”的定义；删去了有关“资格预审投标书”以及“法律服务多用途名单”的定义

① 根据《联邦采购规则2019》附录B的定义，“商业货物和服务”是指通常被用来销售给有非政府类采购人，它们基于非政府目的而购买的一类货物、服务，包括商业市场上的任何普遍的调整（modificaitons）或者商业市场上非普遍的任何细微调整。

（四）新修订版本针对欧盟关切的回应情况

此次修订对欧盟有关“描述技术规格时，使用国际标准和澳大利亚标准”的关切做出了回应。第 10.10 条删去了以下内容：国际标准和国内标准并存时，可以选择使用澳大利亚标准的情形之一——“若使用国际标准相对于使用经认可的澳大利亚标准而言可能会带来更大的负担。”但是，从 CPRs 的最新文本来看，对有关“经济利益”的条款并未进行修订（第 10.32 条）。从澳大利亚财政部官网来看，之前发布的指南仍旧有效。①

五、欧盟对澳大利亚政府采购法律框架的评价

澳大利亚加入 GPA 的进程取决于 WTO 政府采购委员会做出的决定。欧盟作为 WTO 政府采购委员会成员之一，享有一票否决权。欧盟若做出相关决定，需要以欧盟委员会的建议为基础，经欧盟理事会决定。2018 年 9 月，欧盟委员会在其《关于澳大利亚加入 GPA 欧盟立场的建议书》② 中阐述其对澳大利亚政府采购法律框架的评价。

欧盟委员会的相关评价如下：“澳大利亚在政府采购方面的立法似乎是非歧视的。根据 CPRs，其政府采购框架显示了非歧视性。同时，根据 CPRs，政府的所有潜在供应商，应以其商业、法律技术和财务能力为基础被公平对待，也并不会因为其规模、外国附属关系的程度或者所有权、地点或其产品或服务的原产地而被歧视。因此，澳大利亚的政府采购法律似乎与 GPA 所要求的开放、透明和非歧视是一致的。话虽如此，但澳大利亚在最终出价的附件 7 中，将针对中小企业的任何优惠性措施排除在了 GPA 适用范围之外，这

① https：//www.finance.gov.au/sites/default/files/guidance-rules-10_ 31-and-10_ 32.pdf? v=1.

② EUROPEAN COMMISSION ，Proposal for a Council Decision establishing the position to be taken on behalf of the European Union within the Committee on Government Procurement on the accession of Australia to the Agreement on Government Procurement，Brussels，7.9.2018，COM （2018） 622 final.

将在欧盟针对澳大利亚的保留中得到解决，并反映在欧盟的附录一减让表中。”①

六、小结

第一，澳大利亚在GPA的出价包括了之前国内采购法律不规制，但是因纳入GPA出价而被国内采购法律所规制的实体，即“区域性投资公司”（Regional Investment Corporation）。

第二，澳大利亚并未将公用事业部门运营的GBEs纳入出价。为此，其法律调整的路径是将该实体名称直接加入CPRs的相应条款中。

第三，澳大利亚针对州、地区政府的出价仅停留在其本级，并不包含其之下的市级等地方政府。

第四，由于澳大利亚因采取联邦制，其联邦政府与州、地区政府之间都有其各自独立的政府采购法律框架。澳大利亚在对《问题核查清单》的答复中介绍了联邦层面和州、地区层面各自的政府采购法律规制框架。

第五，GPA成员方主要关心的是其联邦政府法律采购框架，尤其是CPRs与GPA规则之间的符合性。这一点可以从欧盟对澳大利亚政府采购法律制度

---

① Australia' s legislation in the field of covered government procurement appears to be non-discriminatory. According to Australian Commonwealth Procurement Rules (CPRs), its government procurement framework is non-discriminatory. All potential suppliers to government must, subject to the CPRs, be treated equitably based on their commercial, legal, technical and financial abilities and not be discriminated against due to their size, degree of foreign affiliation or ownership, location, or origin of their goods and services. Thus, Australia' s legislation on government procurement appears to be open, transparent and non-discriminatory in line with the Agreement' s requirements. This being said, Australia' s final offer contains under Annex 7 a broad exclusion on any form of preference to benefit small and medium sized enterprises, which is to be addressed in the EU reservations towards Australia and reflected in the EU' s schedule in Appendix I. EUROPEAN COMMISSION , Proposal for a COUNCIL DECISION establishing the position to be taken on behalf of the European Union within the Committee on Government Procurement on the accession of Australia to the Agreement on Government Procurement Brussels, 7. 9. 2018 COM (2018) 622 final, 2018/0324 (NLE). Establishing the position to be taken on behalf of the European Union within the Committee on Government Procurement on the accession of Australia to the Agreement on Government Procurement [EB/OL]. (2018-03-24). EUROPEAN COMMISSION, https://www.europarl.europa.eu/RegData/docs_ autres_ institutions/commission_ europeenne/com/2018/0622/CO M_ COM (2018) 0622_ EN.pdf.

的评价看出。

第六，澳大利亚政府采购法律规则中也存在诸多实施政策目标的条款。无论是在联邦政府采购层面，还是在州、地区政府采购层面，给予中小企业的优惠政策尤其明显。例如，在联邦层面，采购实体可以将任何金额的货物、服务采购合同直接授予土著拥有至少50%所有权的中小企业。在澳大利亚首都地区，可给予本地中小企业5%的优惠政策。

第七，澳大利亚在加入GPA的过程中也对国内政府采购规则进行了调整。在联邦政府层面，主要表现在五个方面。

①对联邦采购规则中不符合GPA要求之处进行调整，如有关商业货物或服务采购最短投标期限的规定，有关用国际标准、国内标准描述技术规格的规定等。②对于采购金额超过400万澳元的采购活动，联邦实体“在选择投标书时必须考虑该采购给澳大利亚经济带来的经济利益”。③采购需要符合相关法律的规定，可以针对潜在供应商的雇用状况、职业健康、安全以及环境影响进行合理询问。④如果适用了某项标准，投标人必须证明其有能力满足相关的澳大利亚标准或国际标准，并且采购实体应当在合同履行过程中采取相关措施来证明供应商遵循了相关标准的要求。在州、地方政府层面则表现为，制定优先购买本地供应商、货物、服务的采购政策。⑤澳大利亚对联邦政府和州、地方政府层面的政府采购政策调整，在某些方面可能有违GPA的要求（例如，“考虑采购给澳大利亚经济带来的经济利益”这一要求）。虽然欧盟驻澳大利亚代表已经在其问询过程中提出了异议，但是从目前澳大利亚最新的CPRs来看，该条款仍然存续，相关的实施指南也仍旧有效。

第八，针对澳大利亚政府采购制度与GPA符合性，GPA成员方与澳大利亚之间在WTO框架下并未进行提问、磋商和评论，但仍然存在双边的磋商，例如，欧盟针对澳大利亚新修订CPRs相关条文的问询。这些问询主要集中在以下两个方面：“有关国际标准与澳大利亚标准在描述技术规格中的运用”和有关考虑“给澳大利亚经济带来的经济利益”的要求。

第九章　英国以独立身份加入 GPA 法律调整经验研究

一、基本情况概述

在脱离欧盟之后，英国将作为独立的 GPA 成员方在 GPA 框架下开放其公共采购市场。2018 年 6 月，英国向 WTO 政府采购委员会提交了以独立身份加入 GPA 的出价方案及针对《问题核查清单》的答复。之后，英国与其他 GPA 成员方之间针对出价和法律符合性问题展开了多轮磋商。所有 GPA 成员方都再次强调其希望英国在脱欧之后以一种“无缝衔接”的方式加入 GPA。

2018 年 11 月 27 日的 WTO 政府采购委员会会议上，GPA 成员方原则上同意英国在脱欧之后以独立身份加入 GPA 的最终出价谈判。2019 年 2 月 27 日，WTO 政府采购委员会正式批准了这一决定。①

二、英国针对《问题核查清单》的答复

2018 年 6 月 1 日，英国向 WTO 政府采购委员会提交了针对《问题核查清单》的答复。②

---

① UK set to become a party to the Government Procurement Agreement in its own right [EB/OL]. (2019-02-27). WORLD TRADE ORGANIZATIO, https://www.wto.org/english/news_e/news19_e/gpro_27feb19_e.htm.

② GPA/ACC/GBR/2, 5 June 2018.

（一）法律框架

1. 主要法律

在英国，规制政府采购的法律框架由六部次级法律（英国的法规）组成。这些法规根据1972年欧共体法第2（2）部分的规定，将欧盟关于公共合同的第2014/24/EU号指令、关于公用事业合同的第2014/25/EU号指令、关于特许经营合同的第2014/23/EU号指令、关于救济程序的第89/665/EC号指令与第92/13/EC号指令转化成英国国内法律。

2016年6月，英国举行了脱离欧盟的全民公投，之后便向欧盟递交了退出欧盟的通知。随后，英国与欧盟之间展开了关于退出条件的正式谈判。英国脱欧的整体路径是确保英国在脱离欧盟之后仍然适用相同的规则和法律，从而确保其连续性和确定性。英国规制政府采购的法规将仍然有效，并且英国脱离欧盟的结果不会导致这些法规有实质性的修改。

对于英格兰、威尔士和北爱尔兰而言，规制其政府采购活动的法规主要为:《公共合同条例2015》及其修订版本（以下简称“PCR 2015”）、《公用事业合同条例2016》及其修订版本（以下简称“UCR 2016”）及《特许经营合同条例2016》。而这三个条例并不适用于苏格兰PCR 2015中有关修订规制（国防和安全采购法律的条文除外）。对于苏格兰而言，相关的法律包括《苏格兰公共合同条例2015》及其修订版本（以下简称“PCSR 2015”）、《苏格兰公用事业合同条例2016》及其修订版本（以下简称“UCSR 2016”）及《苏格兰特许经营合同条例2016》及其修订版本（以下简称“CCSR 2016”）。

2. 其他一般性法律

《公共服务（社会价值）法2015》要求采购当局在实施属于PCR 2015规制的公共服务合同采购前，考虑建议可以提高相关区域的经济、社会和环境水平的采购，以及其如何实施采购程序才能改善经济、社会和环境水平。

《采购改革（苏格兰）法2014》与《采购（苏格兰）条例2016》向采购

当局实施的由 PCSR 2015 所规制的采购活动，施加了两项额外的义务，即可持续采购责任和社区利益责任（community benefits duty）。可持续采购责任是指，在实施采购活动之前，采购当局需要考虑如何实施采购流程以改善该区域的经济、社会和环境水平，促进中小企业、第三部门实体（third sector bodies）以及受扶持企业（supported business）的参与并促进创新。社区利益责任是指，采购当局在实施价值 400 万英镑以上的采购项目之前，需要考虑是否施加有关社区利益的要求。如果其决定施加该项要求，采购当局必须在邀请竞争和授予通知中详细说明该要求。如果决定不施加该项要求，那么采购当局必须在邀请竞争的通知中说明其理由。

《平等法 2010》（*The Equality Act* 2010）要求公共当局在履行其职能的过程中遵守公共部门所负有的平等职责。公共部门平等职责是指，消除歧视、骚扰、侵害以及任何该法所禁止的行为；促进拥有被保护特征的人群与不拥有被保护特征人群之间的机会平等；培养这两类人群之间的良好关系。该法第 155 条第（2）款赋予了国务大臣（The Secretary of State）实施该法所需职责的权力，具体参照指令第 2014/24 号所涵盖的有关该指令规制的职能当局。该权力已经在《〈平等法 2010〉（特定职责）（苏格兰）修订条例 2012》中得到了行使，该法规要求作为 PCSR 2015 所规定的采购当局考虑与合同履约有关的合同授予标准和条件是否包含了有关更好地履行其平等职责的考量。①

《中小企业和就业法 2015》第 39 部分授予了内阁办公室部长向采购当局施加责任的权力（全部或主要职责在于从事苏格兰、威尔士或北爱尔兰采购事项的采购当局除外）。该法第 40 部分同样也要求这些采购当局对以内阁办公室部长名义所实施的任何与其采购实践相关的调查加以配合。

---

① “Section 155（2）of the Act confers a power for the Secretary of State to impose certain duties in connection with the Act specifically by reference to authorities covered by Directive 2014/24 in connection with functions that are regulated by that Directive. This power has been exercised in the Equality Act 2010（Specific Duties）（Scotland）Amendment Regulations 2012, which require a listed authority that is a contracting authority for the purposes of the PCSR 2015 to have regard to whether certain award criteria and conditions relating to the performance of a relevant contract should include considerations that are relevant for the purposes of enabling the listed authority to better perform the equality duty.”

《能源效率指令》（一部欧盟指令）第 6 条要求中央政府部门采购能源效率高的货物、服务和建筑。该义务不适用于不具备成本有效性的，或者不存在有效竞争的情形。该指令同样鼓励其他公共实体，如地方和区域性政府效仿中央政府的实践。

3. 适用于地方当局的其他法律

《地方政府法 1972》第 135 部分要求地方当局自行制定有关货物供应合同或工程合同的规则（如内部规则）等。

《地方政府法 1988》第 22（1）部分规定，维护一份有意向参与公共供应合同、公共服务合同或公共工程合同的实体清单的地方当局及各类其他地方公共实体，不能要求清单中的实体或者申请加入清单中的实体支付任何费用。

《地方政府（透明度要求）（英格兰）条例 2015》要求公共合同等信息以一种特定方式和形式、在特定情形下发布。

4. 部门法律

在英国的不同部门还存在适用于公共采购的其他法律，其主要涉及国防和安全采购以及健康服务采购。这些部门的采购活动都不在英国 GPA 项下的出价范围之内，因此英国并未在《问题核查清单》的答复中进行相关阐述。

交通部门制定的相关法律是唯一与英国在 GPA 下出价相关的部门法律。《交通法 1985》第 89 部分要求支付公共交通服务的公共当局通过招标采购方式向其他实体（another party）提供补贴以提供这些服务。采购当局必须邀请其认为适当的、可能感兴趣的投标人（其已经通过书面形式向采购当局表达了其参与的意向）来参与投标，并且必须综合考虑经济、效率和有效性，以及减少或限制交通拥堵、噪声产生和空气污染等要素，以确定最终中标人。

5. 政策指南

英国政府基于英格兰、威尔士和北爱尔兰公共部门采购的最优实践制定了国内采购指南。苏格兰政府同样以“苏格兰采购政策纪要”（scottish procurement policy notes）的方式发布指南。这些采购指南并不具有法律约束力，除非其为法定指南（statutory guidance），并且在各种情形下规定了适用于哪些公共部门。

6. 法院的判决

有关违反英国政府采购法的诉讼请求都会诉至英格兰、威尔士和北爱尔兰高等法院（High Court in England，Wales and Northern Ireland）、郡法院（Sheriff Court）或苏格兰最高民事法院（Court of Session in Scotland）。这些法院做出的判决都具有法律约束力。

（二）适用范围

1. 中央政府实体

英国的中央政府实体具有多种类别。英国公共采购法律适用于中央政府实体，但是具体适用哪类规则取决于实体的属性。

在英国，PCR 2015 和 PCSR 2015 适用于“采购当局”，其涵盖了中央政府、区域或地方当局，受公法规制的实体或者由一个或多个当局组成的联合体，又或者由一个或多个受公法规制的实体组成的联合体，其包含了中央政府当局，但是不包括“女王以其私人身份” （her majesty in her private capacity）这一内容。“中央政府当局”（central government authorities）被界定为皇室和 PCR 2015 附录 1 中所列举的所有实体（无论其是否以皇室的名义履行职责），以及在苏格兰 PCSR 2015 附录 1 中所列举的所有实体。对于这两份实体清单而言，如果某个当局被另外一个同为采购当局的实体所继受，那么该进行继受的实体也被认定为包含在该清单中。

若某些类型的中央政府实体也属于“中央政府采购当局”，（central government contracting authorities），则要么是因为其属于皇室的一部分，及/或是因为其在法律中被列举或者继受了某个被列举的实体。例如，内阁部门、非部长级部门（non-ministerial departments）、执行机构（executive agencies）和贸易基金（trading funds）。其他类型的中央政府实体并非“中央政府采购实体”但仍然是采购实体，如大多数为非部门类公共实体（non-departmental public bodies）。这些实体并非皇室的一部分，因为其与政府直接保持长臂关系（arm's length relationship with government）。适用于“中央政府采购当局”的规则与适用于所有其他“采购实体”的规则之间的差异有限。

2. 次中央实体

英国的次中央实体范围广泛，其在《问题核查清单》中列举了20类次中央实体。①某些实体被放在了次中央实体的分类中进行出价。这是因为虽然这些实体属于中央政府实体，但其并未满足“中央政府采购当局”的定义，而在英国采购法律中和GPA项下则被当作次中央实体对待。

3. 政府拥有或控制的企业

关于政府拥有或控制的企业，英国在答复《问题核查清单》的过程中并未做出正面回答，而是指出：“英国在承诺表中所列的清单为理解英国在GPA下的出价所包含的实体类型提供了参考”。②

4. 不同类型实体的法律适用问题

在英国，PCR 2015和PCSR 2015适用于中央政府采购当局以及其他采购当局授予公共工程合同、公共供应合同和公共服务合同的行为。这些法律适用于被英国承诺表附件1和附件2涵盖的所有实体。对于中央政府采购当局之外的其他采购当局，这些法律的适用存在以下三个方面的不同：①对于其他采购当局（非中央政府当局）而言，其采购活动完全受规制的门槛价要高于中央政府当局；②在某些程序中，非中央政府当局能够运用事先信息公告（而非合同通知）作为邀请竞争的方式；③在某些程序中，非中央政府当局能

① 1. unitary authorities; 2. County councils; 3. District councils; 4. metropolitan district councils; 5. London boroughs; 6. the City of London; 7. Maintained schools（例如，community schools（社区学院），foundation schools（基金学校），trusts schools（信托学校），voluntary aided schools, voluntary controlled schools.）; 8. Universities and colleges financed for the most part by other contracting authorities; 9. Research councils; 10. Fire and rescue authorities; 11. NHS foundation trusts and other trusts; 12. Police authorities; 13. National special police forces（i. e. British Transport Police, Civil Nuclear Constabulary Ministry of Defence Police and National Police Air Service）; 14. Waste authorities; 15. Park authorities; 16. New Town Development Corporations; 17. Registered Social Landlords; 18. Registered Housing Associations; 19. Private registered providers of social housing; 20. Certain other bodies which are bodies governed by public law as defined in the PCR 2015 and the PCSR 2015（e. g. Design Council）.

② The list contained in the UK schedule of commitments provides an indication of the types of bodies that are covered by the UK's GPA offer.

够通过采购当局与所有被选择的投标人之间以相互约定的方式设置接收投标书的期限，只要被选择的投标人都有相同的时间来准备和提交投标书。

UCR 2016 与 UCSR 2016 适用于水、能源、交通和邮政服务部门运营的公用事业实体（以下简称“采购实体”，contracting entities）。这些法律适用于英国承诺表附件 3 涵盖的所有实体。

UCR 2016 和 CCSR 2016 适用于被 PCR 2015、PCSR 2015、UCR 2016 和 UCSR2016 涵盖的，所有采购当局与采购实体授予工程特许经营和服务特许经营的行为。这些法律适用于被英国承诺表附件 1、附件 2 和附件 3 涵盖的所有实体。

（三）非歧视

采购当局和采购实体被要求在实施 GPA 涵盖的采购时不得给予 GPA 成员方工程、货物、服务以及经济运营者，相较于给予欧盟的工程、货物、服务以及经济运营者较低的待遇。

此外，适用于英国公共采购的一般性原则要求采购当局和采购实体平等对待经济运营商，实现非歧视，并且以透明和符合比例原则的方式来实施采购活动。

针对英国在 GPA 下的出价，英国法律并不包含给予本国供应商、货物和服务更为优惠待遇的条款。

英国法律也并不区分本国供应商和外国供应商。英国法律并不以供应商的设立国、外国附属程度和所有权为基础实施歧视，也并不以供应商、货物或服务的生产国为基础实施歧视。

在给予任何经济部门、区域或特定类型的供应商、货物或服务方面优惠待遇方面，英国在答复中陈述：“英国的法律要求在采购文件中列明技术规格。其同样要求这些技术规格能够使经济运营者平等参与采购程序，且必须不得对公共采购开放竞争产生不正当的障碍。”“英国法律规定，技术规格不能引用任何一个具体的制造商或来源，或者特定经济运营者的特殊的生产流程，又或者商标、专利、会导致倾向或排除某些企业或产品的类型、原产地等。只存在一种特殊情形——如果针对合同标的物进行充分具体的描述也不够，可以在描述技术规格的过程中进行相关引用，但是必须附加上‘或具备同等性的（or equivalent）’字样。”①

就补偿而言，针对英国在 GPA 项下出价所涵盖的采购，英国法律上不存在有关补偿或类似要求的条文。

三、围绕《问题核查清单》的提问与澄清

英国在提交《问题核查清单》的答复之后，乌克兰、摩尔多瓦和美国针对其答复在 WTO 框架下进行评论与提出问题，英国对相关问题进行了澄清。这些澄清多围绕政府采购法律框架和适用范围展开，侧重于可能存在歧视性采购政策的领域。

（一）英国与乌克兰之间的磋商

有关地方当局制定内部规则的程序及其与 GPA 规则的符合性。

乌克兰提问：其地方当局有关货物供应合同、材料供应商合同或者工程合同的规则，如何符合 GPA 要求。

英国回答：英国的所有地方当局都受到英国采购规则的规制。地方当局依据《地方政府法 1972》第 135 部分制定的规则，必须包含为这些合同寻求竞争的规定，以及邀请投标人方式的规定。这些规则必须与所有适用的英国公共采购国内法律以及包含 GPA 在内的国际义务相一致，并完全遵守这些规则。

---

① UK legislation says that technical specifications must not refer to a specific make or source, or a particular process which characterises the products or services provided by a specific economic operator, or to trade marks, patents, types or a specific origin or production with the effect of favouring or eliminating certain undertakings or certain products. There is a limited exception to this, which applies only on an exceptional basis, where a sufficiently precise and intelligible description of the subject-matter of the contract is not possible and, where this is the case, the reference must be accompanied by the words "or equivalent".

（二）英国与摩尔多瓦之间的磋商

1. 有关英国脱欧之后其公共采购法律的修订及与 GPA 规则的符合性问题

摩尔多瓦提问：脱欧之后，英国公共采购法律是否仍然与欧盟指令保持一致？英国有无意向对其进行修订，或者颁布新法律？若英国有意向改变现行政府采购法律，是否能够透露更多相关的修订信息？

英国回答：正如英国在答复《问题核查清单》第 1.1 部分指出的那样，英国的整体路径是脱离欧盟之后，确保适用脱欧前的相同规则和法律，以确保连续性和确定性。英国为实施欧盟公共采购指令已经颁布了六部条例，因而欧盟指令已经通过英国国内法律得到了实施。《退出欧盟法 2018》［*The European Union（Withdrawal）Bill*］① 将欧盟法转化成国内法律（包含这六部与公共采购有关的条例）。这种方式直至实施期限截止且欧盟和英国同意该退出协议之后才可能生效。该法同样也为修订次级法律创设了临时性权力，否则一旦脱欧，这些法律将不能恰当实施。这是一种技术性的“修复”，以确保英国国内法律能够正确运行。《贸易法案》（*The Trade Bill*）授予了英国作为 GPA 独立的成员方通过制定条例来履行其在 GPA 项下义务的权力。而该项权力是有限的，其目的在于确保英国在脱欧之后继续实施 GPA。因此，英国在脱欧之后或者在实施期内欧盟和其达成一项退出协议的情形下，英国国内公共采购法律仍然主要是这六部条例。一旦英国脱欧成为 GPA 的独立成员方，其仍然将在国内法律上保留这六部条例。为了确保条例的适当实施，将会进行技术性修订。

2. 涉及电子采购方式的运用及其可能对非居民投标人参与的影响

摩尔多瓦提问：GPA 文本包含了鼓励在政府采购程序中运用电子方式的条款。重要的是，这些电子方式的运用不会排除非居民投标人的参与。因此，

---

① 英国女王伊丽莎白二世于 2018 年 6 月 26 日正式签署《退出欧盟法 2018》。因此，该法已经成为英国议会的法律。

英国在采购程序中运用了哪些类型的电子方式，这些方式是如何确保非居民投标人参与的，这些电子方式的运用是否阻止了远程参与？

英国回答：英国国内法律要求在欧盟公告办公室的《欧盟官方公报》上发布相关公告。在脱欧之后，英国将会对相关条文进行修订，并指定一个替代的合适平台。当这项工作完成之后，英国会向 GPA 成员方报告相关进展。目前，英国计划将这个平台为中央政府当局、次中央政府当局和公用事业实体所使用。该平台将会遵守 GPA 的要求，以电子媒体的方式广泛地向公众发布意向采购通知书，无论其是否为非居民投标人。

3. 摩尔多瓦经济实体因赴英签证问题被拒从而影响其参与英国公共采购市场的机会

此外，摩尔多瓦也指出，摩尔多瓦的经济运营商，甚至是持有外交和服务护照的政府代表，在申请和持有赴英国旅行的签证时都遇到了困难。在过去几年，曾经发生了大量持有摩尔多瓦外交和服务护照的政府代表，在申请英国签证被拒或者延迟获取签证结果（延迟长达 1 个月以上）的情况，这些情况的发生导致许多申请者并不能按期前往英国，大部分官员的访问因而被取消。对于经济实体而言，程序则更为复杂，它们被迫前往华沙（波兰）申请签证。因此，摩尔多瓦希望英国政府能够为其经济运营商提供一种更有效率的解决方案，从而使得其经济运营商能够被允许参与政府采购程序，促进非居民投标人的参与。

英国并未针对该问题进行答复。

4. 救济程序问题

摩尔多瓦提问：若英国政府采购程序被正式质疑，哪些机制可以保证来自摩尔多瓦的相关投标人参与听证和解决质疑的正式程序？

英国回答：英国国内救济程序以及外国供应商（包含来自摩尔多瓦的供应商）如何参与这些程序的信息，已经在答复《问题核查清单》的第 6.7 部分和第 6.8 部分阐明。英国脱欧之后，这些救济程序将不会改变。

5. 未被列入出价清单的实体及相关理由

摩尔多瓦提问：若英国可以提供一份有关未在附件 1、附件 2 和附件 3 中涵盖的中央政府实体、次中央实体和其他实体的详尽名单，以及为何未将这些实体在出价中涵盖的理由，摩尔多瓦对此将十分感谢。

英国回答：英国的目的在于脱离欧盟之后保持其贸易关系的持续性。这意味着，在GPA项下英国将会复制其在欧盟框架下的现行承诺。同时，英国将会保留附件1中的中央政府实体，以及附件2和附件3中的指示性清单。这是对英国在欧盟框架下承诺的完全复制，也为GPA成员方提供了持续性。附件1中央政府实体清单中所包含的脚注，提供了关于涵盖范围将不会被减少的再次保证，向所有成员方发布的指示性清单所包含的脚注，也以非正式的方式提供了将会被涵盖实体的例子。

“我们得知有些成员方想要了解英国政府所处的状态，以理解这些现状在英国承诺表中的体现。尽管我们无法在加入GPA出价的承诺表中体现这种现状，但也已经提供了指示性清单，并打算更新指示性清单，在我们如何制定这份清单方面进一步提升透明度。这种方式旨在协助成员方理解哪些实体被涵盖，并向其利害关系人解释该涵盖范围。”

（三）英国与美国之间的磋商

1. 有关公共服务采购规则可能涉及歧视性采购政策的问题

美国提问：在回答第1.2项问题时，英国提及了《公共服务（社会价值）法2015》。该法要求采购当局在实施受到PCR 2015规制的公共服务合同采购之前，考虑被建议采购的服务如何才能改善“相关地区”的经济、社会和环境福利。这一要求似乎部分是通过由皇室商务服务（the crown commercial service）发布的“采购增长平衡评分卡”（procuring growth balanced scorecard）来实施。该评分卡规定了推荐用于衡量影响的特征要素，包括“政府供应链的英国含量”（战略主旨3. 供应链）、“新政府合同所新增的或者维持的英国工作的数量”（战略主旨4. 就业 & 技能）、“新政府合同所创造的学徒工作的数量”（战略主旨4. 就业 & 技能），以及“主办的慈善和社区活动的数量”（战略主旨7. 产出利益）。

英国回答：英国在答复《问题核查清单》时，错误地引用了《公共服务

（社会价值）法 2015》，正确的引用应是《公共服务（社会价值）法 2012》。

美国提问：如何界定“相关地区”（relevant area）？

英国回答：在该背景下，《公共服务（社会价值）法 2012》第 1（4）部分针对“相关地区”进行了如下界定：“组成该地区的区域，或者一个或多个相关当局所涉及的区域——以其名义缔结公共服务合同或者以其名义缔结框架协议”①。

美国提问：请英国解释，当评估某项特定采购对“相关地区”经济、社会和环境福利产生影响时，是否会考虑被采购的货物或服务运输过程中的，或者制造过程中的本地就业/雇用情况？

英国回答：根据相关法律，当局必须考虑建议采购何种服务可以改善相关地区的经济、社会和环境福利，以及如何实施采购流程可以促进改善的实现，这些都必须发生在采购开始前。针对涵盖采购，采购当局仍然受英国在 GPA 项下的义务及英国法律的约束，不得给予 GPA 成员方的供应商和经济实体低于英国本国供应商和经济实体的待遇。此外，对于 GPA 涵盖采购，英国法律要求采购当局平等对待经济运营者，实现非歧视以及以透明度和符合比例原则的方式。英国法律不区分国内供应商和外国供应商，也不以供应商的设立国籍、外国附属或所有权来进行歧视，更不基于被供应的货物或服务的生产国进行歧视。

美国提问：英国能否澄清，在评估某项特定采购对相关地区经济、社会和环境福利产生影响时，潜在供应商在“相关地区”的一项投资或者承诺未来在“相关地区”的投资会被作为评估要素与否？

英国重复了上一段的答复。

美国提问：英国能否解释其采取了哪些措施来确保这些“社会利益”或“改善社会福利”的政策不会构成对国际贸易的限制？

英国回答：英国对待国际义务和国际贸易的态度十分谨慎。在已经颁布

① “the relevant area” means the area consisting of the area or areas of the one or more relevant authorities on whose behalf a public service contract is, or contracts based on a framework agreement are, intended to be made.

的针对采购当局的指南中，英国强调，必须遵守国际义务，如若考虑社会环境要素，所有的供应商不论国籍，都应当被平等、非歧视地对待。《公共政策说明：在签订合同时确保遵守更广泛的国际义务》就是这种指南之一。

2. 苏格兰采购规则中有关促进中小企业参与的政策

美国提问：在回答第 1. 2 项提问时，英国提及了苏格兰在其《采购改革（苏格兰）法 2014》及《采购（苏格兰）条例 2016》中规定了一项类似于可持续采购的责任。该责任似乎要求考虑如何实施采购流程以改善相关地区的经济、社会和环境福利，以及促进中小企业的参与。英国能否解释，苏格兰是如何促进中小企业参与的？

英国回答：在苏格兰，采购当局在实施一项受规制的采购时，被要求考虑促进中小企业、第三部门实体以及受扶持企业的参与。这构成了《采购改革（苏格兰）法 2014》规定的可持续采购责任的一部分。苏格兰的政府部门已经针对该法颁布了采购当局必须遵守的法定指南（statutory guidance），详见：https：//www. gov. scot/Resource/0049/00496919. pdf。

3. 《贸易法案》授权制定新条例的程序

美国提问：在回答第 1. 3 项提问时，英国提及其《贸易法案》为皇室部长或者下放的主管部门（devolved administration）授予了制定条例以实施 GPA 的权力。英国能否对《贸易法案》授权之下制定新条例的程序进行解释？

英国回答：《贸易法案》允许英国作为一个独立的 GPA 成员方为实施 GPA 义务而制定条例。制定这一条例的权力是有限的，其仅限于确保脱欧之后 GPA 继续在英国适用。该权力并不允许超越其有限的权力范围而针对英国的政府采购法律进行修订。《贸易法案》的解释性说明提供了更为详细的解释，详见 https：//services. parliament. uk/Bills/2017-19/trade/documents. html。

4. 哪些附件 3 实体被英国采购法律规制，但是并未列入 GPA 出价清单

美国提问：在回答第 2. 4 项提问时，英国提及其有关市场准入的出价为附件 3 哪种实体提供了指示。因此请英国指出，是否存在被 PCR 2015 或

PCSR 2015 所涵盖的附件 3 实体，但是并未被包含在英国 GPA 出价范围内的情况？如果存在，请提供一份关于这类实体的清单。

英国回答：英国在 GPA 下附件 3 所涵盖的实体清单的范围，取决于受《公用事业合同条例 2016》和《苏格兰公用事业合同条例 2016》所规制的，从事附件 3 所提及活动之一的采购当局或公共企业。

5. 针对未被 GPA 涵盖的采购活动，英国国内法律是否存在优惠国内货物、服务和供应商的措施

美国提问：在回答第 3.2 项提问时，英国表示本国法律针对自身在 GPA 出价所涵盖的采购活动中，不存在给予国内货物、服务和供应商相较于非国内货物、服务和供应商更为优惠的待遇。英国能否提供相关信息以说明针对英国在非 GPA 出价所涵盖的采购活动中，是否存在任何一项全国性或地方性法律条文给予了国内货物、服务和供应商优惠待遇？

英国回答：针对英国市场准入出价范围不涵盖的服务，不存在本地购买的要求或者本地购买的法律限制。正如英国在答复《问题核查清单》中提及的那样，针对涵盖采购，采购当局受英国在 GPA 项下的义务及英国法律约束，被要求不得给予 GPA 成员方的供应商和经济实体低于英国本国供应商和经济实体的待遇。此外，对于 GPA 出价所涵盖的采购活动，英国法律要求采购当局平等对待经济运营者，实现非歧视以及以透明度和符合比例原则的方式。英国法律不区分国内供应商和外国供应商，也不以供应商的设立国籍、外国附属或所有权来实施歧视，更不基于被供应货物或服务的生产国来实施歧视。

基于提高透明度的目的，英国告知美国，《公用事业合同条例 2016》和《苏格兰公用事业合同条例 2016》规定，采购当局和采购实体在授予公共供应合同的同时，如果原产自第三国的货物比例超过投标书所涵盖货物总金额的 50%，那么允许其拒绝该投标书。这些规定为采购当局和采购实体提供了一种在考虑来自第三国的投标书时的选择权（如果该采购并未被英国 GPA 项下或者其他与采购有关的国际协定中的出价涵盖），这些规定并不适用于被英国在 GPA 项下的出价涵盖的采购活动，因此不会影响英国在 GPA 框架下针对

GPA 成员方的承诺。

6. 可以运用“较轻规制采购程序”的“社会和其他服务”之范围

美国提问：英国在回答第 5.1 项提问时描述了“较轻规制采购程序”(light touch procurement procedure)，并指出其适用于采购金额高于 615278 英镑的社会和其他特殊服务。英国能否提供一份可以运用“较轻规制采购程序”的“社会和其他服务”清单？

英国回答：“社会和其他服务”清单在欧盟指令 2014/24 附件 14 中已经通过 CPV 编码的方式被列明。

7. 有关在运用标准描述技术规格的问题

美国提问：英国在回答第 5.4 项提问时指出，技术规格可以提及（以优先顺序）：由欧洲标准转化而来的国家标准、欧洲技术评估、通用技术规格、国际标准、欧洲标准化实体制定的其他技术参考体系，或者当不存在这些标准时可以提及国家标准，或者与工程设计、预算和实施有关的及货物使用有关的国家技术规格。英国能否解释这些规定如何与 GPA 第 10 条第 2 款第 (b) 项的要求相符合？

英国回答：英国国内法律中，与技术规格有关的法律条文符合 GPA 要求。英国针对任何标准的提及都必须附加“或与之相当”（or equivalent）一词（可参见《公共合同条例 2015》第 42 条第 11 款的规定）。

8. 有关划分标段及其可能限制国际贸易的问题

美国指出，英国在回答第 6.3 项提问时提及，如果采购实体决定将采购合同划分若干个标段，意向采购公告中一般必须包含划分标段有关的信息。英国并未提供有关如何将采购合同划分为若干标段的任何额外信息。美国就此提出以下问题，英国也做出了相应的回答。

第一，请解释将采购合同划分为标段的决定是如何做出的，以及限制某个具体供应商可以参与的最大标段数量的决定是如何做出的；谁被赋予做出该决定的权力；英国是否针对做出决定颁布了指南；这些要求是否仅仅适用于货物采购，还是也适用于服务采购？

英国回答：将采购合同划分为标段的决定，以及供应商可以参与的最大标段数量的决定由采购当局或采购实体做出。划分标段的决定必须在采购开始之前做出；并且，如果采购当局或采购实体限制了每个供应商可以被授予的最大标段数量，则该信息应当在合同公告中明示。英国并未颁布任何关于何时做出决定的指南，因为相关法律已经进行了明确，货物、服务或工程合同都可以被划分为若干标段。

第二，在具体采购中，如果针对多个标段或者所有标段进行投标，是否供应商需要为每个标段提交一份投标书，还是其针对多个标段或所有标段提交一份投标书也是可以被接受的？

英国回答：采购当局或采购实体必须在合同公告或者确认有兴趣的邀请书中明示是否可以针对多个或所有标段只提交一份投标书。

第三，英国是否已经研究过更小规模合同可以影响外国供应商参与的兴趣？

英国回答：英国并未针对更小规模合同可以影响外国供应商参与的兴趣展开过任何研究。

第四，英国将采取哪些措施来确保划分标段的行为不会成为国际贸易的限制？

英国回答：英国并未考虑将划分标段作为针对国际贸易的限制。

9. 英国脱欧之后，发布公告的平台问题

美国提问：在回答第 6.5 项提问时，英国指出采购当局和采购实体被要求自合同授予之日起 30 日内向欧盟公告办公室发送被用于发布在《欧盟官方公报》上的合同授予公告。英国提及其打算在脱欧之后要求在适当的平台发布公告。英国是否打算仍旧使用欧盟的“每日电子标讯”（Tenders Electronic Daily）发布合同授予公告及其他公告（如意向采购公告）？

英国回答：目前，英国国内法律要求向欧盟公告办公室发送公告，并公布在《欧盟官方公报》上。但英国的国内法律将在脱欧之后被修订，《欧盟官方公报》不再被作为发布平台，英国将指定另一个适当的替代性平台。

10. 关于可以不发布合同授予公告的适用情形

美国提问：在针对第6.7项问题的答复中，英国指出在某些有限情形下（包括当仅存在一个投标人的情形，或者当在框架协议下授予一份合同的情形），并不向所有投标人发布公告。这些例外是否也同样适用于发布合同授予公告，或是否存在可以不发布合同授予公告的其他理由？

英国回答：在合同授予或者在缔结一份框架协议之后，必须发布合同授予公告。如果只有一名投标人，仍然要求发布一份合同授予公告；但是，在一份框架协议下授予一份具体采购合同之时，则不要求发布一份合同授予公告。①

11. 针对GPA成员方的请求提供相关信息的程序

美国提问：第6.7项提问涉及向未中标投标人提供信息，第6.8项提问涉及向感兴趣的GPA成员方提供信息。英国在回答第6.8项提问时引用了第6.7项的回答，但在回答第6.7项提问时提及了“参与采购程序的经济运营实体”而非GPA成员方。英国能否指出其将采取相关程序确保向任何GPA成员方及时提供关于其请求的任何信息（包括与中标投标书的特征和相对优势等信息），以保证某项采购被公平、无偏见地实施，且符合GPA要求。

英国回答：英国采购法律要求采购实体为每项采购提供一份与采购有关的书面报告，包括选择某个投标书的理由。采购当局必须向内阁办公室提交该报告（其可以包含内阁办公室可能要求提供的任何其他信息）的一份复印件。英国可以运用该报告来满足GPA成员方针对有关信息的任何请求。

四、小结

从英国对《问题核查清单》的答复，可以观察到以下六个方面。

第一，从法律框架来看，英国受欧盟公共采购指令体系规制逻辑的影响，

① THE PUBLIC CONTRACTS REGULATIONS 2015 & THE UTILITIES CONTRACTS REGULATIONS 2016 [EB/OL]. Crown CService commercial, https://assets.publishing.service.gov.uk/government/uploads/system/uploads/attachment_data/file/560268/Guidance_on_Frameworks_-_Oct_16.pdf.

对公共部门采购、公用事业采购和特许经营合同分别进行了规制。但是英国又有其特殊性，针对英格兰、威尔士和北爱尔兰适用一套公共采购规则，针对苏格兰则适用另一套公共采购规则。

除了规制政府采购活动的主要法律，英国还存在向政府采购活动施加相关义务或要求的一般性法律，例如，《公共服务（社会价值）法 2015》要求采购当局在实施相关公共服务合同采购之前，考虑建议何种采购内容可以提高相关区域的经济、社会和环境水平，及如何实施采购程序才能改善经济、社会和环境水平。在本质上，这是针对采购需求之提出和采购计划所施加的针对该地区经济、社会和环境的考量。又如，《中小企业和就业法 2015》第 39 部分授予了内阁办公室部长向采购当局施加责任的权力（全部或主要职责在于从事苏格兰、威尔士或北爱尔兰采购事项的采购）。

第二，在实施 GPA 规则的路径方面，GPA 在英国并不能直接实施，其被转换成国内法律得以实施。

第三，英国关于中央实体和次中央实体的划分与其在 GPA 项下的出价并非完全一致。有些中央实体被放在了附件 2 次中央实体中进行出价。

第四，英国并未正面回答有关政府控制或拥有实体及其采购法律规制的问题。

第五，英国关于豁免适用政府采购法律的情形、有关采购程序和信息公开的规制与欧盟公共采购指令体系的规制几乎完全一致。

第六，在非歧视性政策方面，英国一直主张其不存在任何歧视性的采购政策。

英国与乌克兰、摩尔多瓦及美国之间围绕《问题核查清单》展开了磋商。这些磋商主要围绕以下几个方面的问题：有关地方当局制定内部规则的程序及其与 GPA 规则的符合性；有关英国脱欧之后其公共采购法律的修订及与 GPA 规则的符合性；未被列入出价清单的实体及其理由；有关公共服务采购规则可能涉及歧视性采购政策的问题；苏格兰采购规则中有关促进中小企业参与的政策；针对未被 GPA 涵盖采购的活动，英国国内法律是否存在优惠国内货物、服务和供应商的措施；可以运用“较轻规制采购程序”的“社会和其他服务”的范围；有关运用标准描述技术规格的问题；有关划分标段及其可能限制国际贸易的问题；关于可以不发布合同授予公告的适用情形；涉及电子采购方式的运用及其可能对非居民投标人参与的影响；针对GPA成员方的请求提供相关信息的程序；有关救济程序的问题。

从英国答复相关提问的情况，可以观察到以下十个方面。

第一，英国并非不存在促进经济、社会和环境发展的采购政策，甚至这些采购政策的实施有可能导致对本地供应商、货物、服务的优惠。但是英国要么不正面回答这些问题，要么主张这些要求仅针对采购计划和需求确定阶段，并不针对GPA规则所涉及的采购合同授予阶段。

第二，英国在脱欧之后仅仅打算针对国内法律做必要的修订以维持法律的有效实施。脱欧之后的英国并不会改变其有关政府采购的规则，包括救济程序规则在内。

第三，英国作为GPA独立成员方在GPA下的出价基本沿袭了其之前作为欧盟成员方的出价，并未对政府采购规则进行实质性修改。

第四，针对GPA成员方对指示性实体清单已经过时的质疑，英国表示其会更新指示性实体清单及进一步提高其制定指示性实体清单的透明度。

第五，GPA成员方实际上并不清楚，目前英国到底有哪些采购实体被其国内采购法律规制但未被列入GPA出价范围，也不清楚其未被列入的理由。

第六，针对未被GPA涵盖采购的活动，英国国内法律存在给予国内货物、服务和供应商优惠的措施。例如，《公用事业合同条例2016》和《苏格兰公用事业合同条例2016》规定，采购当局和采购实体在授予公共供应合同时，如果原产自第三国的货物比例超过投标书所涵盖货物总金额的50%，那么允许其拒绝该投标书。采购当局和采购实体在考虑来自第三国的投标书时，这些规定为其提供了一种选择权（如果该采购并未被英国在GPA项下或者其他与采购有关的国际协定中的出价所涵盖）。此外，这些规定并不适用于被英国在GPA项下的出价所涵盖的采购活动，因此不会影响英国在GPA框架下针对GPA成员方的承诺。

第七，英国国内政府采购法律规定，任何标准的提及都必须附加“或与之相当”（or equivalent）一词，以满足 GPA 要求。

第八，英国政府采购法律允许采购当局或采购实体在采购开始之前划分标段，及供应商可以参与的最大标段数量的决定。英国并未采取具体措施来确保划分标段的行为不会成为国际贸易的限制，但是其表示并未考虑将划分标段作为针对国际贸易的限制。

第九，在英国，基于一份框架协议而授予一份具体合同公告时，没有发布一份合同授予公告的要求。

第十，英国采购法律要求采购实体为每项采购提供一份与采购有关的书面报告，包括选择某个投标书的理由。采购当局必须向内阁办公室提交该报告（其可以包含内阁办公室可能要求提供的任何其他信息）的一份复印件。英国可以运用该报告来满足 GPA 成员方针对有关信息的任何请求。

第十章　加入 GPA 之后 GPA 主要成员方的政府采购法律调整

本章和第十一章研究了 GPA 成员方[①]在加入 GPA，尤其是新 GPA 之后，政府采购法律调整和改革的情况。GPA 成员方在加入新 GPA 之后，是否需要对其法律进行调整，取决于成员方的政府采购规则是否符合新 GPA 的要求。如果其政府采购规则已经符合新 GPA 的要求，尤其是符合新 GPA 在采购程序规则方面的要求，那么其政府采购规则就不需要进行相应调整。

鉴于如果成员方与 GPA 相关的法律发生了任何修订，成员方都负有通知政府采购委员会的义务，首先，本章针对 GPA 成员方向政府采购委员会通报的国内采购法律修订的情况进行了研究；其次，本章从一般层面研究了 GPA 主要成员方采购法律改革的概况，以探讨这些 GPA 成员方是否因为履行了新 GPA 要求而对法律进行了调整。

一、与 GPA 相关的成员方法律修订的通知

（一）成员方所负有的告知义务

无论是 1994GPA，还是 2012GPA，都规定了 GPA 成员方负有告知政府采购委员会与 GPA 相关的法律修订情况，以及管理这些法律修订情况的义务。[②]

---

① 鉴于新西兰、澳大利亚和英国（作为独立成员方）最近几年才加入 GPA 或者才启动加入 GPA 进程，本部分不涉及对这些成员方政府采购法律调整的研究。此外，鉴于第十一章将针对欧盟进行个案研究，而本章的研究仅仅是一个概述，因而本章也不对欧盟政府采购法律调整情况进行讨论。

② 1994GPA 第 24 条第 5 款（b）项和 2012GPA 第 22 条第 5 款规定：每个 GPA 成员方应当告知政府采购委员会其与 GPA 相关的国内法律的任何修订以及与这些法律管理相关的任何变更。

这表明，凡涉及 GPA 相关的法律及管理的变更，都需要向政府采购委员会报告。这一要求出于对政府采购法律制度信息公开的考虑，以解决国外供应商与国内供应商之间的信息不对称问题。这一要求并非要求 GPA 成员方将所有国内政府采购法律的变更都向政府采购委员会报告，而是仅要求成员方告知政府采购委员会：①与 GPA 规则相关的法律变更；②对这些法律管理的变更。

自 2018 年起，政府采购委员会为 GPA 成员方提交有关国内采购法律修订的通知制定了标准的表格，结束了长期以来对法律文本变更通知无形式要求的状态。此举为各成员方提交相关通知制定了统一的形式标准，有利于促进成员方之间信息公开的统一性和透明度。

法律变更通知表格主要包含了以下 12 个方面的信息。①所涉成员方名称。②法律基础。③所涉法律文本的名称。④获取法律文本的链接。⑤通知的类型，包括三类可选类型：一是首次通知，例如新颁布的国内法律；二是已经通知过的相关法律文本的修订、修改；三是已经通知过的法律文本的废除或整合。⑥与之相关的以往通知文件编号。⑦被通知法律文本的简介。⑧所涉法律文本的语言。⑨所涉法律文本的颁布日期。⑩所涉法律文本的生效日期。⑪其他信息。⑫相关责任机构名称。

（二）成员方法律变更通报的情况

从 1997 年 1 月至今，WTO 官网上一共发布了以下八个国家有关其修订国内政府采购法律的通知。

1. 日本

（1）日本有关颁布和修订《促进环境友好产品和服务采购基本政策》(*Basic Policy for the Promotion of Procurement of Eco-Friendly Goods and Services*) 的通知。日本内阁于 2001 年 2 月依据《促进环境友好产品和服务采购法》(*Law Concerning the Promotion of Procurement of Eco-Friendly Goods and Services*) 颁布了《促进环境友好产品和服务采购基本政策》。由于日本采用清单的形式界定了促进环境友好产品和服务采购的产品和服务品目，并且后续又针对该品目清单不断进行修订，日本多次向WTO政府采购委员会通知了有关品目清单的修订情况。①

（2）日本有关部门颁布和修订《促进在合同中考虑减少温室气体及相关气体排放要素的基本政策》（*Basic Policy concerning the Promotion of Contracts Considering Reduction of Emissions of Greenhouse Gases and Others by the State and Other Entities*）的通知②。该规范性文件于2007年11月22日正式生效，要求中央政府实体③和其他实体④努力在政府采购合同授予过程中给予有利于减少温室气体和其他类似气体排放的投标书以优惠⑤。

（3）日本有关部门颁布和修订《私人融资计划促进法》（*Act on Promotion of Private Finance Initiative*）的通知。⑥ 日本《私人融资计划促进法》于1999年7月开始正式生效。2010年左右，日本对该法进行了一系列实质性修订，修订后的法律于2011年11月30日之前生效。日本认为，根据有关GPA涵盖范围的条款，根据2010年《私人融资计划促进法》所授予的采购项目应当属于GPA的涵盖范围之列。为此，日本于2011年12月5日向政府采购委员会

① GPA/67, dated 15 April 2002; GPA/37/Add. 1, dated 7 April 2004; GPA/37/Add. 2, dated 21 March 2005; GPA/37/Add. 3, dated 15 March 2006; GPA/37/Add. 4, dated 13 March 2007; GPA/37/Add. 5, dated 1 April 2008; GPA/37/Add. 6, dated 23 July 2009; GPA/37/Add. 7, dated 6 July 2010; GPA/37/Add. 8, dated 13 April 2011; GPA/37/Add. 9, dated 16 April 2012; GPA/37/Add. 10, dated 10 April 2013; GPA/37/Add. 11, dated 15 April 2014; GPA/37/Add. 12, dated 9 April 2015; GPA/37/Add. 13, dated 14 July 2016; GPA/37/Add. 14, dated 3 April 2017; GPA/LEGIS/JPN/1, 18 April 2019.

② GPA/99, dated 2 June 2009; GPA/99/Add. 1, dated 23 July 2009; GPA/99/Add. 2, dated 31 May 2010; GPA/99/Add. 3, dated 10 April 2013; GPA/99/Add. 4, dated 15 April 2014; GPA/99/Add. 5, dated 3 April 2017; and GPA/99/Add. 6, dated 3 April 2018; GPA/LEGIS/JPN/1, 18 April 2019.

③ 指所有的中央政府实体。

④ 指98个独立的行政机构和4个特殊法人。

⑤ 该项政策主要包括以下三个方面：（a）在递交有关电力供应商合同采购和车辆采购投标书的过程中，考虑到减少温室气体及相关气体的排放措施；（b）通过缔结与“节能改进项目”[energy conservation improvement（ESCO）projects]相关的合同来促进“节能改进项目”的推广；（c）要求在有关工程项目或政府大型基础设施翻新项目的设计服务合同采购过程中，提交有关减少温室气体和相关气体排放的技术方案。（to require technical proposals including the reduction of emissions of greenhouse gases and others in bidding for concluding the contracts related to the design service pertaining to the construction or large scale refurbishment of government facilities.）

⑥ GPA/111, 9 December 2011.

进行了相关通报。[①]

（4）2013年4月，日本有关部门修订《预算、结算账户和会计准则》（*The Budget, Settlement of Account and Accounting Regulations*）的通知。[②]

2. 以色列

以色列在其GPA附录I中规定，从2009年1月1日开始将补偿水平降至20%。2009年2月17日，以色列向WTO政府采购委员会提交了通知，说明其补偿水平已经降至20%。[③]

3. 美国

2009年2月17日，美国总统签署了7870亿美元的《美国复兴和再投资法》（*American Recovery and Reinvestment Act*, ARRA）。该法包含了两项有关"购买美国国货"的条文。为此，美国于2009年4月24日向WTO政府采购委员会提交了有关颁布ARRA以及实施"购买美国国货"条文措施的通知。[④]美国后续也提交了修订有关措施的进一步通知。[⑤]

4. 加拿大

（1）2015年4月22日，加拿大向政府采购委员会提交通报并告知了2014年度联邦政府和受GPA规制的省级政府与GPA相关法律及其管理的变更情况。[⑥]联邦政府层面的主要变化是在其《财政管理法》第4部分和附件7中新增了《加拿大和洪都拉斯自由贸易协定》和《加拿大韩国自由贸易协

---

① 在2011年这次通报之前，日本并未针对《私人融资计划促进法》的修订向政府采购委员会通报。目前并不能确定其缘由。据推测有可能基于以下两个原因：（a）相关采购活动并不属于传统的政府采购活动，因此并不受到关注。但是随着采购活动和监管的发展，日本政府将其视为一种政府采购活动进行监管，也才意识到此类采购属于政府采购活动的监管范围。（b）经过2010年这一轮修订之后，《私人融资计划促进法》所规制的采购活动才满足GPA涵盖范围条款的规定。可见GPA/99, 2 June 2009.

② GPA/117, 22 April 2013.

③ GPA/97, 17 February 2009.

④ GPA/98, 24 April 2009.

⑤ GPA/98/Add. 1, 1 April, 2010; GPA/98/Add. 2, 6 September 2010.

⑥ GPA128, 5 May 2015.

定》。在地方政府层面，其涉及安大略省① 和新不伦瑞克省（New Brunswick）② 的采购法律变更情况。在通报中，加拿大提交了能够获取这些法律信息的网址链接。

（2）2016 年 3 月 31 日，加拿大向政府采购委员会通报了 2015 年国内与 GPA 相关的政府采购法律变更情况。③ 该通报主要涉及魁北克省和萨斯喀彻温省（Saskatchewan）政府采购法律的变更情况。

5. 乌克兰

2015 年 12 月 25 日，乌克兰颁布了新的《政府采购法》。2016 年 6 月 21 日，乌克兰向 WTO 政府采购委员会通报了这一情况，并且指出了《政府采购法》的主要修订之处：新增了多项与电子采购程序和方式有关的条文；新增了多项在欧盟采购实践中被认为具有效率的制度设计，如引入了集中采购机构。④此外，乌克兰还在通知中附上了英文版的《政府采购法》。

6. 冰岛

冰岛于 2016 年对其《政府采购法》进行了修订，并替代了之前颁布的《2007 政府采购法》。2017 年 4 月 28 日，冰岛向政府采购委员会通报了这一情况，并且分别附上了冰岛语版本的和英文版本的《政府采购法》。⑤

7. 列支敦士登

列支敦士登于 2017 年颁布了新的有关采购工程、货物和服务合同的规则。这些采购规则已经于 2018 年 1 月生效。2018 年 7 月 21 日，列支敦士登

---

① 主要提供了安大略省将《MBC 采购指令》（*MBC Procurement Directive*）更名为《OPS 采购指令》（*OPS Procurement Directive*）这一信息。

② 主要提供了下述信息：（a）废除了《公共采购法》（*Public Purchasing Act*）和《新不伦瑞克省第 94—157 号条例》（*New Brunswick Regulation* 94—157）；（b）《采购法（第 20 章）》[*Procurement Act*（*chapter* 20）] 正式实施；《新不伦瑞克省第 2014—93 号条例》（*New Brunswick Regulation* 2014—93）正式实施；（c）《皇室工程合同法》（*Crown Construction Contracts Act*）涵盖了建筑采购；《新不伦瑞克省一般性第 82—109 号条例》（*New Brunswick Regulation General* 82—109）涵盖了建筑采购；《第 82—113 号机器租赁条例》（*Machine Rental Regulation* 82—113）涵盖了建筑采购。

③ GPA/136.

④ GPA/138, 21 June 2016.

⑤ GPA/144, 28 April 2017.

正式向政府采购委员会通报了其政府采购法律修订的相关内容，[①] 并在通报中指出，其公共采购规则的修订过程主要是将欧盟 2014 年颁布的 3 部公共采购指令转化成其国内法律予以实施。可是，列支敦士登并非欧盟成员方，并不负有将欧盟公共采购指令转化成其国内法律的义务。可见欧盟公共采购制度对其所产生的影响。

8. 亚美尼亚

2016 年 12 月 16 日，亚美尼亚颁布了《亚美尼亚共和国采购法》（*Law of the Republic of Armenia on Procurement*）。亚美尼亚为了实施该采购法又专门颁布了《针对〈亚美尼亚共和国采购法〉的修订和补充法》（*Law of the Republic of Armenia on Making Amendments and Supplements to the Law of the Republic of Armenia on Procurement*）。[②] 2018 年 9 月 15 日，亚美尼亚正式向政府采购委员会通报了其有关新政府采购法律的情况。[③]

针对亚美尼亚的通报情况，欧盟还提出了进一步的磋商，希望亚美尼亚解释其质疑投诉审查机构相关规定的修订是否符合 GPA 要求，并对其政府采购法律改革提供更为详细的介绍。[④]

（三）分析

1. 一般层面

从上述成员方的通报情况来看，并非所有的 GPA 成员方都向政府采购委员会通报了国内政府采购法律的修订情况。从 1997 年至今，仅有 8 个成员方对其国内政府采购法律的变更情况向欧盟进行了通报（成员国依据 GPA/1/Add. 1 的要求通报其国内法律实施 GPA 要求的情况不统计在内）。以欧盟为例，欧盟曾经于 2014 年对其一系列政府采购指令进行了修订，其成员国也在之后的两年内陆续将采购指令转化成了国内政府采购法律。但是仅从 WTO 官

---

① GPA/LEGIS/LIE/1，24 July 2018.

② 该法于 2018 年 3 月 23 日颁布，于同年 4 月 9 日生效。

③ GPA/LEGIS/ARM/1，21 September 2018；GPA/LEGIS/ARM/2，21 September 2018.

④ GPA/LEGIS/ARM/3，15 January 2019.

方发布的文件中，未能发现与之相关的通报。可能的原因是，欧盟认为政府采购指令的修订并不涉及GPA规则，也可能是欧盟认为可以在未来任何时候进行通报。截至目前，未见其他GPA成员方针对欧盟未通报的情况的质疑。

已经通报的法律修订主要涉及以下七个方面的内容：①涉及对GPA所涵盖的部分采购活动施加有关环保或气候变化要素的考量，如日本进行通报的意图在于告知其他的GPA成员方，在日本针对哪些货物和服务的采购将要考虑环境友好要素和减少温室气体排放的要素。值得注意的是，为了遵守在GPA项下的义务，日本在相关法律政策中规定了这样的条款："每个实体被要求在确保遵守其他行政目的的情况下，适当考虑遵守WTO-GPA，以免对国际贸易造成不必要的阻碍。"① ②涉及排除供应商参与政府采购程序具体情形的变更，例如，日本针对《预算、结算账户和会计准则》进行的修订。从已有资料中可以推断，日本在这次修订中规定，若被判决作为有组织犯罪集团成员，且实施了某些不公正行为，则该供应商不应当被允许参与"公开招标采购程序"（open tendering）；当事人故意建造劣质工程、生产劣质产品或者提供不合格的服务，并且故意通过虚假报告来获取过多资金，则可能会被阻止参加公开招标采购程序。② ③涉及"采购国货政策"的具体内容及实施和管理措施，以保证其相关"采购国货政策"不违反成员方所负有的GPA项下的义务，且采取措施来保证在实践中不违反GPA要求，如美国针对ARRA的通报。④涉及规制政府采购活动国内基本法律的通报。如乌克兰、冰岛、列支敦士登和亚美尼亚。这类通报一般都指出了主要的修订之处，有一些还附上了全英文版本的新法律。⑤涉及政府采购的其他贸易协定的签订情况，如加拿大。⑥在联邦制国家中，涉及次中央实体政府采购法律的变更，如加拿大。

---

① Each entity is "required to ensure accordance with other administrative purpose, with due consideration to compliance with the WTO Agreement on Government Procurement, lest and unnecessary impediment be posed on international trade".

② A party who intentionally executed construction work, production or other services with poor workmanship and who intentionally overcharged by a false report for contracts that require to decide amount of payment after contracts may be precluded from participation in open tendering. (Article 71 of the Budget,, Settlement of Account and Accounting Regulations).

⑦涉及质疑投诉制度的变更情况，如亚美尼亚。

就通报的时间而言，无论是1994GPA第24条第5款（b）项还是2012GPA第22条第5款，都未对通报的时限提出要求。从实践来看，大多数成员方并未在国内法律变更后的第一时间将其通报给政府采购委员会，而是在法律生效半年以后或更长时间进行通报。加拿大则是每年集中通报一次上年度的变更情况。相较而言，日本通报的频率较高，也较为及时。

之前针对成员方提出的关于国内采购法律修订情况的通报并未有其他成员方提出过质疑，直至2019年1月，欧盟针对亚美尼亚提出了磋商。这证明，其他成员方有权利针对某成员方国内法律变更是否符合GPA要求，提出进一步磋商。

2. 通报可能涉及的针对新GPA的法律调整

2012GPA正式发布于2012年3月30日，虽然其正式发布之后，GPA成员方尚未立即正式加入新GPA，但理论上，在2012年3月30日之后，GPA成员方针对国内法律的调整凡是涉及2012GPA的修订之处，都可以视为其为了履行GPA要求而进行的国内法律调整。

从上述GPA成员方的通报情况来看，日本、美国和加拿大的绝大部分通报都不涉及围绕新GPA文本的法律调整。而只有日本于2013年4月针对修订《预算、结算账户和会计准则》（*The Budget, Settlement of Account and Accounting Regulations*）的通报涉及了围绕新GPA文本的法律调整。日本的这次法律修订涉及排除供应商参与政府采购程序的具体情形的变更，并且从修订内容来看，这些变更与2012GPA第8条第4款新增的几款有关可以排除供应商参与采购的情形相对应。

乌克兰、冰岛、列支敦士登、亚美尼亚都涉及针对政府采购基本法律的修订。这些修订都发生在2012GPA文本发布之后。但是从现有材料来看，这些国家国内法律改革大多都参考了欧盟公共采购法律，即使其中有国家并非欧盟成员国，如乌克兰和列支敦士登。

二、加入 GPA 之后 GPA 主要成员方的采购法律改革

（一）美国

虽然美国在加入 1994GPA 时，其联邦政府采购制度已被认为是成熟的、高度复杂的制度，但是在过去的 20 多年中，美国对其联邦采购制度仍在不断进行改革。从 1996 年 1 月 1 日至 2019 年 5 月 6 日，美国 FAR 已经历了大大小小的 268 次修订。[①] 概言之，美国联邦政府采购制度过去 20 多年的修订主要包括以下几个方面的内容。

新增了“承包商商业道德和行为准则”（contractor code of business ethics and conduct）[②] 及“防止履行采购职责的承包商员工的个人利益冲突”（preventing personal conflicts of interest for contractor employees performing acquisition functions）[③]。

修订了与政府采购行政管理有关的规则，例如，新增加了有关“授标管理制度”（system for award management）[④]、“陈述和认证”（representations and certifications）[⑤]、“个人身份验证”（personal identity verification）[⑥]、“报告执行补偿和一级分包合同”（reporting executive compensation and first-tier subcontract awards）[⑦]、“服务合同清单”（service contracts inventory）[⑧]、“商业和政府实体代码”（commercial and government entity code）[⑨]、“被涵盖的承包商的基本保障”（basic safeguarding of covered contractor）[⑩]、“禁止采购卡巴斯基实验室提

---

① 参见 https://www.acquisition.gov/far_ archives.
② FAR 2019，第 3.10 部分。
③ FAR 2019，第 3.11 部分。
④ FAR 2019，第 4.11 部分。
⑤ FAR 2019，第 4.12 部分。
⑥ FAR 2019，第 4.13 部分。
⑦ FAR 2019，第 4.14 部分。
⑧ FAR 2019，第 4.17 部分。
⑨ FAR 2019，第 4.18 部分。
⑩ FAR 2019，第 4.19 部分。

供的或开发的硬件、软件和服务”（prohibition on contracting for hardware, software, and services developed or provided by kaspersky lab）①。

在信息公开方面，新增了有关《2009 美国复兴和再投资法》所规定的信息公开要求②。

在有关预留采购方面，新增了为处于经济不利地位的妇女所拥有的企业，或者妇女所拥有的企业实施预留的规则③，以及在重大灾害或紧急情况下为本地企业实施预留的规则④。

在制订采购计划方面，删除和简化了有关比较私人部门承包商和政府之间实施相同活动所产生的不同绩效的要求。⑤

完善了有关“联邦供应计划”（federal supply schedules）或者“多次授予计划”（the multiple award schedule）中有关下订单程序的规则⑥及在该框架之下针对供应商的绩效进行评估的规则。⑦

在供应商资格条件方面，新增了有关“禁止与涉及违反美国作为成员国的武器控制条约或协议的实体签订合同”（prohibition on contracting with an entity involved in activities that violate arms control or agreements with the United States）⑧。

新增了“紧急采购”（emergency acquisitions）有关的规则⑨。

进一步完善了与政府采购支持中小企业发展有关的政策，如删除了与“非常小的企业实验项目”（very small business pilot program）、“小企业竞争力展示项目”（small business competitiveness demonstration）、“有关小型弱势企业的价格评估调整”（price evaluation adjustment for small disadvantaged business concerns）、“小型弱势企业参与计划”（small disadvantage business participation pro-

---

① FAR 2019，第 4.20 部分。
② FAR 2019，第 5.7 部分。
③ FAR 2019，第 6.207 部分。
④ FAR 2019，第 6.208 部分。
⑤ FAR 2019，第 7.3 部分。
⑥ FAR 2019，第 8.405 部分。
⑦ FAR 2019，第 8.406~8.407 部分。
⑧ FAR 2019，第 9.109 部分。
⑨ FAR 2019，第 18 部分“emergency acquisitions”。

gram)①，新增了有关利用政府采购促进“妇女拥有的小企业”发展的政策②。

改善了政府采购合同中有关劳动标准的规定，如新增了在联邦工程项目中适用项目劳动协议的规定（use of project labor agreements for federal construction projects）③，新增了“在服务合同中不替换符合资格的工人”的规定（nondisplacement of qualified workers under service contracts）④ 等。

完善了可持续采购的政策，如明确了可持续采购的一般性政策（sustainable acquisition policy）⑤，完善了能源和水效率以及可再生能源采购政策⑥，并新增了有关“鼓励供应商制定禁止在驾驶过程中发送短信的政策”（encouraging contractor policies to ban text messaging）⑦。

在涉及国外的采购方面，新增了有关在美国境外履行的合同的采购规则（contracts performed outside the United States）⑧、“美国复兴与再投资法—购买美国国货法规—建筑材料”（American recovery and reinvestment act-buy American statute-construction materials）⑨ 部分的要求，及政府采购过程中应当遵循的相关制裁法的要求（prohibited sources）⑩。

完善了有关灾害或紧急救助活动中所涉及的采购规则⑪，新增了向非营利机构捐赠食物的采购规则⑫。

修订了政府采购中有关政府资产的部分规则⑬。

---

① FAC 2001，第 19.9 部分至第 19.12 部分。
② FAR 2019，第 19.15 部分“Women-owned Small Business Program”。
③ FAR 2019，第 22.5 部分。
④ FAR 2019，第 22.12 部分。FAR 2019，第 22.16~22.21 部分的规定也是新增的。
⑤ FAR 2019，第 23.1 部分。
⑥ FAR 2019，第 23.2 部分。
⑦ FAR 2019，第 23.11 部分。
⑧ FAR 2019，第 25.3 部分。
⑨ FAR 2019，第 25.6 部分。
⑩ FAR 2019，第 25.7.1 部分至第 25.7.3 部分，如美国对苏丹和伊朗的制裁。
⑪ FAR 2019，第 26.2 部分。
⑫ FAR 2019，第 26.4 部分“food donations to nonprofits organizations”。
⑬ FAR 2019 第 45 部分。

（二）加拿大

从 1996 年 1 月 1 日至今，加拿大联邦政府对采购政策进行不同程度的修订多达 203 次。① 这些采购政策修订大致涵盖以下七个方面的内容。

与政府采购有关的贸易协议。如 2018 年 12 月 30 日开始，正式对加拿大生效的《全面与进步跨太平洋伙伴关系协定》（*Comprehensive and Progressive Agreement for Trans-Pacific Partnership*，CPTPP）②。

采购程序：①2017 年 7 月 17 日，加拿大联邦政府开始实施"分阶段审查投标书符合采购文件要求的流程"（phased bid compliance process）。③ 这意味着，对于预估合同金额超过 200 万加拿大元的采购项目，如果某些投标人的投标书或建议书被发现未响应实质性条件，可以允许这些投标人对投标书或建议书进行修改之后再次提交。该项政策也对此流程的使用程序进行了规制。此政策的目的在于扩大参与实质竞争的供应商数量，从而通过竞争来实现物有所值，如完善紧急情况下采购货物和服务的流程。④ ②针对基本和标准采购制定了新的采购流程和规则。为了简化采购流程、提高采购效率，加拿大联邦政府在研究与试验的基础上，针对基本的、标准的采购制定了新的流程和规则。⑤ 新采购流程和规则引入了"评估每个采购的复杂性和风险并且确定必要的批准机构"等内容。③改善和澄清了"事先合同授予通知"中应当包含的内容，如针对运用非竞争方式授予的采购合同应当在授予通知中说明其正当性；当合同内容发生重大变更时，应当对原通知进行修改或者发布一份新的事先合同授予通知等。⑥

---

① Policy Notifications [EB/OL]. accessed 2012-12-1, Government of Canada, https://buyandsell.gc.ca/policy-and-guidelines/policy-notifications.

② Comprehensive and Progressive Agreement for Trans-Pacific Partnership (CPTPP) [EB/OL]. Government of Canada, https://buyandsell.gc.ca/policy-and-guidelines/policy-notifications/PN-136.

③ Policy on the Phased Bid Compliance Process [EB/OL]. Government of Canada, https://buyandsell.gc.ca/policy-and-guidelines/policy-notifications/PN-123.

④ Policy Notifications [EB/OL]. Government of Canada, https://buyandsell.gc.ca/policy-and-guidelines/policy-notifications/PN-103; https://buyandsell.gc.ca/policy-and-guidelines/policy-notifications/PN-102.

⑤ https://buyandsell.gc.ca/policy-and-guidelines/policy-notifications/PN-104.

⑥ ARCHIVED Advance Contract Award Notice (ACAN) [EB/OL]. Governmentof Canada, https://buyandsell.gc.ca/policy-and-guidelines/policy-notifications/PN-39U4.

电子采购。如发布了与采购文件电子签名相关的政策，以及与采购卡和电子支付工具相关的使用政策等。

绿色采购。2005 年加拿大财政委员会（Treasury Board，TB）批准了一项适用于政府部门的新绿色采购政策。为此，TB 秘书处于 2006 年 2 月 3 日颁布了一份相应的政府采购合同政策。该项政策的目标在于将环境因素纳入生命周期成本评估和采购决策过程，以促进环境保护和可持续发展。

与政府采购廉洁性相关的政策。自从 2012 年 11 月起，加拿大公共工程政府服务机构（Public Work and Government Services Canada，PWGSC）就推出了与促进采购廉洁性有关的政策。如果供应商被证实存在贿赂政府官员、操纵股票交易等情形，这些供应商将在一定期限内被禁止参与政府采购项目的投标活动。2014 年 1 月开始，这个禁止期限被确定为 10 年。①

PPP 采购的规制。2011 年，加拿大政府表示希望在 PPP 领域成为全球领导者。为此，加拿大联邦政府要求对于大型基础设施项目，必须评估其运用 PPP 方式的可能性。如果存在运用 PPP 模式的潜力，那么采购部门即被要求在可能的采购方案中提出运用 PPP 模式的建议书。鉴于此，2016 年 1 月，加拿大联邦政府推出了有关运用 PPP 方式实施采购的政策，包括 PPP 中联邦政府的角色和职责、物有所值、采购流程的各阶段、PPP 采购与一般采购方式的主要不同之处、PPP 的项目团队、PPP 项目所涉及的支付等。②

针对国防采购的规制。2014 年 2 月，为了确保国防设备采购能够创造经济机会及本国人就业机会，加拿大政府发布了新的《国防采购战略》（*Defense Procurement Strategy*，DPS）③，明确国防采购中应当适用的“加拿大含量政

---

① ARCHIVED Integrity Provisions - PN-107U1 [EB/OL]. Governmentof Canada, https://buyandsell.gc.ca/policy-and-guidelines/policy-notifications/PN-107U1. ARCHIVED New Integrity Regime [EB/OL]. Governmentof Canada, https://buyandsell.gc.ca/policy-and-guidelines/policy-notifications/PN-107R1.

② ARCHIVED Public - Private Partnership (P3) Procurement Approach [EB/OL]. Governmentof Canada, https://buyandsell.gc.ca/policy-and-guidelines/policy-notifications/PN-111.

③ ARCHIVED Defence Procurement Strategy [EB/OL]. Governmentof Canada, https://buyandsell.gc.ca/policy-and-guidelines/policy-notifications/PN-109.

策"[①]，并完善了国防采购的救济制度[②]。

（三）日本

日本在加入1994GPA之后，并未对国内基本采购法律进行过大的调整，但是日本在2000—2007年，对有关公共采购的内阁令进行了几次修订。[③]在2012GPA正式开始对日本生效[④]之前，日本于2014年3月31日颁布了专门实施2012GPA的《政府采购程序操作指引》系列指南。[⑤] 该系列指南包括以下六个附件：①《附件1：政府采购程序操作指南》（*Attachment* 1：*Operational*

---

① ARCHIVED Defence Procurement Strategy：Canadian Content Policy［EB/OL］. Governmentof Canada，https：//buyandsell. gc. ca/policy-and-guidelines/policy-notifications/PN-109U2.

② ARCHIVED Defence Procurement Strategy：Procurement Review［EB/OL］. Governmentof Canada，https：//buyandsell. gc. ca/policy-and-guidelines/policy-notifications/PN-109U1.

③ Japan' s Government Procurement：Policy and Achievements Annual Report（FY 2014 version）-Toward Government Procurement Open to the World［EB/OL］. Prime Minister of Japan and His Cabinet，https：//japan. kantei. go. jp/97_ abe/Documents/2015/procurement2014_ e. html.

④ 2014年4月16日2012GPA开始对日本生效。

⑤ 这六个附件的颁布意味着下列之前由政府采购行动项目委员会（the Committee of the Action Program on Government Procurement）颁布的法规被废除：1990年4月19日颁布的《引入超级计算机的程序》（最终修订日期：2005年4月25日）（*Procedures to Introduce Supercomputers*，19 April 1990）（*Final Revision*：25 April 2005））；1990年6月14日颁布的《非研发卫星采购程序》（*Procedures for the Procurement of Non-R&D Satellites*，14 June 1990）；1991年11月19日颁布的《对政府采购的解释》（*Understanding on Government Procurement*，19 November 1991）；1992年1月20日颁布的《与日本公共部门计算机产品和服务采购相关的措施》（*Measures Related to Japanese Public Sector Procurements of Computer Products and Services*，20 January 1992）；1994年2月3日颁布的《政府采购行动计划》（*Action Program on Government Procurement*，3 February 1994）；1994年3月28日颁布的《政府采购产品的程序（操作指南）》［*Procedures for Government Procurement on Products*（*Operational Guidelines*），28 March 1994］；1994年3月28日颁布的《日本公共部门电信产品和服务采购办法》（*Measures on Japanese Public Sector Procurement of Telecommunications Products and Services*，28 March 1994）；1994年3月28日颁布的《日本公共部门医疗技术产品和服务采购办法》（*Measures Related to Japanese Public Sector Procurement of Medical Technology Products and Services*，28 March 1994）；1994年10月7日颁布的《关于〈日本公共部门电信产品和服务采购办法〉的操作指南》（*Operational Guidelines with Respect to* "*Measures on Japanese Public Sector Procurement of Telecommunications Products and Services*"，7 October 1994）；1994年10月7日颁布的《关于〈日本公共部门医疗技术产品和服务采购办法〉的操作指南》（"*Operational Guidelines with Respect to* '*Measures Related to Japanese Public Sector Procurement of Medical Technology Products and Services*' "，7 October 1994）；1995年3月27日颁布的《对计算机产品和服务采购引入总体最大价值评估方法》（*Introduction of the Overall Greatest Value Evaluation Methodology to Procurement of Computer Products and Services*，27 March 1995）；1995年12月11日颁布的《对服务部门政府采购的解释》（*Understanding on Government Procurement in the Service Sector*，11 December 1995）。

Guideline on Procedures for Government Procurement)。②《附件2：引入超级计算机的程序》（*Attachment* 2：*Procedures to Introduce Supercomputers*）。③《附件3：非研发卫星采购程序》（*Attachment* 3：*Procedures for the Procurement of Non-R&D Satellites*）。④《附件4：与日本公共部门采购计算机产品和服务有关的措施》（*Attachment* 4：*Measures Related to Japanese Public Sector Procurements of Computer Products and Services*）。⑤《附件5：日本公共部门采购电信产品和服务的措施》（*Attachment* 5：*Measures on Japanese Public Sector Procurement of Telecommunications Products and Services*）。⑥《附件6：与日本公共部门采购医疗技术产品和服务有关的措施》（*Attachment* 6：*Measures Related to Japanese Public Sector Procurement of Medical Technology Products and Services*）。

这一系列指南①并不涉及一般性的政府采购规则，其仅涉及了有关政府采购的自愿措施（voluntary measures on government procurement）。

2014年颁布的《政府采购程序操作指南》，适用于日本纳入GPA规制的附录I的附件1和附件3实体所授予的合同金额不少于100000SDR的合同（但不涵盖受到GPA规制的建筑服务、工程服务和其他技术服务的采购）。《政府采购程序操作指南》主要包含以下12个方面的要求：①在针对技术规格的发展及计划采购的市场价值进行市场调研时，采购实体应当可以从国内和国外供应商处获取信息。此外，采购实体不应当允许直接参加了技术规格制定过程的供应商参与投标程序，除非能够确保公平和非歧视。②在某些情形下，为了实施采购实体的市场调研而要求供应商提供相关材料或者评论时，应当遵守既定的规则。③对于合同金额不低于800000SDR的采购项目，为了确保采购的顺畅实施，采购实体应当采取措施以确保感兴趣的供应商可以针对采购实体起草的技术规格提交其评价。④对于合同金额不低于800000SDR的采购项目，要求采购实体每个财政年度开始时，尽早向供应商公开相关信息。⑤采取措施以提高对外国供应商的信息透明度，如采购实体应当及时和准确地答复来自外国供应商有

① 政府采购行动项目委员会于2012年12月7日被日本内阁的决议废除。2014年3月31日颁布的一系列指南是由日本与政府采购相关部委和机构联合发布的解释，其意图在于作为一种机制使之前政府采购行动项目委员会颁布的不同决议能够得到继续实施。

关采购程序（如参与竞争和提交投标书的资格条件）的询问；为了向外国供应商提供参加国内采购市场的便利，日本外务省与其他部委合作，收集有关采购实体的名称、地址以及采购官员的名字等信息，并向外国供应商发布。⑥日本各部委应当努力收集有关计划采购项目的国内和国外供应商的信息。⑦在采用单一来源方式授予合同之前应当将相关信息进行公告。⑧要求严格实施采购程序。⑨为了供应商的便利，需要采购实体履行超出 GPA 所要求的义务，如在采购公告中提供有关采购联络点的信息；在英文简报中提供有关参与采购程序的资格条件、交货地点和交货时间的信息；将一般情形下接收投标书的截止时间延长至不少于 50 日。⑩为了使采购程序更加简化、合理与高效，该指南提出了进一步的要求，例如，制定统一的资格审查流程、统一和简化申请资格审查的表格以及统一的资格审查标准。⑪采取措施提高向公众披露有关公共采购信息的透明度。⑫改善投诉审查程序。

可见，这些要求都是立足于在采购操作层面、确保采购的实施能够为外国供应商提供公平的机会、创造参与的良好环境。这是在 GPA 的基本要求之外，日本政府国内采购法律提供的进一步保障措施。

（四）韩国

在韩国正式加入 1994GPA 之后，国内采购法律改革就一直处于进行状态。韩国政府采购制度的改革主要集中在电子采购系统（Korea On-line E-Procurement System，KONEPS）、韩国多次授予计划（Multiple Award Schedule，MAS）类框架协议以及利用政府采购促进经济、环境、社会政策发展方面。

韩国电子采购系统的建设最早开始于 1996 年，当时其还仅停留在采购电子数据交换层面。2000—2001 年，韩国先后实现了电子招投标功能和电子付款功能。2002 年 9 月，韩国正式上线了 KONEPS。KONEPS 是一款涵盖采购全流程的电子采购系统，包括采购人请求采购的要求、采购公告的发布、与供应商之间的沟通、电子投标的接收、电子开标以及合同授予、监督检查（inspection）和电子支付。KONEPS 自 2002 年上线以来，功能仍在不断扩展：2006 年推出了智能产品信息检索和网上购物商城；2008 年增加了手机电子投标服务；2009 年推出了基于射频识别的库存管理（Radio-Frequency IDentification，RFID）；2010 年新增了指纹识别电子投标。

韩国在研究美国、英国和加拿大类似制度的基础上，通过了《政府采购法实施指令》（*Enforcement Decree of the Government Procurement Act*）及相关实施条例的修订，于 2005 年 1 月开始实施 MAS。

韩国政府采购被广泛地运用于支持其他政策发展，如绿色增长、中小企业发展和创新。比如，在促进中小企业发展方面，韩国《〈促进采购中小企业制造的产品及支持其市场发展法〉实施指令》（*The Enforcement Decree of the Act on Facilitation of Purchase of Small and Medium Enterprise-Manufactured Products and Support of Development of their Markets*）第 4 条规定，每个年度采购中小企业制造的产品要达到总采购金额的 50%或以上。对于货物和服务采购而言，韩国政府通过了一系列措施来支持 SME 发展，例如，与中小企业管理局（The Small and Medium Business Administration，SMBA）一起联合实施的中小企业预留计划，或者禁止大型企业参与合同金额低于 GPA 相关门槛价的采购项目，对于某些产品而言，对参加框架协议第二次阶段竞争的中小企业有特殊要求等。对于工程采购而言，韩国政府将某些项目根据工程项目的规模划分为不同等级，从而形成了一个常用的名单，例如，该名单中的第二类工程项目，仅允许中小型建筑企业参与投标。此外，韩国还通过立法修订的方式保护工程采购项目中分包商的权利，如及时获得付款的权利等，这一制度也被称为“政府合同分包管理制度”（The Subcontract Management System for Government Contract，SMSGC）。

三、小结

本章内容可总结为以下五点。

第一，美国 FAR 并未针对 2012GPA 的新规则进行实质性回应。

美国在加入 GPA 后的 20 多年里，对 FAR 的修订涉及了政府采购规则的诸多方面，但美国仅对其中极少数的修订情况向 WTO 政府采购委员会进行了通报。鉴于研究的复杂程度，目前无法完全针对各项修订的具体时间进行梳理，因此也无法准确判断这些修订是否有涉及为新 GPA 规则而进行的国内法律调整。然而，参考美国于 1996 年加入 GPA 时国内法律的调整情况，美国很有可能也仅针对 FAR 第 25 部分涉及“国外采购”的规则进行技术性修订，并基于在新 GPA 项下出价范围的变化对 FAR 相关部分进行相应修订。

第二，加拿大颁布了一些可以被认为呼应 2012GPA 新规则的采购政策。

加拿大在加入 GPA 之后，也颁布了许多有关政府采购的政策措施，包括促进电子采购发展、促进绿色采购发展、利用国防采购促进经济发展和就业、促进 PPP 项目发展及采购规制，以及实施新签订的与政府采购相关的贸易协定等。除此之外，加拿大还颁布了一些可以被视为呼应 2012GPA 新规则的采购政策，简述于后。

首先，加拿大采用了一种新的采购流程，亦即“分阶段审查投标书是否符合采购文件要求的流程”（phased bid compliance process）。在该流程中，如果发现某些投标人的投标书或建议书未实质响应采购要求，可以允许这些投标人对投标书或建议书进行修改之后再次提交。该采购流程不同于传统采购的招标投标流程，其允许未实质响应招标文件的投标人再次提交投标书。这一要求不同于 GPA 有关“给予所有参加投标的供应商更正其投标表格中非故意错误的机会”的规则。① 加拿大的相关法律文件并未指出这一新采购流程与新 GPA 之间的关系。但 2012GPA 赋予了成员方在选择采购方法方面更为广泛的灵活性。例如，2012GPA 第 4 条第（4）款（a）项仅规定，“与本协定相一致，使用公开招标、选择性招标及有限招标等方法”。这进一步明确了只要遵循有关透明度和非歧视的原则，并且没有违反 GPA 的具体规定，成员方就有选择采购程序的自由。正是在 2012GPA 这种更具灵活性的规则背景下，加拿大制定了该项新采购流程。

其次，加拿大对一项联邦法律修订提出要求，“当合同内容发生重大变更时，应当对原通知进行修改或者发布一份新的事先合同授予通知”。这一修订

① 2012GPA 第 15 条第 3 款，1994GPA 第 13 条第 1 款。

可以被视为是对2012GPA中有关合同重大变更的新规则的回应，因为新GPA要求，“采购实体不得以规避GPA项下义务的方式变更已授予的合同”。

最后，加拿大所推行的与政府采购廉洁性相关的政策，也与2012GPA中有关政府采购过程中应防止腐败的要求相呼应。

第三，日本为实施2012GPA专门颁布了一系列指南。

日本颁布了专门实施2012GPA的一系列指南。但是这些指南并不涉及一般的政府采购规则，而是仅涉及适用自愿性政府采购措施的那部分采购活动。从指南的内容来看，其并非针对2012GPA的新规则进行回应，而是在GPA的基本要求之外，力图构建一个能更好地为外国供应商提供公平机会和良好参与环境的平台。

第四，目前尚未找到证据证明韩国为实施2012GPA专门对国内法律进行了调整。

韩国正式加入1994GPA之后，其国内采购法律改革一直在进行过程中，但是这些改革主要集中在KONEPS、韩国MAS类框架协议以及利用政府采购促进经济、环境、社会政策发展方面。目前尚未找到证据证明韩国为实施2012GPA专门对国内法律进行了调整。

第五，为了履行新GPA要求，一些GPA成员方对国内政府采购法律进行调整。

结合GPA成员方向WTO政府采购委员会的通报情况以及GPA主要成员方在加入GPA后国内政府采购法律改革的情况，可以大致得出以下结论。

首先，美国、加拿大、日本和韩国都在加入GPA之后对国内政府采购规则进行了多次修订。这些修订主要集中在促进电子化政府采购发展、促进绿色政府采购发展、促进政府采购流程简化和高效率以及完善PPP政府采购规制规则方面。

其次，目前研究尚未发现美国和韩国为了履行2012GPA的新要求而针对其国内政府采购规则进行实质性修订的情况。其原因可能为：①这些GPA成员方即使不对国内政府采购规则进行调整也已经完全符合2012GPA下新的具体要求；②针对2012GPA一些原则性要求，相关GPA成员方认为没有必要制定更多的政策和措施来满足这些原则性要求；③针对2012GPA所赋予的有关裁量权，这些成员方国内采购规则已经包含了有关裁量权的规则，或者这些成员方并不希望使用相关裁量权并为此引入新的采购流程和采购方法等。

再次，2012GPA发布之后，加拿大联邦政府颁布的某些采购政策可以被认为是对2012GPA新规则的回应。这些采购政策包括，“分阶段审查投标书符合采购文件要求的流程”，以及要求“当合同内容发生重大变更时，应当对原通知进行修改或者发布一份新的事先合同授予通知，与促进政府采购廉洁性相关的政策”。

最后，2012GPA颁布之后，日本国内政府法律调整的部分内容可以被认为是对2012GPA新规则的回应。具体而言，日本进行了一般性国内政府采购政策的调整。这体现在2013年4月日本针对《预算、结算账户和会计准则》的修订。该项修订主要回应了2012GPA新规则中有关成员方或采购实体可以禁止某些符合条件的供应商参与采购流程的规定。同时，日本也颁布了自愿性采购指南。这方面的修订似乎并非为了直接回应2012GPA的新要求，而是为了更好地为外国供应商营造一个良好的参与政府采购的政策环境。

通过前述有关GPA主要成员方加入GPA之后公共采购法律改革情况的研究，尤其是有关2012GPA新规则所做出的法律调整情况的研究，可以发现，并非所有GPA成员方都对2012GPA新规则进行了法律调整。理论上，是否进行法律调整，取决于现行国内政府采购规则与2012GPA新规则的符合性，也取决于GPA成员方的自身意愿。从实践来看，虽然某些GPA成员方围绕2012GPA规则进行了法律调整，但调整的原因也并不完全是为了满足GPA的具体要求。申言之，GPA主要成员方进行的法律调整在很大程度上并非基于其现行采购规则与2012GPA存在冲突，而是基于GPA的原则性要求、赋予裁量权的规则，对2012GPA新规则赋予的灵活性和确定性的回应。

21 000 000 000 000欧元，占其当年 GDP 总量的 19%。① 为了更好地在需求侧方面发挥公共采购对市场的重要引导和调控作用，欧盟试图通过欧盟公共采购指令的现代化来促进采购程序的简化和灵活性，以及推动对具备环境可持续、社会责任性采购的发展。② 欧盟也在《单一市场法》（*The Single Market Act*）③ 中将“修订欧盟公共采购指令”视为促进欧盟单一市场发展的 12 个杠杆之一④。

2011 年 12 月，欧盟委员会提出了对欧盟公共采购指令进行修订的议案。该议案包括以下两个方面的内容：①对第 2004/17/EC 号指令和第 2004/18/EC 号指令进行修订；②制定关于特许经营合同授予的新指令。欧洲议会和欧盟理事会于 2014 年 1 月 15 日和 2014 年 2 月 11 日分别批准了以上旨在促进欧盟公共采购规则现代化的指令。2014 年 3 月 28 日，《欧盟官方公报》（*Official Journal of the European Union*）正式公布了这些新公共采购指令体系⑤：第 2014/23/EC 号指令（以下简称《2014 特许经营指令》）、第 2014/24/EC 号指令（以下简称《2014 公共部门采购指令》、第 2014/25/EC 号指令（以下简称《2014 公用事业采购指令》）。其中，新制定的《2014 特许经营指令》已经将公共部门和公用事业部门实施的工程特许经营和服务特许经营同时纳入了规制范围。新公共采购指令体系已于正式公布之后的第 20 日，即 2014 年 4 月 17 日生效。

---

① Evaluation report—impact and effectiveness of EU pp legislation, part I.

② Commission Communication [COM (2011) 206 of 13. 04. 2011] to the European Parliament, the Council, the Economic and Social Committee and the Committee of the Regions: “a Single Market Act: 12 Levers to boost growth and strengthen confidence.”

③ “The Single Market Act”以促进欧洲经济繁荣和创造更多就业机会为目标，到目前为止共颁布了两个系列：“Single Market Act——twelve levers to boost growth and strengthen confidence”——COM (2011) 206 final, Brussels, 13, 4, 2011. 和“Single Market Act Ⅱ——Together for new growth”——COM (2012) 573 final, Brussels, 3, 10, 2012.

④ Commission Communication [COM (2011) 206 of 13. 04. 2011] to the European Parliament, the Council, the Economic and Social Committee and the Committee of the Regions: “a Single Market Act: 12 Levers to boost growth and strengthen confidence.”

⑤ Directive 2014/23/EU of the European Parliament and of the Council of 26 February 2014 on the award of concession contracts; Directive 2014/24/EU of the European Parliament and of the Council of 26 February 2014 on public procurement and repealing directive 2014/18/EC; Directive 2014/25/EU of the European Parliament and of the Council of 26 February 2014 on Procurement by entities operating in the water, energy, transport and postal services sectors and repealing Directives 2004/17/EC.

二、欧盟公共采购法律的适用范围及其与 GPA 规则之间的关系

欧盟在 GPA 项下的出价与欧盟公共采购指令体系存在密切联系。首先，在受 GPA 规制的采购实体方面，欧盟将其公共采购指令体系所规制的绝大部分采购实体都纳入了 GPA 项下的出价范围，受《公用事业采购指令》规制的享有特别或排他性权利的私人实体除外。界定相关实体的定义取决于欧盟公共采购指令体系中的相关规则。其次，在受 GPA 规制的工程、货物和服务方面，欧盟原则上向所有的 GPA 成员方开放，除非相关 GPA 成员方没有向其开放特定的工程、货物和服务。最后，在门槛价方面，欧盟公共采购法律所确定的门槛价与欧盟在 GPA 中规定的相应门槛价是一致的。

虽然原则上 GPA 对参加方是否需要制定一部或多部政府采购有关法律没有表明立场，但法律规则清晰并具有一致性是 GPA 的内在要求。“相互协调的采购规则能够给予各方以确定性和可预见性。”欧盟各公共采购指令之间有关适用范围的相互协调，与 2012GPA 所倡导和追求的理念相一致。

但是，如果欧盟将原本纳入 GPA 规制范围的采购活动“移出”出价范围，则需要履行 GPA 规定的程序。如欧盟在 2014 公共部门采购指令体系中，将石油和天然气开发有关的采购活动排除出适用范围，因为这些部门已经被认为处于竞争状态之下。若欧盟原本将这些采购活动移除出了适用范围，则需要遵守 1994GPA 的相关规则。2012GPA 对此制定了新的规则，但是鉴于该项“移除”发生在 2012GPA 正式生效之前，因此不适用。

此外，2012GPA 文本提及的可以针对 GPA 涵盖范围进行修改或更正的理由，亦即“政府对某一采购实体涵盖采购的控制或影响已经得到有效消除”①，在很大程度上来自欧盟经验的输入，因为欧盟公共采购指令界定某个实体的采购是否应当受到规制的考量因素，就是该实体的采购是否受到政府

① 2012GPA 第 19 条第 1 款。

的控制或影响。

三、欧盟公共采购程序规则的调整与GPA之间的关系

1996年，1994GPA正式对欧盟生效之后，欧盟分别经历了两次大的采购法律改革，并且这两次法律改革都涉及了采购程序规则的重要修订。对比2004年版本和2014年版本欧盟采购程序规则的修订之处与1994GPA规则和2012GPA规则之后，可以得到以下一些观察。

第一，2004欧盟公共采购规则引入了允许实施技术对话的条款，采购当局可以在发起合同授予程序之前的技术规格编制阶段，运用技术性对话来寻求建议，但是这些建议不能产生排除竞争的效果。这一规定反映了1994GPA第6条第4款赋予的裁量权和施加的最低要求，亦即“各实体不得以产生妨碍竞争效果的方式，从与具体采购可能存在商业利益的企业之处寻求或者接受可用于制定该项采购规格的建议”。可见，欧盟采购法和GPA都允许实施技术对话，只不过不能产生妨碍竞争的效果。

第二，2004欧盟公共采购规则已经允许采购当局或实体根据功能要求、性能要求来起草技术规格。相比较而言，1994GPA仅提及应酌情根据性能要求来起草技术规格，① 2012GPA新增了可以酌情根据功能要求来起草技术规格的规定。②

第三，2004欧盟公共采购规则在评价标准方面已经要求事先公开相关标准的权重，若有正当理由可以按照降序对相关标准的重要性进行排序。相比较而言，1994GPA文本并未要求给出评价标准的相对权重。2012GPA文本才要求在招标条件中列出适用评估标准的相对重要性。③

第四，2004欧盟公共采购规则已经引入更多灵活性采购程序，如竞争性对话、框架协议和动态采购制度。2014欧盟公共采购规则进一步制定了新的

① 1994GPA第6条第2款。
② 2012GPA第10条第2款。
③ 2012GPA第10条第7款（c）项。

灵活性采购程序（如创新性伙伴关系），并且赋予采购当局更多选择采购程序的权利。这与2012GPA所体现出来的规制趋势相吻合。

第五，2004欧盟公共采购规则所引入的动态采购制度与1994GPA所规制的常用采购名单具有相关性。但是2004欧盟公共采购规则针对动态采购制度透明度方面的要求，以及给予供应商随时加入动态采购制度保障方面的规定，在2012GPA文本中才被纳入。

但目前对于欧盟框架协议类采购安排是否也应当被认定为属于GPA所规定的常用供应商名单，还有待进一步研究。因为在欧盟公共采购制度中，框架协议一旦缔结，不应当向新的经济运营者开放进入。这显然与GPA对常用供应商名单的要求不符合，因为GPA要求采购实体允许将供应商随时列入常用供应商名单，并应在合理的较短时间内，将所有合格供应商列入名单。

第六，2014欧盟公共采购规则引入《欧洲单一采购文件》（*European Single Procurement Document*，ESPD）。自2016年4月新的公共采购指令生效以来，电子ESPD已在整个欧盟范围内使用。ESPD是一种工具，可以使经济运营实体更容易确定商业机会和参与公共采购。同时，它以一种单一的自我声明的形式，涵盖了公司的适用性、财务状况和能力，在欧盟高于欧盟门槛价的所有公共采购程序中用作初步证据。ESPD使参与公司能够声明，其没有处于必须/可能被排除在程序之外的情况，并且它们符合供应商选择标准。ESPD的优势在于，只有中标人才必须提交采购人要求的证书作为证据。这大大减轻了与证明参与者资格相关的行政负担，并简化了跨境获取商业机会的过程。而GPA仅仅要求，在招标文件中列出供应商参加的任何条件，包括要求供应商提供的与参加条件相关的信息和文件清单。① 因此，ESPD被视为在GPA要求的基础上推行的更有利于促进跨境贸易的措施。

可见，从采购的程序性规则来看，欧盟公共采购指令体系与GPA规则之间存在着以下三类关系：①欧盟运用GPA所赋予的裁量权制定满足GPA最低要求的规则，如有关运用技术对话的条款；②欧盟公共采购法律先行发展出

① 2012GPA第10条第7款（b）项。

了某项采购规则，并在之后推动 GPA 也采纳该项规则，如有关要求列出评价标准权重的条款，欧盟关于提供更灵活性的采购规则、简化采购流程、提高采购效率的条款；③欧盟基于自身需求而制定了具备更高要求的条款，但是相关要求尚未在 GPA 下达成共识，或者存在难以在 GPA 项下达成共识的条款，如有关要求运用标准的 ESPD 的条款。

四、欧盟电子化政府采购制度的发展与 GPA 之间的关系

在电子化通信技术的运用方面，《2004 公共部门采购指令》就已经允许运用电子通信技术，早于 2012GPA 规则包含的有关使用电子方式的基本要求。

在电子拍卖的规则方面，《2004 公共部门采购指令》已经针对电子拍卖方式进行了规制，其不仅局限于有关透明度的要求，且包含了更多的具体规定。而 1994GPA 文本并未存在与之相关的规则，直至 2012GPA 才对电子拍卖技术提出了最基本的要求。

《2004 公共部门采购指令》已经包含了有关运用电子方式可以缩短最短期限的规定。但是直到 2012 年，GPA 文本才包含了类似规定。

《2014 公共部门采购指令》中有关“采购当局应当仅在设置的投标截止期限之后检查投标书的内容”的规定，以及有关所运用的信息软件和技术的普遍获得性或兼容性方面的要求，与 2012GPA 新要求①相一致。

此外，《2014 公共部门采购指令》框架下的部分要求已经高于 GPA 的要求，例如，其已经要求欧盟成员国确保全部的通信和信息交换，尤其是电子投标，都要以电子通信的方式来实施，引入了新的电子采购技术和工具，如电子目录、电子认证交换系统，而且 ESPD 也只能以电子形式提供。

---

① 2012GPA 第 4 条第 3 款（a）项和（b）项。例如，设立保证投标诚实性（integrity）的机制，包括设定接收时间和防止不当访问。

五、欧盟公共采购救济制度的发展与GPA之间的关系

早在1994GPA之前，欧盟已于1989年和1992年分别针对公共部门采购和公用事业部门采购颁布了供应商救济指令。通过本书第二章所讨论的“问题核查清单”磋商的研究可知，正式加入GPA之后，欧盟救济指令中的相关规则符合1994GPA规则的要求。

可以观察到的是，围绕《问题核查清单》的磋商可能引起欧盟对其采购救济指令的修订。例如，在2000年围绕《问题核查清单》的磋商中，有关欧盟采购指令下投标人或候选人申请审查的期限这一问题，受到了其他GPA成员方的关切，因为1989年和1992年颁布的救济指令都未对投标人或候选人申请审查的期限提出明确要求。这可能不符合GPA的要求，因为根据1994GPA，成员方“可要求有利害关系的供应商在规定的期限内发起质疑程序并通知采购实体。该时限从已知或理应知道质疑依据时开始，但无论如何不得少于10日”。[1] 2007年欧盟救济指令对有关条款进行了修订，规定“如果成员国对其进行约束，那么欧盟要求申请审查的最短期限为10日，从合同授予决定以传真或电子方式送达投标人或候选人之日的次日起”。可以认为，欧盟就这一问题的法律修订，至少部分反映了对GPA符合性的考虑。

还可以观察到的是，欧盟在供应商救济方面所取得的一些法律改革成果，尚未成为GPA下的共识。例如，在欧盟颁布2004公共部门采购指令体系之后，欧盟委员会通过对利益相关者的咨询，发现这些救济机制存在两个缺陷：一是在授予合同决定做出之后合同缔结之前这段时间内，缺乏进行有效审查的期限；二是对违法直接授予公共采购合同的现象缺乏有效的救济手段。为了解决这两个问题，《2007公共采购救济指令》引入了两项重要制度：①“静止期”制度——在合同授予决定通知与签订合同之间的10日期限内，允许未中标的投标人对授予合同决定进行投诉；②规定违法授予合同无效的

---

① 1994GPA第20条第5款。

制度，并规定了合同应当被认定无效的情形。相比较而言，2012GPA 在救济制度方面的修订主要是涉及了进一步明确、澄清和补充性的规定，而非像欧盟救济指令一样能够引入一些有效的机制。这可能意味着，在 GPA 下类似于静止期和违法授予的合同的效力问题，尚未成为 GPA 改革的主要议题。

六、欧盟可持续公共采购制度的发展与 GPA 之间的关系

在 2004 欧盟可持续公共采购指令颁布之前，欧盟可持续公共采购规则并未涉及促进可持续发展的条款。《2004 公共部门采购指令》已经确定可以从技术规格、评标因素和合同履行条件等方面对环境和社会因素进行考量。2014 公共采购指令体系则进一步增加了在公共采购中考虑环境和社会因素的可能性和规范性。如《2014 公共部门采购指令》明确规定，所使用的技术规格不限于与合同标的物的特征有关，也可以与合同标的物的生产过程或者提供过程有关，从而使采购在全生命周期中考虑到环境和社会因素；明确了在公共采购过程中运用生态标识所应当遵循的规则；明确应当通过在采购流程中的相关阶段来控制供应商在环境、社会和劳动法律上的义务是否得到遵守；明确需要从全生命周期的角度来理解“授予标准必须与合同的标的物有关”；重点考虑“生命周期成本”在授予合同阶段的作用；指出公共采购合同分包商遵守有关环境法律义务的重要性等。

相比较而言，1994GPA 并未明确指出是否可以在制定、采用或者适用技术规格的过程中考虑对自然资源或环境的保护；2012GPA 则明确了这种可能性——GPA 成员方或采购实体可以遵守 GPA 规则制定、采用或者适用技术规格来促进自然资源和环境保护。而就整个可持续采购而言，2012GPA 尚未形成共识，而是将其作为一项未来工作的议题，留待未来加以解决。

可见，欧盟公共采购规则在可持续采购方面早于 GPA。其原因在很大程度上是因为可持续公共采购制度发展较晚，并且往往容易被滥用以实现保护本国贸易的目标。鉴于其在 GPA 框架下的影响力，欧盟在可持续公共采购方面的规制经验必然会对未来 GPA 有关规则的发展产生重要影响。

七、欧盟促进中小企业参与公共采购市场的措施及其与 GPA 规则之间的关系

（一）欧盟促进中小企业参与公共采购市场的措施

《2004 公共部门采购指令》并未将通过公共采购促进中小企业发展纳入规制议题。

发展中小企业对创造就业机会、促进经济增长和创新具有重要意义，欧盟不仅通过公共采购指令规则鼓励中小企业更多地参与公共采购市场，还鼓励成员方在国家层面开展各类激励措施。①《2014 公共部门采购指令》主要侧重于从以下六个方面来促进中小企业参与公共采购市场，并获得更多采购合同的份额。

注重监管市场的集中和分散程度。在通过促进集中采购以降低采购价格和交易成本时，应当加强对这种集中采购的监管，以避免中小企业错失参与公共采购市场的机会。②

防止采用过高的选择标准。过高的经济能力和财务能力的要求通常会给中小企业参与公共采购制造不必要的障碍，因此这类要求应当与采购合同的标的物具备相关性并合乎比例。③

简化采购程序，促进采购程序效率的提高。尽可能缩短采购程序的时限，不给统一市场中的经济运营实体，尤其是中小企业，制造不必要的障碍。④

减少采购过程中施加给中小企业的行政性负担。例如，运用 ESPD 以减少采购当局对文件的要求；推广和建设 e-Cerits，促进成员国采购当局之间认证证书和其他常用文件类证据的交换，也有利于中小企业。⑤

---

① 《2014 公共部门采购指令》序言 124。
② 《2014 公共部门采购指令》序言 59。
③ 《2014 公共部门采购指令》序言 83。
④ 《2014 公共部门采购指令》序言 80。
⑤ 《2014 公共部门采购指令》序言 87。

注重客观界定采购需求。例如，为了提高中小企业参与大额动态采购系统的可能性，采购当局应当按照客观界定的目录对产品、工程和服务进行划分①。

鼓励分包。新公共采购指令鼓励采购当局运用《促进中小企业参与公共采购合同的欧洲最佳实践指南》(*European Code of Best Practices Facilitating Access by SMEs to Public Procurement Contracts*)② 中推行的做法来促进中小企业参与公共采购市场③，其中最为重要的采购实践经验是对大额采购合同进行分包。应当使分包后的合同规模更能与中小企业的能力相适应；或者根据不同的行业和技术规格进行划分，使分包后具体合同的内容更接近中小企业所处的特定行业，又或者根据不同的项目阶段对合同进行分包。考虑到分包商要求及合同的性质，成员国可以在其制定的规则中允许采购当局直接向分包商进行支付。在采购阶段，成员国或者采购当局可以要求投标人提供分包信息；对于工程合同采购而言，在某些情形下采购当局应当要求总承包商向其提供分包商的具体信息。

（二）欧盟促进中小企业参与公共采购市场的措施与 GPA 规则之间的关系

《2004 公共部门采购指令》并未将通过公共采购促进中小企业发展纳入规制议题。《2014 公共部门采购指令》增加了促进中小企业参与公共采购市场的措施。相比较而言，2012GPA 前，GPA 文本中并未提及如何对待政府采购促进中小企业的措施。如韩国等很多 GPA 成员方在出价中都将促进中小企业的政府采购排除在适用范围之外。

如何在利用政府采购促进中小企业发展的同时又符合 GPA 要求，是目前 GPA 框架下成员方之间讨论的重要议题。欧盟经验必然也会对未来 GPA 规则的设置产生重要影响。

---

① 《2014 公共部门采购指令》序言 66。

② Commission staff working documents of 25 June 2008.

③ 《2014 公共部门采购指令》序言 78。

八、第三国政府采购市场开放

（一）双边或区域性贸易协定

在 GPA 框架之外，欧盟还通过多边或者双边协议继续寻求政府采购市场的进一步开放。例如，1997 年 7 月和 10 月，欧盟分别与以色列和韩国针对电信领域政府采购市场开放达成了专门的双边协议。①欧盟与瑞士、墨西哥、智利以及加勒比论坛国家（Cariforum）之间签订了包含“政府采购”章节的双边协定。2018 年 6 月发布的欧盟与澳大利亚之间的《自由贸易协定（草案）》中也包含了“政府采购”一章。又如，欧盟与寻求加入欧盟的国家之间通过签订《稳定和结盟协议》（或临时协议）来开放彼此的公共采购市场。②

（二）与第三国进行政府采购市场开放谈判

1. 欧盟歧视性采购政策

从现行欧盟公共采购指令体系来看，《公共部门采购指令》和《特许经营指令》中并不包含相关歧视性条款，只有《公用事业采购指令》中包含了可以歧视第三国货物和服务的条款。

《2014 公用事业采购指令》包含了与第 93/38/EEC 号指令第 36 条实质上

---

① *Council Decision of* 24 *February concerning the conclusion of two agreements between the EC and the State of Israel on procurement by government and telecommunications operators*, OJ L 202/72 of 30 July 1997. 该协议签订于 1997 年 7 月 10 日，生效于 1997 年 8 月 1 日。*Council Decision of* 22 *April* 1997 *concerning the conclusion of an agreement on telecommunications procurement and an agreement in the form of a memorandum concerning the procurement of private telecommunications operators between the European Community and the Republic of Korea*, OJ L 321/30, of 22 November 1997。该协议签订于 1997 年 10 月 29 日，生效于 1997 年 11 月 1 日。

② 欧盟与阿尔巴尼亚、黑山、塞尔维亚之间的《稳定和结盟协议》中都包含了开放公共采购市场的章节。

完全一致的条款。① 除此之外，还新增了第 86 条规定②。

（1）成员国应当告知欧盟委员会，其国内企业所报告的在获取第三国服务合同授予机会的过程中，所遇到的任何有关法律或实践中的一般性困难。

（2）2019 年 4 月 18 日之前（之后定期），欧盟委员会应当向理事会报告第三国所开放服务合同机会的程度，以及与第三国就此议题展开谈判的进展情况，尤其是在 WTO 框架之下谈判的进展情况。

（3）委员会应当努力与所涉第三国补救（remedy）其所发现的任何情况，基于第二款所提及的报告或者其他信息，在授予服务合同之时，第三国：

（a）并没有确保欧盟企业有效准入条件，与欧盟批准给来自该国家的企业与之相当的准入条件；

（b）并未给予欧盟企业国民待遇或者与国内企业能够获得相同的竞争机会；

（c）给予来自其他第三国的企业相对于来自欧盟的企业而言更为优惠的待遇。

（4）成员国应当告知委员会其国内企业向其报告的且当其试图在第三国获取授予合同机会的过程中，在法律或事实方面所遇到的任何困难，假如这些困难是由于不遵守附件 14 中所提及的有关国际法条文所引起的话。

（5）在前述第 3 款和第 4 款所提及的情形下，欧盟委员会可以在任何时候建议理事会通过一份实施法，规定在特定期限内暂停或者限制将服务合同授予：（a）有关第三国法律规制的企业；（b）上述（a）项所规定的企业的附属企业，其所注册的办公室在欧盟但是与成员国经济没有直接和有效联系；（c）企业所提交的投标书中所涉及的标的物“服务”是原产于该有关第三国。

理事会应当通过多数表决（qualified majority）尽快做出决议。

委员会可以根据自己的提议或者成员国的请求来建议采取这些措施。

（6）本条规定不应当损害欧盟在政府采购国际协定，尤其是在 WTO 框架

① 第 85 条（tenders comprising products originating in third countries）。

② 《2014 公用事业采购指令》（Directive 2014/25/EU）第 86 条，relations with third countries as regards works, supplies and service contracts。

下，向第三方做出的承诺。

但是，现行法律中所设置的歧视性条款具备以下四个方面的特征：①仅在公用事业部门的采购活动中才可能适用。②并非强制性歧视条款。欧盟公共采购指令并不强制要求在符合条件时拒绝来自第三国供应商的投标或者拒绝包含第三国产品或服务的投标书。欧盟公共采购指令赋予了采购实体这种自由裁量权。③并非完全拒绝来自第三国的产品，只有达到投标总金额的50%以上时，才可能被拒绝。④如果欧盟供应商在进入第三国政府采购市场时遇到了障碍或不公平对待，欧盟成员国应当将此情况报告给欧盟委员会，而后欧盟委员会可以建议欧盟理事会实施“临时性报复措施”。总体而言，欧盟认为，这些规则在法律上对外国供应商、产品、服务构成的市场准入障碍有限。

2. 欧盟开放政府采购市场的谈判

欧盟认为，其政府采购市场实际上对外国投标人开放，但是第三国的采购市场对外国货物和服务是关闭的。这意味着，第三国货物和服务在进入欧盟市场方面不存在法律上的障碍，但是欧盟的货物和服务无法进入第三国市场。欧盟公共采购市场事实上的开放状态导致了欧盟在开放第三方政府采购市场的谈判中受挫，因为第三方并不存在开放其国内政府采购市场的动力。数据显示，由于保护主义措施的存在，全球公共采购市场一半以上是关闭的，并且这个比重还在上升。欧盟每年仅有 100 亿欧元的出口进入了全球采购市场，其仅占到了欧盟 GDP 的 0.08%。评估显示，由于第三方政府采购市场准入的限制，欧盟还有 120 亿欧元的出口潜力未能实现。①

3. “国际采购工具” 立法

2012 年 3 月 21 日，欧盟委员会发布了一份《关于第三国货物和服务进入欧盟政府采购内部市场以及欧盟货物和服务进入第三国公共采购市场谈判支

① European Commission, “Amended proposal for a regulation of the European parliament and of the council on the access of Third-country goods and services to the Union’ s internal market in public procurement and procedures supporting negotiations on access of union goods and services to the public procurement markets of third countries,” COM (2016) 34 final, Brussels, 29 January 2016.

持程序等问题制定规则的法规建议》①。欧盟委员会建议制定该项条例的初衷在于为欧盟在国际范围内开展开放政府采购市场的谈判提供工具。欧盟委员会建议通过条例的制定为第三方货物和服务进入欧盟市场设立法律障碍，从而促进第三方积极地与欧盟之间就开放政府采购市场展开谈判，以利于欧盟货物和服务进入第三方政府采购市场。

但是，欧盟委员会的建议并未得到欧洲议会和欧盟理事会的认可。对于原则上将来自关闭第三国的货物和服务排除在欧盟公共采购市场之外，有些成员国提出了保留意见，也有些成员国担心这些建议会加重采购当局和供应商的行政负担。之后，欧洲议会经过表决，请欧盟委员会对建议书进行修订，并附上修订意见。

2016 年 1 月 29 日，欧盟委员会对该建议书进行了修订,② 修订的内容可以概括为以下七个方面。第一，排除关闭市场的可能性，并且限制针对价格惩罚的限制性措施的实施（目前被称为“价格调整机制”）。经过委员会调查之后，如果某国被认定为存在欧盟参与其政府采购市场的障碍，那么可以针对来自这个国家的投标人、产品或者服务适用价格调整机制。不同于首次建议书，如被实施价格调整机制之后，外国供应商的投标书仍旧在价格和质量方面拥有竞争力，那么该外国投标人仍有可能中标。第二，修订后的建议书删除了非集中式的程序，即采购当局不能自行决定禁止外国投标人参与其采购活动。第三，修订后的建议书确立了一种假设：如果供应商提交的投标书中包含了原产于目标第三国（targeted third country），其将成为被实施价格惩罚的目标，除非这些供应商能够证明，其投标书中少于总价值 50%的部分是原产自第三国的“非涵盖类货物和服务”。在首次建议书中，采购当局承担举证责任，但是目前投标人承担举证责任。第四，通过允许成员国列举哪些

① COM（2012）124 Final.

② 《制定关于第三国货物和服务进入欧盟内部公共采购市场及程序的欧盟议会和理事会条例的修订建议书，以支持欧盟货物和服务进入第三国公共采购市场有关的谈判》（*Amended proposal for a Regulation of the European Parliament and of the Council on the access of third-country goods and services to the Union' s internal market in public procurement and procedures supporting negotiations on access of Union goods and services to the public procurement markets of third countries*），COM（2016）34 final.

采购实体将被要求实施价格调整措施来减少行政负担。第五，缩短集权模式下欧盟委员会实施调查的时间。第六，与欧盟委员会在贸易政策方面的透明度相一致。建议将欧盟委员会认定投标人所属第三国存在阻碍欧盟进入政府采购市场障碍的有关调查结果进行公布。第七，该修订建议书明确欧盟2014公共采购指令体系所涵盖的所有采购活动都将受该条例的规制。

2011年年底，欧盟加大了推动这项立法的工作力度，并提出了“欧洲议会和理事会关于第三国货物与服务进入欧盟内部公共采购市场，以及支持与第三国进行谈判以使欧盟货物和服务进入该国公共采购市场的有关程序之条例修订建议案”。欧盟官方将其简称为“国际采购工具”（International Procurement Instrument，IPI）。

IPI有两项任务，一是在欧盟公共采购法上就第三国货物和服务进入欧盟内部公共采购市场，确立一项系统性的歧视性采购政策；二是给欧盟货物和服务进入第三国公共采购市场的开放谈判提供一个法律上的程序依据。从IPI的意义来看，第三国实质上是指对欧盟供应商采取了歧视性采购政策的国家。

就前者而言，IPI在欧盟法上第一次全面确立了针对第三国的系统性的歧视性采购政策。之前，只有欧盟公用事业采购指令上规定有歧视性采购政策，而在IPI中，欧盟在其所有公共采购法上确立了歧视性的采购政策，包括公共采购指令、公用事业采购指令和特许经营采购指令。

根据IPI的规定，在评标中，欧盟对来自第三国的供应商提供的货物或服务将施加高达20%的惩罚性价格调整措施，以期给予欧盟供应商高达20%的评标价格竞争优势；在特定情况下，欧盟还可能将来自第三国的供应商的投标排除在外。

就后者而言，IPI为欧盟委员会启动调查，通过磋商消除第三国歧视欧盟供应商的措施提供了法律程序支持。具体而言，首先，如果出现第三国歧视欧盟供应商的情况，欧盟委员会可以启动调查程序。其次，如果调查发现该第三国确实存在歧视欧盟供应商或者/以及货物或服务的情况，欧盟委员会应该邀请该国就其采购市场开放进行磋商，以期消除该国的歧视性措施或者与其正式签订政府采购市场开放的国际协定。最后，如果磋商不能成功，作为最后的手段，欧盟委员会可以对来自该第三国的供应商的投标实施价格调整措施，只要该投标的价值达到限额以上［（货物和服务500万欧元（不含税）、工程1500万欧元（不含税）］，以及该投标货物或服务的价值50%以上都来自该第三国。

2022年6月9日，欧洲议会正式通过了这项IPI，之后，欧盟理事会于2022年6月17日通过了关于IPI的法规。该法规于2022年6月23日签署，2022年6月30日在《欧盟官方公报》上公布，并于2022年8月29日生效。

IPI使得欧盟委员会能够根据欧盟利益，对公共采购市场进行调查并采取措施。换言之，IPI在欧盟贸易工具箱中增加了一个工具，委员会可以通过该工具对所谓的第三国针对欧盟公司、商品和服务的措施或做法进行调查。例如，如果委员会发现欧盟公司在进入第三国公共采购市场方面，面临严重和反复的限制，而这些限制在与有关第三国讨论后仍然存在，IPI将允许委员会采取措施，限制该第三国的公司进入欧洲公共采购市场，直至其停止限制性做法。这种IPI措施可以包括如要求订约当局，或实体对在该第三国设立的经济经营者提交的投标书进行评分时适用处罚措施，或将这类投标排除在授标程序之外。

IPI进一步规定，在其适用的公共采购程序中，中标者有义务遵守某些要求。例如，不允许将50%以上的合同总价值分包给原产于受IPI措施约束的第三国的经济经营者。对于有关货物供应的合同，根据合同或提供的货物和服务，源自受到IPI措施约束的第三国，不得超过合同总价值的50%。应订约当局的请求，中标者可能必须提交充分的履约证据。

IPI适用于至少价值1500万欧元的工程和特许权招标，以及至少价值500万欧元的商品和服务招标。此外，IPI措施只能适用于欧盟尚未在国际协定中做出市场准入承诺的货物、服务或特许权的公共采购程序，或者这种协定不包括对开放公共采购市场的对等承诺。因此，欧盟承担的现有承诺和双边贸易协定将不受IPI的影响。

九、小结

通过对欧盟加入 GPA 之后其公共采购制度改革的深度分析及其与 1994GPA 和 2012GPA 规则之间的关联性分析，可以得出以下结论。

第一，在适用范围的规则方面，一般而言，GPA 的相关规则不能对欧盟提供硬约束，因为在本质上，GPA 的涵盖范围由出价谈判决定，而成员方的出价范围主要取决于其采购法律的适用范围。欧盟公共采购指令的适用范围要大于其在 GPA 项下的出价，针对社会服务及其他特殊服务的采购未被列入出价范围，受《公用事业部门指令》规制的某些私人实体的采购也未被纳入出价范围。

虽然原则上 GPA 对参加方是否需要制定一部或多部有关政府采购的法律没有表明立场，但法律规则清晰并具有一致性是 GPA 的内在要求。

欧盟确定公共采购规制范围的逻辑，已经被 2012GPA 有关确定修改出价的规则采纳。判断某个实体是否可以被移出 GPA 的出价范围，取决于其采购活动是否已经不受政府控制或影响。

第二，在程序规则方面，大部分欧盟相关公共采购程序性规则的确定都要早于 GPA 文本。例如，有关可以根据功能要求起草技术规格的规定，有关要求事先公开评价标准相关要素的权重的规定，有关针对常用供应商名单在透明度方面的要求，以及供应商随时加入动态采购制度的保障方面的规定。

在有关灵活性的程序规则方面，2012GPA 规则上的变化应该是来自以欧盟为主的 GPA 成员方的需求。2004 欧盟公共采购规则已经开始引入更多灵活性采购程序，如竞争性对话、框架协议和动态采购制度。2014 欧盟公共采购规则又进一步制定了新的灵活性采购程序（如创新性伙伴关系），并且赋予了采购当局更多选择采购程序的权利。2012GPA 规则的新变化正是这种需求的体现。另外，欧盟公共采购指令的规定与 GPA 所体现出来的规制趋势相吻合。

欧盟运用 GPA 所赋予的裁量权制定了满足 GPA 最低要求的规则，如有关运用技术对话的条款，但这种情形也是极少数的。

更多的欧盟公共采购程序规则是高于 GPA 的基本要求且基于自身需求而制定的。如有关要求运用标准的 ESPD 条款——可以减少采购当局的行政负担，而且可以使得经济运营实体更容易地确定商业机会并参与竞争。鉴于 GPA 成员方政府采购制度的多样性，以及某些成员方自身协调能力的有限性，很难就类似要求在 GPA 项下达成共识，从而体现在 GPA 规则中。

第三，在电子化政府采购制度的发展方面，无论是规制的强度还是广度，欧盟公共采购制度的发展都要早于并高于 GPA 文本中的要求。可以推断的是，欧盟电子化政府采购制度的发展推动了 GPA 项下有关电子化政府采购规则的制定。

第四，在救济制度的发展方面，为了促进公共采购救济制度的及时性和有效性，欧盟推出了多种机制来解决以前救济制度存在的脆弱性问题。2012GPA 在救济制度方面的修订是有限的，并不能像欧盟一样引入有效的救济机制。

第五，在可持续公共采购制度方面，欧盟公共采购规则在针对如何运用政府采购促进可持续发展方面远远走在了 GPA 之前。这在很大程度上是因为可持续公共采购发展较晚，并且往往容易被滥用以实现保护本国贸易的目标。鉴于欧盟在 GPA 框架下的影响力，欧盟在可持续公共采购方面的规制经验必然会对未来 GPA 有关规则的发展产生重要影响。

第六，在促进中小企业发展的政府采购制度方面，如何在利用政府采购促进中小企业发展的同时又符合 GPA 要求，是目前 GPA 框架下成员方之间讨论的重要议题。欧盟经验也必然会对未来 GPA 规则的形成产生重要影响。

第七，在欧盟通过内部立法推动第三国政府采购市场开放方面，其与 GPA 规则之间并不具备直接相关性，因为这一新的立法主要针对的是非 GPA 成员方的第三方。但是，欧盟的类似努力仍值得作为非 GPA 成员方的中国的关注。

总而言之，可以进一步观察到以下内容：①欧盟在加入 2012GPA 之后并未对内部法律层面进行调整。因为欧盟公共采购法律早在 2012GPA 文本制定之前就已经包含了类似规则。②欧盟作为 GPA 最为主要和重要的成员方，其内部政府采购制度的改革往往先于 GPA 规则的改革。欧盟公共采购制度的改革是以自身的制度需求为出发点，改革的广度和深度都远超过 GPA 规则。③欧盟更多扮演的是制度创造者和输出者的角色，而非被动接受者的角色。前文已经提及某些非欧盟成员方类型的 GPA 成员方直接以欧盟公共采购法律作为国内法律改革的蓝本，其背后的逻辑是：只要自身政府采购制度与欧盟公共采购制度是保持一致的，那么必然是符合 GPA 要求的。因此，在 GPA 框架下，欧盟更多的是将其采购规则输入到 GPA 本身及其他 GPA 成员方。

第十二章　加入 GPA 法律调整比较研究的启示

一、加入 GPA 法律调整的基本问题

GPA 文本要求每一参加方应当保证，在不迟于 GPA 对其生效之日前，使其法律、法规、行政程序及其采购实体适用的规则、程序和惯例符合其规定。为此，在加入 GPA 过程中，GPA 申请加入方有可能需要对其国内政府采购法律制度进行相应的调整。

加入 GPA 国内法律调整的主要目标在于使国内政府采购法律制度满足 GPA 的强制性要求。在法律调整的过程中需注意，GPA 作为国际法，其核心价值目标是促进国际贸易自由化和市场准入，这不同于作为国内法的政府采购法律所追求的经济效益、物有所值等目标。因此，国内法律调整应当寻求一条既能符合 GPA 强制性要求，又能满足国内政府采购制度发展需求的路径。

加入 GPA 国内法律调整的标准取决于 GPA 文本。一方面，为了促进公共采购市场的开放、非歧视性原则的落实，GPA 文本侧重于规制市场准入和透明度，并在该方面规定了严格的要求和标准。另一方面，GPA 文本自身只是提供了一个规制框架，其具有高度的包容性和灵活性。例如，GPA 在采购程序、救济制度等方面提供了大量原则性要求和裁量权。因此，在加入 GPA 背景下的国内法律调整既需要考虑与 GPA 强制性规则的符合性，同时又需要考虑国内采购规则与 GPA 灵活性要求之间的适应性。

一般情况下，加入 GPA 法律调整的范围应当限于一国现行政府采购法律

制度，但若参加方在GPA项下的出价超出现行政府采购法律调整范围，则应确保所有纳入GPA涵盖范围的采购活动都符合GPA要求。

依据现行规定，GPA申请加入方在加入GPA过程中，需要与已有参加方之间围绕有关国内政府采购制度的《问题核查清单》展开磋商。但《问题核查清单》并未提供，也不可能提供判断二者符合性的基础和标准。在整个法律磋商中，《问题核查清单》最主要的功能是信息的提供，或者为法律磋商提供一种基础，使申请加入方根据这些信息与参加方进行磋商。通过磋商可使参加方更加了解申请加入方国内政府采购规则与GPA要求之间的符合性。在一定程度上，由于GPA所有参加方将在是否同意申请加入方加入GPA的决议中享有投票权，申请方需要向参加方证明，或者使参加方相信其与GPA涵盖采购有关的国内政府采购规则满足GPA要求。

此外，围绕GPA涵盖采购的谈判与国内政府采购制度息息相关，并以此为基础。申请方的国内法律调整也应当与其在加入GPA过程中的谈判或磋商（包括涵盖范围谈判和围绕《问题核查清单》的磋商）保持相协调。

二、政府采购法律调整的目的

加入GPA法律调整的主要目的是使国内政府采购法律制度满足GPA的强制性要求。然而，GPA的目标与国内法的目标不完全一致，因此，国内法律调整的目的既要符合GPA强制性要求，又要满足国内政府采购制度的发展需求。

通过对GPA主要成员方加入GPA之后公共采购法律改革情况的研究，尤其是围绕2012GPA新规则做出的法律调整情况的研究，可以发现，并非所有GPA成员方都会针对2012GPA新规则做出法律调整。理论上，是否进行法律调整取决于国内政府采购规则的现行规定与2012GPA新规则的符合性，也取决于GPA成员方的自身意愿。

比较研究显示，一些GPA成员方仅在GPA符合性的范围内进行了法律调整。例如，美国仅针对门槛价和相关条款做了技术性修订；欧盟仅针对《公用事业采购指令》可能存在歧视性的条款进行了修订；加拿大也仅颁布国内法律以使得其联邦采购活动受GPA规则的规制；澳大利亚和新西兰的修订也仅局限于个别条文。具有实质意义的修订主要表现在GPA成员方国内采购规则存在与GPA规则明显不符合或者不一致之处，如歧视性的采购规则等。

但另一些成员方所进行的法律调整，并非完全出于满足GPA的要求，或者说，不是由于原有的采购规则与2012GPA新规则存在冲突而进行的调整。比如，欧盟在加入2012GPA后并未在内部法律层面进行法律调整。这是因为，欧盟公共采购法律早在2012GPA文本制定之前就已经包含了类似规则。欧盟作为GPA最为主要和重要的成员方，其内部政府采购制度的改革往往先于GPA规则的改革。欧盟公共采购制度的改革是以自身发展需求为出发点，改革的广度和深度都远超过GPA规则。可以判断的是，欧盟更多扮演的是制度创造者和输出者的角色，而非被动接受者的角色。

三、政府采购法律框架体系

加入GPA法律磋商的一个主要问题围绕政府采购法律框架进行，涉及单一中央采购法、与采购有关的其他法律以及GPA在本国的适用方式等议题。GPA并未针对成员方是否需要制定一部或多部政府采购有关法律提出要求，这一点从GPA成员方加入GPA中的法律磋商和法律调整经验中可以进一步得以确认。然而，GPA规则本质上需要成员方具备良好协调国内政府采购法律规则的能力。从GPA成员方加入GPA中的法律磋商和调整经验中也同样可以感受到这种重要关切。

在中国加入GPA已经进行的法律磋商中可以观察到，《政府采购法》与《招标投标法》“两法”关系的协调，已经成为我国主要谈判方的重要关切。为此，在加入GPA背景下，应当进一步在法律层面协调“两法”关系，为政府采购市场创造一个协调的、良好的法治环境。另外，如何确保被纳入我国GPA出价范围的PPP项目、国有企业采购活动和军事部门的采购活动符合

GPA 要求，也是我国政府采购法律体系建设的重要组成部分。①

四、实施 GPA 的国内法路径

在实施 GPA 规则的路径方面，绝大部分 GPA 成员方选择将 GPA 规则转化为国内法律来实施。例如，欧盟先选择将欧盟层面的采购指令根据 GPA 的要求进行调整，而后欧盟成员国通过将欧盟政府采购指令转化成国内法律而实施 GPA 规则。又如，美国为了在国内政府采购法律制度中实施 GPA 要求，对《联邦政府采购条例》第25部分有关“涉外采购”部分的相关条文进行了修订。从本研究所分析的 GPA 主要成员方经验来看，仅加拿大赋予了 GPA 在其国内直接适用的法律效力。

五、GPA 所涵盖的采购与未涵盖的采购：国内法的区别立法政策

GPA 主要成员方对国内法律进行调整时，所面临的一个重要选择即对 GPA 所涵盖的采购与未涵盖的采购是否确立统一的立法政策。GPA 规则仅涉及部分政府采购活动的规制，亦即它仅针对 GPA 成员方承诺开放的采购市场进行规制。这无疑将 GPA 成员方国内政府采购市场划分为两部分：一部分是负有开放义务的政府采购合同，即列入 GPA 项下出价的采购合同；另一部分是不承担开放义务的政府采购合同，如 GPA 门槛价以下的采购合同。为此，GPA 主要成员方在进行国内法律调整时首先需要面临的决策问题是：针对 GPA 未涵盖的这部分政府采购合同应当采取什么样的规制政策？是采取统一开放的政策还是采取保护的立法政策？即是否需要针对这部分采购合同规定或者保留歧视性的采购政策？

具体而言，GPA 未涵盖的那部分采购活动可分为以下两大类：①GPA 成

① 曹富国. 加入 GPA 背景下我国政府采购法律的调整问题［M］. 北京：法律出版社，2022.

员方在GPA项下被明确排除适用的那部分采购活动。由于针对这部分采购活动进行排除的初衷就在于让这部分采购市场可以免于向国际市场开放，因此GPA成员方也会在国内采购规则中仍旧保持这些采购领域的歧视性采购规则。②GPA成员方将采购实体、采购对象纳入了GPA规制，但是因合同金额未达到门槛价的那部分采购活动，可以称为“小额采购活动”。对于这部分采购活动，从GPA主要成员方的经验来看，存在着“开放”或“保护”两种不同的选择。日本针对其在GPA项下开放的货物或服务采购推出了自愿（国际）采购措施。这一措施的推行体现了其国内政府采购制度“开放”的一面，如将适用公开、公平、竞争性采购规则的采购合同门槛价降低至100000 SDR，希望通过透明度、公开和公平竞争来促进这些领域的国际竞争。从欧盟经验来看，门槛价之下的合同授予规则在欧盟内部是不统一的，各欧盟成员国都有各自遵守条约基本原则的国内政府采购规则，尤其是有关货物和服务非歧视的基本原则。这说明，针对门槛价以下的采购，欧盟成员国国内法律规定不能要求其采购活动有违欧盟条约的基本原则，这意味着仍旧不可以歧视来自其他欧盟成员国的供应商、货物和服务。但是，由于这部分采购活动不受GPA规制，因此理论上欧盟成员国可以在国内法律中要求歧视来自非欧盟成员国的其他GPA成员方。

区分立法政策的一个边界是对待歧视性采购规则。GPA主要成员方在加入GPA之前大都存在着歧视性的采购政策。有些GPA成员方在加入GPA出价范围时，将某些歧视性政策所适用的采购排除出GPA适用范围之外，如加拿大针对原住居民的采购政策等。一般而言，在加入GPA过程中GPA成员方（如欧盟、美国等）都针对国内歧视性政府采购法律政策进行了调整，使得这些歧视性采购政策不适用于特定GPA成员方或者全部GPA成员方。但值得注意的是，这些GPA成员方都并未为满足GPA项下的义务而完全废除这些歧视性采购政策。此外，从最近几年加入GPA的成员方国内法律调整情况来看，其更趋向于在国内采购法律规则中将“非歧视”作为一项政府采购的基本原则进行规定，从而向其他GPA成员方展示其国内采购规则的非歧视性。这些经验都可供中国在调整国内法律时进行参考。

六、依据国内法谈判及“超范围”出价之国内法调整

依据国内政府采购法的适用范围进行GPA谈判，是可以观察到的加入GPA谈判的基本经验。这一经验意味着，如果某些实体或者某项采购不属于某GPA成员方国内政府采购法的调整范围，则该成员方不会将其纳入GPA的出价范围。然而，也确实存在着在GPA涵盖范围谈判中纳入国内采购法律原本并不规制的采购实体的情况。这种超出国内政府采购法适用范围的“超范围”出价对国内政府采购法提出了额外调整要求。一方面，成员方需要重新考虑将这部分采购纳入国内政府采购法调整的正当性；另一方面，从实施GPA义务的角度来看，成员方需对这部分采购进行符合GPA要求的法律规制，以提供履行GPA义务的国内法保障。从加入GPA谈判的国际比较经验来看，欧盟、美国、加拿大和韩国等GPA成员方主要依据国内法进行谈判，而新西兰和澳大利亚这些新加入GPA的成员方则出现了“超范围”出价问题。

针对这类“超范围”实体，新西兰在国内法律调整中仅要求其遵守与GPA要求相关的规则，而非要求其遵守新西兰法律所有强制性采购规则，而且适用GPA规则的采购也仅限于被GPA涵盖的那部分采购。这种规制路径的逻辑体现了尽可能少规制或者实行较轻规制的原则。而澳大利亚在国内法律调整中的规制路径是，将这类“超范围”实体纳入《澳大利亚联邦采购规则》的统一规制。

七、国有企业采购的立法政策

在GPA框架下，国有企业政府采购规制的问题主要包括以下两个方面：①国有企业是否受到国内政府采购法律规制以及如何规制？②有哪些国有企业被列入了GPA出价范围，以及如何确保这些国有企业遵守GPA项下的义务？

从GPA主要成员国法律调整谈判的情况来看，欧盟及其成员国存在着针

对国有企业采购进行规制的政府采购规则，而日本和新西兰则不存在针对国有企业（或公共企业）采购活动进行规制的国内政府采购规则。欧盟曾经在WTO政府采购委员会框架下针对加拿大国内公共企业的采购规制问题进行过提问，但是加拿大并未进行正面答复。

从欧盟经验来看，欧盟针对国有企业适用的采购规则与针对其他公共实体所适用的是同一套采购规则，因为欧盟并未针对“国有企业”这类实体的采购活动进行特殊规制。单个国有企业是否适用以及适用何种采购规则取决于该国有企业是否符合“采购当局”或“采购实体”的相应条件。因欧盟针对公共部门、公用事业部门的采购活动进行分别规制，并且存在着针对特许经营合同授予的规制指令，因此单个国有企业的采购活动有可能受到多部欧盟采购指令的规制。从履行GPA义务的角度来看，被纳入GPA出价范围的国有企业只要遵守了欧盟的采购规则，就意味着履行了GPA项下的义务。

日本和新西兰有关国有企业的出价则涉及典型的“超范围”出价问题，因为日本和新西兰的政府采购法律原本未对纳入GPA范围的国有企业或者公共企业进行规制。例如，根据新西兰的法律，因国有企业被认为自行对其采购活动负责任，所以不属于需要强制实施政府采购规则的实体。但是鉴于GPA谈判方的要价及谈判力的不足，日本和新西兰最终在出价范围中都纳入了相关国有企业。例如，日本将70多个公共企业纳入出价范围，而新西兰将4个国有企业纳入了出价范围。

对于“超范围”出价的国有企业，在正式加入GPA之后，日本和新西兰并未为这些企业制定专门的采购规则或者将原本的采购规则直接适用于这些企业。

日本附件3中的公共企业履行GPA项下义务的路径主要通过会计或内部章程中的必要条款实施，日本的相关职能部门对于这些公共企业是否履行GPA义务实行一般监管。这些一般监管权包括以下三个方面：①依据成立这些实体的法律，附件3实体有义务在每个财政年度向职能部门提交商业报告（business report）和会计报表（statements of accounts）。②针对这些报告，职能部门可以要求相关实体提交一份有关所缔结政府采购合同现状的报告或者针对其采购实践进行检查（inspect its practice）。③如果职能部门认为听取报告和检查的结果显示该实体并未遵守GPA项下的义务，那么在必要时该职能部门可以根据设立该实体的法律所授予的一般监管权，责成该实体改正其做法（amend its practice）。但是已经在股票市场上市的被列入GPA出价范围的日本公共企业并不接受此类一般监管权的监管。

新西兰被纳入GPA出价范围的国有企业在国内法律上仅被视为“被鼓励参照政府采购规则实施采购活动的实体”，而未被强制要求适用相关政府采购规则。为此，对新西兰被纳入GPA出价范围的国有企业如何履行GPA项下的义务仍然是存疑的。

八、集中或分散采购组织模式与国内法的调整

集中或者分散的采购组织模式正成为法律磋商的关注点。比如，韩国为超过一定门槛金额的货物和服务采购提供一种集中供应制度。在该集中采购制度中采购实体和集中采购代理机构享受或承担了不同的权利或责任。集中采购机构的主要角色在于采购合同授予程序的实施，如发布采购公告、组织评标等。采购实体则侧重于合同授予程序之前的需求确定和预算阶段，以及合同授予之后的合同履行及监督与付款。但是，在某些特殊情形下，如不可抗力的自然灾害而导致的紧急采购，或者为了国防而实施的军事物资采购等情形下，采购实体也可以被允许自行实施采购。

相比较而言，加拿大和澳大利亚则是采取了完全分散采购的模式。

在GPA的视角下，集中或者分散的采购组织模式一般不是问题，不会涉及GPA的符合性问题，因而一般不会涉及基于加入GPA而进行法律调整的问题。但集中或者分散采购组织模式也确实涉及采购职能在不同政府实体之间的分配问题，因此也涉及履行GPA义务的采购实体的确定。国内政府采购法的改革也因此需要明晰政府采购职能在部门之间，尤其是集中采购机构与其他部门之间在合同授予方面的职能分配。

九、有关采购程序规则的法律调整

在采购程序规则方面，GPA成员方之间的提问和澄清主要集中于下述六个问题：①是否存在歧视性采购规则；②制定技术规格的过程中国际标准和国内标准的运用问题；③供应商名单的运用；④有限招标的适用情形；⑤划分标段的规制问题；⑥框架协议及其类似安排的运用与GPA项下义务的履行。

（一）歧视性采购规则

在歧视性采购规则方面，大多GPA主要成员方在加入GPA之前都存在着歧视性的采购政策，例如，欧盟公用事业采购指令授权欧盟成员国实施一定程度的歧视性政策；美国联邦政府层面存在着购买美国国货政策；加拿大存在着“加拿大含量”采购政策、“促进原住居民商业发展的采购战略”；新西兰的地方政府层面也存在着给予本地供应商和货物以优惠的采购政策；澳大利亚联邦采购规则给予本地制造的机动车、自给自足的血液（self-sufficiency in blood）以优惠并且实施与土著有关的采购政策（Indigenous Procurement Policy，IPP）等。同时，有些GPA成员方的地方政府在加入GPA之前并不存在优惠本地供应商和产品的采购政策，但是在加入GPA的过程中制定了类似的歧视性政策，如澳大利亚的某些地方政府。

有些GPA成员方在加入GPA出价范围时，将某些歧视性政策所适用的采购排除出GPA适用范围之外，如加拿大针对原住居民的采购政策等。因此，对于这些采购政策不需要在国内法律中进行相应调整。

一般而言，在加入GPA过程中GPA成员方（如欧盟、美国等）都针对国内歧视性政府采购法律政策进行了调整，使得这些歧视性采购政策不适用于特定GPA成员方或者全部GPA成员方。值得注意的是，这些GPA成员方并未为满足GPA项下的义务而完全废除这些歧视性采购政策。

此外，从最近几年加入GPA的成员方国内法律调整情况来看，其趋向于在国内采购法律规则中将“非歧视”作为一项政府采购的基本原则进行规定，从而向其他 GPA 成员方展示其国内采购规则的非歧视性，如澳大利亚。

本研究还发现，目前英国、澳大利亚政府采购制度中存在着独具特色的一些规则，主要包括以下三个方面。

(1) 澳大利亚在加入 GPA 谈判的过程中，调整国内法律的内容之一——对于采购金额超过 400 万澳元的采购活动，要求联邦实体“在选择投标书时，必须考虑该采购给澳大利亚经济带来的经济利益”。虽然欧盟驻澳大利亚代表已经在其问询过程中提出了异议，但是从目前澳大利亚最新的《联邦采购规则》来看，该条款仍然存续，相关的实施指南也仍旧有效。

(2)《采购改革（苏格兰）法 2014》与《采购（苏格兰）条例 2016》向采购当局实施 PCSR 2015 所规制的采购活动施加了额外的有关“社区利益责任”义务。社区利益责任是指，采购当局在实施价值在 400 万英镑以上的采购项目之前，需要考虑是否施加有关社区利益的要求。如果其决定将施加有关社区利益的要求，采购当局必须在邀请竞争和授予通知中详细说明该要求。如果决定不施加该项要求，那么采购当局必须在邀请竞争的通知中说明其理由。

(3) 英国《公共服务（社会价值）法 2015》要求采购当局在实施受到 PCR 2015 规制的公共服务合同采购之前，考虑拟采购的服务如何才能改善“相关地区”的经济、社会和环境福利。在实施过程中，衡量采购的服务所产生影响的要素包括“政府供应链的英国含量”“新政府合同所新增的或者维持的英国工作的数量”等。为此，采购当局必须在采购开始之前，考虑建议采购哪些服务可以改善相关地区的经济、社会和环境福利，以及如何实施采购。英国认为，这些要求是针对采购需求和计划阶段，并不属于 GPA 规则涵盖的采购合同授予阶段，因此不会违背 GPA 项下的义务。如果这些规则被 GPA 成员方认定符合 GPA 要求，就值得中国在进行国内法律调整时借鉴。

（二）制定技术规格所运用的国际标准或国内标准

在美国、澳大利亚、英国加入 GPA 的法律调整谈判过程中都对运用国际标准或国内标准描述技术规格问题进行过磋商。为了满足 GPA 要求，GPA 主要成员方可以采取以下三种路径对法律进行调整：①修订国内采购规则以便使原优先使用国内标准的规定符合 GPA 要求。例如，澳大利亚删除了原条文中有关国际标准和国内标准并存时，可以选择使用澳大利亚标准的下述情形——“若使用国际标准相对于使用经认可的澳大利亚标准而言可能会带来更大的负担”。②采取措施降低对国内政府制定的国内标准的依赖程度。例如，美国通过法要求所有联邦机构和部门应当使用国内、国外自愿性共识机构开发和颁布的技术标准；若不愿意使用自愿性共识标准，则必须向管理和预算办公室书面解释使用政府特有标准的理由。③国内采购法律要求在描述技术规格时，针对任何标准的提及都必须附加“或与之相当”（or equivalent）一词（如英国）。

可见，成员方国内法律针对该问题的应对策略体现了以下特征：首先，国内采购规则绝对不强调优先适用国内标准，但是也不明确要求优先适用国际标准。其次，试图将国内政府制定的标准与自愿性组织机构制定的标准作为区分，而弱化国内标准和国际标准这一划分标准，因为既存在国内自愿性组织机构，也存在国外自愿性组织机构。强调制定标准组织的政府性和第三方组织之间的区别，而非国内和国外的区别。最后，强调标准具体要求或者所代表水平之间的相当性，而无论是国内标准还是国际标准。在这个层面，某种国内或国际标准只是证明其达到了一定水平或要求的证据。只要证明另一种标准与该标准具备相当性，也可以被采纳作为证据，以证明达到了一定水平或要求。

（三）供应商名单的运用

针对供应商名单，GPA 成员方主要关注以下两个方面的问题：

（1）向供应商名单中新增供应商的流程是什么，什么时候可以要求加入供应商名单？加拿大、日本都在《问题核查清单》答复中表示，感兴趣的供应商可以在任何时候申请加入供应商名单。韩国国内采购规则也规定，供应商若不在供应商名单上，但希望参与投标，那么采购实体应当尽可能快地开始审查供应商的资格条件。但如果被确定时间不足以在提交投标的最后截止时间之前完成针对供应商的资格审查程序，那么采购实体必须允许供应商提交投标书。

（2）是否可以针对拒绝接受加入供应商名单的决定进行质疑投诉？加拿大在《问题核查清单》答复中表示，采购流程的任何一个方面都可以被质疑投诉，包括拒绝供应商加入一份永久性供应商名单的决定。

（四）有限招标程序的适用

从国际谈判经验来看，GPA 成员方主要关注于以下方面：①有限招标的适用情形。加拿大的经验显示，各类国际贸易协议中有关有限招标的适用情形并不完全一致，若一项采购活动被多项贸易协议涵盖，那么只有所有协议都共同允许的适用情形下才能适用有限招标。②采购实践中适用有限招标的采购规模。美国联邦政府有限招标程序授予的合同占到了采购金额超过 50000 美元以上的所有联邦采购合同的 10%。日本中央政府实体所实施的 27.6%门槛价以上的采购是以有限招标程序实施的，其中 70%涉及艺术工程和知识产权［GPA 第 15 条（b）款规定的情形］，以及向原有供应商新增的采购［GPA 第 15 条（d）款规定的情形］。③如何确保有限招标程序不会被用来规避“具有最大可能性”的竞争？或者以一种可能在其他 GPA 成员方供应商之间构成歧视的方式被运用？对此，GPA 成员方强调通过发布公告的方式来促进运用有效招标程序的透明度从而减少发生歧视性采购的可能性。但是对此有两种不同的法律规制路径，一种是事先的公告程序，即在合同被正式授予之前进行公告。例如，加拿大选择通过发布事先合同授予通知来确保有限招标程序的高度透明。加拿大认为，这为潜在供应商针对政府选择单一来源的决定进行质疑投诉提供了机会。又如日本，针对自愿（国际）采购措施（建筑工程，建筑、工程和其他技术服务除外），附件 1 和附件 3 实体若打算针对合同金额不低于 100000SDR 的采购运用有限招标方式实施采购，那么其至少应当计划授予合同之日前 20 天内在“Kanpo”上发布公告，以澄清其适当性（某些例外情形除外）。另一种是事后的公告程序，即合同被正式授予之后一段期间内进行公告。例如，日本对于门槛价以上的所有公共采购合同，如果中央政府实体根据 GPA 第 15 条（a）～（j）款的规定运用有限招标程序来实施采购，那么它们都会在合同授予之后 72 日内在“Kenpo”中发布公告。附件 2 实体则会在相同期限内在“Kenpo”“Shiho”或者与之相当的媒介上发布公告。

此外，日本经验显示，针对有限招标决定提供审查程序在 GPA 项下并不是强制性的义务，这不同于 GPA 第 20 条规定的质疑投诉程序。因此，日本并未对受到 GPA 规制的实体做出实施有限招标决定的审查程序。这类采购实体拥有制定这类审查程序的裁量权。但是，日本审计委员会也审查每个运用有限招标程序实施采购合同的恰当性，以及竞争性采购是否得到了适当的实施。

韩国有关有限招标程序（或单一来源程序）的经验是一个特例。因为韩国在 GPA 出价过程中将运用单一来源方式实施的采购活动全部都排除在了 GPA 适用范围之外。这意味着凡是运用单一来源方式的采购都不需要遵守 GPA 规则。这也意味着，无论韩国在国内法律中所规定的适用单一来源方式的情形是否符合 GPA 有关有限招标程序适用情形的规定，都不受 GPA 规则的规制。其中最受争议的是，将向中小企业预留作为适用单一来源方式的情形之一。1998 年 6 月，通过修订《国家合同法实施令》新增了一项条款，其赋予中央政府运用单一来源方式向国内中小企业采购由相关国家部门认定，并颁发“良好质量标识”的产品。但是，韩国也以其在 GPA 项下承担义务的现状，即凡是使用单一来源方式实施的采购就不受 GPA 规制为由，认为其相关法律的规定符合 GPA 要求。

（五）划分标段的规制问题

将采购合同划分为若干标段，一方面，可以鼓励更多供应商参与采购合同的竞争，尤其是商业规模相对较小的供应商；另一方面，因为采购合同可能会被划分为若干个采购金额较小的合同，导致采购合同低于 GPA 门槛价而不受 GPA 涵盖。为此，GPA 成员方在英国加入 GPA 谈判的过程中针对划分标段问题进行了磋商。相关磋商主要围绕以下四个问题展开：①如何做出将合同划分为若干标段的决定？②限制某个具体供应商可以参与的最大标段数量的决定是如何做出的？③在具体采购中，如果针对多个标段或者所有标段进行投标，供应商是否需要为每个标段提交一份投标书，还是其针对多个标段或所有标段提交一份投标书也是可以接受的？④采取了哪些措施来确保划分标段的行为不会成为对国际贸易的限制？

英国政府采购法律允许采购当局或采购实体在采购开始之前，做出划分标段的决定，以及供应商可以参与的最大标段数量的决定。采购当局或采购实体必须在合同公告或者确认兴趣的邀请书中明示，是否可以针对多个或所有标段只提交一份投标书。英国并未采取具体措施来确保划分标段的行为不会成为国际贸易的限制，但是其表示并未考虑将划分标段作为对国际贸易的限制。

（六）框架协议及其类似安排的运用与GPA项下义务的履行

鉴于框架协议这种采购安排在不同GPA成员方采购制度中有不同名称或者多个名称，因此磋商首先针对的是对相关术语的界定。例如，2000年欧盟答复《问题核查清单》时，只有《公用事业采购指令》规定了框架协议这一采购安排，并且只对部分采购实体适用。根据当时的规定，“框架协议”是指一个采购实体与一个或多个供应商、承包商或者服务提供者所签订的协议，其目的在于确立相关条款，尤其是与价格相关的条款，在必要时也涉及预估的数量，以便对既定期限内授予的合同进行管理。又如，美国的IDIQ合同是指交付数量和交付期限并不固定的合同类型。

针对框架协议及其类似安排的磋商主要涉及以下几个方面。

框架协议本身是否需要遵守GPA规则？从美国经验来看，如果IDIQ合同本身属于GPA规制范围，IDIQ合同本身的招标采购和授予程序受到GPA相关条文的规制，包含质疑投诉程序。从欧盟经验来看，有资格运用框架协议的采购实体可以将框架协议视为一项合同并且根据《公用事业采购指令》授予该合同，例如，根据具体情形可以运用公开、有限或者谈判（携带公告）程序。从英国以独立身份加入GPA的磋商来看，在缔结一份框架协议之后，必须发布合同授予公告。概言之，这些磋商经验都表明，如果运用框架协议的采购活动属于GPA的规制范围，那么就应当遵守GPA有关透明度、非歧视和质疑投诉程序方面的要求。

基于框架协议而授予的具体合同是否属于GPA的规制范围？从欧盟来看，其仅指出，当采购实体根据《公用事业采购指令》授予一项框架协议后，采购实体再次基于该协议而授予合同时，不负有邀请竞争的强制性义务。但是《公用事业采购指令》（93/38/EEC）第5条还规定，采购实体不可以滥用框架协议以阻碍、限制或者扭曲竞争。美国则直接指出，一份IDIQ合同被授予之后发生的派送订单行为并不属于GPA所规制的招标采购、授予合同和质疑投诉的范畴。尽管美国不认为授予IDIQ合同之后的单个交易行为属于GPA有关招标采购和合同授予规则的规制范畴，但是美国仍然针对IDIQ合同的范围变更、期限延展或者合同最大价值增加的情形规定了质疑投诉程序，其目的在于在确保合同条款得到遵守，以及维护该类合同所试图提供的效率之间进行平衡。

十、中小企业政策

GPA成员方的比较经验显示，针对支持中小企业发展存在着两种不同的政府采购政策主张。一种是主张从优化参与政府采购环境的角度来促进中小企业参与政府采购，反对针对中小企业实施采购预留。例如，加拿大中小企业办公室负责鼓励和支持中小企业参与联邦采购程序。具体主要包括以下五个方面的措施：①向希望与政府有商业往来的中小企业提供信息和咨询服务；②帮助其减少竞争壁垒以及简化政府采购流程；③鼓励生产创新性新产品和服务；④合作来改善采购政策和最佳实践；⑤激励中小企业参加联邦采购机会的兴趣等。在加入GPA的过程中，新西兰针对促进中小企业参与政府采购问题主要着重于从以下三个方面进行了法律调整：①响应投标的期限更长，企业可以有更多的时间来准备参与投标；②新的采购规则会提供有关政府计划采购项目的更多信息；③鼓励使用标准的采购文件和采购合同，从而可以降低中小企业采购的时间和成本。可见，加拿大促进中小企业政策主要侧重于为中小企业参与政府采购活动营造一个有利的商业环境，而并非强调合同机会预留和价格优惠。另一种是主张针对中小企业适用特殊的政府采购政策，如向中小企业实施政府采购预留、分包、价格优惠等。韩国是典型代表，并且韩国将运用单一来源方式向中小企业实施的预留排除在 GPA 出价范围之外。此外，美国、欧盟、澳大利亚也存在着一种或多种类似采购政策。

十一、供应商权利的救济

在质疑投诉方面，GPA 成员方主要围绕以下五个方面的问题展开磋商：①是否存在中央和地方统一的质疑投诉制度？②负责处理投诉的是哪个机构？投诉处理机构做出的决定是否具备强制实施性？投诉处理的结果是否具备可诉性？③是否存在着强制性的质疑前置？④是否存在着快速临时措施？⑤质疑投诉程序的及时性。

从中央和地方政府层面或者联邦和州政府层面来看，有些 GPA 成员方的中央政府与地方政府之间并未适用统一的质疑投诉程序，如日本。甚至在加拿大州政府层面，某些州至今尚未建立完整的质疑投诉制度。

从处理投诉的机构性质来看，除了行政机构外，还存在着“国际贸易仲裁庭”和“国际合同纠纷调解委员会”。例如，加拿大联邦政府层面处理质疑投诉的机构是仲裁庭。在 GPA 正式对加拿大生效之前，仲裁庭并不处理有关 GPA 的质疑投诉。但是加拿大在加入 GPA 实施国内法律调整的过程中，赋予了仲裁庭处理有关 GPA 质疑投诉的权力（针对受到 GPA 涵盖政府实体或政府企业未遵守 GPA 要求的行为所提出的质疑投诉实施调查的权力，以及在发现质疑投诉有效的情况下建议实施救济措施的权力，包括在适当的情形下授予一项合同或者支付赔偿金）。但是，加拿大联邦政府采购实体有权不实施仲裁庭做出的裁决。在这种情况下，质疑投诉人可以向联邦法院提起诉讼。可见，并非所有投诉处理机构所做出的决定都具备强制实施性。

又如，为了满足 GPA 有关质疑投诉的规则，韩国成立了国际合同纠纷调解委员会，并确立了相关投诉程序。国际合同纠纷调解委员会由财政和经济部成立。该委员会的主席由财政和经济部副部长担任。该委员会共有 15 名成员，由财政和经济部指定的教授和律师以及主要采购实体的首长指派的官员组成。该项程序仅适用于受 GPA 规则规制的采购合同，无论是中央政府实体还是次中央政府实体，或其他实体所授予的采购合同。如果不存在反对意见，国际合同纠纷调解委员做出的调解结果与法院调解（judicial conciliation）所具备的效力相同。如果存在任何反对意见，则该案件可以被上诉至法院。

从谈判经验来看，若处理投诉的不是法院，那么投诉处理机构所做出的决定都是可诉的。

从程序要求来看，某些 GPA 成员方要求实施强制性“质疑前置”程序。例如，在韩国，在向国际合同纠纷调解委员会提交投诉之前，供应商应当先向采购实体提出反对意见并寻求解决方案。只有在供应商不满意采购实体解决方案的情形下，供应商才能够向国际合同纠纷调解委员会提出投诉。有些 GPA 成员方（如日本）并未要求实施强制性“质疑前置”程序，但为了实施 GPA 有关鼓励供应商与采购实体进行磋商以寻求解决质疑的规定，其国内绝大部分的异议都通过提出异议的供应商与采购实体进行磋商的方式得到解决。

在快速的临时措施方面，绝大部分 GPA 成员方规定了暂停实施采购活动或者履行合同的临时措施。例如，日本中央政府采购规则规定，在接到政府采购审查委员会的有关请求之后，采购实体应当立即暂停实施或者履行合同。但是，如果采购实体的首长认为由于情况紧急或者紧迫的环境，不能满足政府采购审查委员会的请求，采购实体可以选择不采取临时措施，但是必须及时将其决定及理由以书面形式通知政府采购审查委员会。又如，韩国法律规定，国际合同纠纷调解委员会应当在收到采购实体关于质疑的处理意见之日起 7 日内做出是否采取临时性措施的决定。

在投诉程序的及时性方面，1994GPA 只是提出了原则性要求：为了保护商业利益和所涉及的其他利益，通常应当及时完成投诉程序。日本和韩国等国都规定了做出投诉处理决定的时限性要求，如韩国要求国际合同纠纷调解委员会应当在收到申请之日起 50 日内进行审查和裁决。此外，在质疑投诉环节存在着多种期限，如提起异议的期限、申请实施临时措施的期限、做出投诉处理决定的期限等。从围绕欧盟答复《问题核查清单》的多项磋商经验来看，前述有关质疑投诉的各种期限问题，都有可能成为加入 GPA 法律磋商和法律调整的关切点。

参考文献

［1］曹富国. 加入 GPA 背景下我国政府采购法律改革问题研究［M］. 北京：法律出版社，2022.

［2］苏·艾茹史密斯 . WTO 中的政府采购［M］. 曹富国，译 . 北京：经济科学出版社，2016.

［3］财政部：我国向世界贸易组织提交《中国政府采购国情报告》（2020 年更新版）［EB/OL］．（2020-06-03）．中国政府采购网，http：//www. ccgp. gov. cn/news/202006/t20200603_ 14406348. htm.

［4］Aris C. Georgopulos，Bernard Hoekman，Petros C. Mavroidis the internationalization of government procurement regulation［M］. Oxford：Oxford University Press，2017.

［5］Anne C. McNeel. Canadian law of competitive bidding and procurement［M］. Scarborough，Ont：Carswell，2010.

［6］Government Procurement Agreement（GPA）［EB/OL］. World Trade Organization，https：//www. wto. org/english/tratop_ e/gproc_ e/gp_ gpa_ e. htm.

［7］Government Procurement Agreement（GPA），GPA Parties，observers and accessions［EB/OL］. World Trade ；Organization，https：//www. wto. org/english/tratop_ e/gproc_ e/memobs_ e. htm.

［8］Notification of national implementing legislation［EB/OL］. World Trade Organization，https：//docs. wto. org/dol2fe/Pages/SS/directdoc. aspx? filename = Q：/PLURI/GPA/20. pdf&Open = True.

［9］Review of national implementing legislation［EB/OL］. WORLD TRADE ORGANIZATION，https：//docs. wto. org/dol2fe/Pages/SS/directdoc. aspx? filename =

Q: /PLURI/GPA/32. pdf&Open = True.

[10] Notificaton of national implementating legislation communication from the United States [EB/OL]. WORLD TRADE ORGANIZATION, https://docs.wto.org/dol2fe/Pages/FE_Search/FE_S_S009-DP.aspx?language=E&CatalogueIdList=83508, 103806, 74359, 66314, 10805&CurrentCatalogueIdIndex=4&FullTextHash=&HasEnglishRecord=True&HasFrenchRecord=True&HasSpanishRecord=True.

[11] United States: review of national implementing legislation [EB/OL]. WORLD TRADE ORGANIZATION, https://docs.wto.org/dol2fe/Pages/SS/directdoc.aspx?filename=Q:/PLURI/GPA/50.pdf&Open=True.

[12] Committee on government procurement: review of national implementation legislation (United States) [EB/OL]. World Trade Organization, https://docs.wto.org/dol2fe/Pages/SS/directdoc.aspx?filename=Q:/PLURI/GPA/50.pdf&Open=True.

[13] Communication from the United States: notification of national implementing legislation [EB/OL]. WORLD TRADE ORGANIZATION, accessed 28 January 1998, https://docs.wto.org/dol2fe/Pages/SS/directdoc.aspx?filename=Q:/PLURI/GPA/20.pdf&Open=True.

[14] 1.20. Statutes and regulations [EB/OL]. Government of Canada, https://buyandsell.gc.ca/policy-and-guidelines/supp ly-manual/section/1/20.

[15] Guide to the ineligibility and suspension policy [EB/OL]. Government of Canada, https://www.tpsgc-pwgsc.gc.ca/ci-if/guide-eng.html#:~:text=The%20Ineligibility%20and%20Suspension%20Policy%20directs%20the%20Government, is%20the%20department%20responsible%20for%20applying%20the%20policy.

[16] 3.6. Annex: Canadian content policy: rules of origin determination [EB/OL]. Government of Canada, https://buyandsell.gc.ca/policy-and-guidelines/supply-manual/annex/3/6.

[17] Key policies and directives[EB/OL]. Government of Canada, https: //buyandsell. gc. ca/policy-and-guidelines/Policy-and-Legal-Framework/Key-Policies-and-Directives.

[18] Code of conduct for government suppliers[EB/OL]. Government of Canada, https: //www. tpsgc-pwgsc. gc. ca/app-acq/cn dt-cndct/index-eng. html.

[19] Indigenous and northern affairs Canada[EB/OL]. Government of Canada, http: //www. aadnc-aandc. gc. ca/eng/1100100032805/1100100032806.

[20] Supply manual [EB/OL] . Government of Canada, https: //buyandsell. gc. ca/policy-and-guidelines/Supply-Manual Standard Acquisition Clauses and Conditions (SACC) .

[21] Manual [EB/OL] . Government of Canada, https: //buyandsell. gc. ca/policy - and - guidelines/standard - acquisition - clauses - and - conditions-manual.

[22] Information for vendors[EB/OL] . Ontario. ca, https: //www. doingbusiness. mgs. gov. on. ca/mbs/psb/psb. nsf/English/forvendors.

[23] Broader public sector[EB/OL] . Ontario. ca, http: //www. fin. gov. on. ca/en/bpssupplychain/documents/bps_ procurement_ directive. html.

[24] Communication from Canada: notification of national implementing legislation [EB/OL] . WORLD TRADE ORGANIZATION, https: //docs. wto. org/dol2fe/Pages/SS/directdoc. as-px? filename = Q: /PLURI/GPA/13. pdf&Open = True.

[25] Full documents available for previous versions [EB/OL] . Government of Canada, https: //laws-lois. justice. gc. ca/eng/acts/W-11. 8/PITIndex. html.

[26] 3. 130. Canadian content policy[EB/OL]. Government of Canada, https: //buyandsell. gc. ca/policy-and-guidelines/supp ly-manual/section/3/130.

[27] Arm's length [EB/OL] . Legal Dictionary, https: //legaldictionary. net/arms-length/.

[28] Proposal for a council decision establishing the position to be taken on